OpenMP 基本と実践

メニーコア CPU 時代の並列プログラミング手法

北山洋幸●著

■サンプルファイルのダウンロードについて

　本書掲載のサンプルファイルは、一部を除いてインターネット上のダウンロードサービスからダウンロードすることができます。詳しい手順については、本書の巻末にある袋とじの内容をご覧ください。

　なお、ダウンロードサービスのご利用にはユーザー登録と袋とじ内に記されている番号が必要です。そのため、本書を中古書店から購入されたり、他者から貸与、譲渡された場合にはサービスをご利用いただけないことがあります。あらかじめご承知おきください。

・本書の内容についてのご意見、ご質問は、お名前、ご連絡先を明記のうえ、小社出版部宛文書（郵送またはE-mail）でお送りください。
・電話によるお問い合わせはお受けできません。
・本書の解説範囲を越える内容のご質問や、本書の内容と無関係なご質問にはお答えできません。
・匿名のフリーメールアドレスからのお問い合わせには返信しかねます。

本書で取り上げられているシステム名／製品名は、一般に開発各社の登録商標／商品名です。本書では、™および®マークは明記していません。本書に掲載されている団体／商品に対して、その商標権を侵害する意図は一切ありません。本書で紹介しているURLや各サイトの内容は変更される場合があります。

はじめに

　本書は並列プログラミング手法の1つであるOpenMPの入門書です。OpenMPは、スレッドなどのように粒度の大きな並列化ではなく、粒度の小さな並列化も得意としています。OpenMPは、プラットフォームや開発環境へ依存しない並列プログラミングの規格です。OpenMPの特徴は、コンパイルオプションの指定によって、同一のソースコードから逐次プログラムと並列プログラムの両方に対応できます。このため、ほかの並列化手法に比較し、比較的導入への敷居が高くありません。

　スレッドを使用した並列化プログラミングを習得しているエンジニアも少なくないでしょう。そのようなエンジニアにとってOpenMPの習得は比較的容易と考えられます。また、OpenCL、OpenACCやSIMDなどへも触れ、OpenMPと対比できるようにします。まったく並列プログラミングに縁のなかったエンジニアでも、OpenMPを利用することによって、非常に容易にプログラムを並列化できることを示します。スレッドプログラミングなどを経験していないエンジニアは、少し予備知識を必要とする可能性もあります。本書は言語などの入門書と比較すると、難易度は高いです。

　本書は、簡単な例、並列化の仕組み、ほかの並列化との比較、OpenMPのリファレンス、そして具体的な並列アプリケーションを多数用い、実践的なOpenMPの解説も行います。simd構文やtarget構文まで説明に加えましたので、ヘテロジニアスな構成への対応やベクトル化もカバーしています。

　本書の前半で、OpenMPの概要、中盤でOpenMPのリファレンス、後半でOpenMPを使用したプログラミングの具体例、ならびにOpenMPの留意点などを解説します。

　本書の対象読者は、

- 並列プログラミング入門者
- OpenMPプログラミング入門者
- メニーコアCPU対応プログラミング入門者

です。

　微力ながら、本書が並列プログラミング入門のきっかけになることを期待します。

2018年8月 暑い暑い夏の都立南公園にて

北山洋幸

謝辞
　出版にあたり、お世話になった株式会社カットシステムの石塚勝敏氏に深く感謝いたします。

本書の使用にあたって

開発環境および実行環境の説明を行います。

■ 環境

　本書は開発環境の解説書ではなく OpenMP の解説書です。本来なら仕様の説明に終始しても良いのですが、それでは理解が進みません。そこで、解説と実際のプログラムを試しながら理解を進める手法を採用しています。ただし、開発環境でビルド、実行できることを保証するものではありません。特に開発環境の変化や、開発環境のバージョンアップによって、動作していたものが動作しなくなるのは良くあることです。

　以降に、実際に試した環境を示しますが、あくまでも参考としてください。OpenMP は、比較的若い技術ですので、日々仕様も環境も変化が予想されます。

　環境については付録にも詳しく解説しましたので、そちらも併せて参照してください。

■ コンパイラ

　基本的に無償のコンパイラを使用します。もちろん、有償の強力なコンパイラを所有しているなら、そちらを使用すると良いでしょう。以降のいずれか、あるいはいくつか併用すると良いでしょう。

Visual Studio	Visual Studio Community 2017 を使用できますが、Visual Studio 2017 は OpenMP 2.0 までしかサポートしていないため、一部のプログラムを試すことはできません。Visual Studio は、ずいぶん以前から OpenMP 2.0 をサポートしていますので、古いバージョンでも問題はないはずですが、Visual Studio Community 2017 以外では試していません。
g++/gcc	g++ を使用すると、ほぼすべてのプログラムを実際に試すことが可能です。本書では、g++ のバージョンは 7.3.0 を使用します。gcc でも可能なプログラムも多いですが、g++ を利用する方が問題は起きにくいでしょう。
pgcc/pgc++	PGI 社の PGI Community Edition を使用するのも良い方法です。本書では、PGI Community Edition 18.4 を使用しました。

　Windows 用の PGI Community Edition は C++ をサポートしていませんので、C++ の例は若干の書き換えが必要です。なるべく本書は C 言語で記述するよう心掛けましたが、C 言語はとても

面倒なため、いくつかは C++ で記述しています。Ubuntu へ PGI Community Edition をインストールした場合は、pgc++ を使用すると C++ で書かれたプログラムもビルドできます。

■ OS と、そのバージョン

Windows　Windows 10 Pro/Home を利用できます。Windows 7 などでも問題ない可能性が高いですが確認は行っていません。

Ubuntu　バージョン 18.04 を使用します。異なるバージョンでも問題ないでしょうが、確認は行っていません。gcc などのコンパイラは標準でインストールされている場合が多いです。ただし、必ずしも最初からインストールされているとは限りません。そのような場合は、案内メッセージが表示されますので、それに従ってください。

■ ソースコードのエンコード

ソースコードには UTF-8 を採用します。特にマルチバイト文字が含まれる場合は、エンコードに注意してください。文字化けなどが起きる場合は、英文を使用するかエンコードを確認してください。

■ URL

URL の記載がありますが、執筆時点のものであり、変更される可能性もあります。リンク先が存在しない場合、キーワードなどから自分で検索してください。

■ 用語

用語の使用に関して説明を行います。

■マスタースレッドとメインスレッド

スレッドプログラミングで用いるメインスレッドを、OpenMP ではマスタースレッドと呼称します。本書はなるべく OpenMP へ準拠しましたが、OpenMP の説明でメインスレッドと記述された場合、マスタースレッドと読み替えてください

■ワーカスレッドとスレーブスレッド

スレッドプログラミングで用いるワーカスレッドを、OpenMP ではスレーブスレッドと呼称します。本書はなるべく OpenMP へ準拠しましたが、OpenMP の説明でワーカスレッドと記述している場合、スレーブスレッドと読み替えてください

■クラスとオブジェクト

クラスとオブジェクトはなるべく使い分けています。クラス、オブジェクト両方に適用できる内容については、クラス、オブジェクトを省いている場合もあります。

■クラスとインスタンス

クラスとインスタンスもなるべく使い分けています。クラス、インスタンス両方に適用できる内容については、クラス、インスタンスを省いている場合もあります。

■オブジェクトとインスタンス

オブジェクトとインスタンスもなるべく使い分けていますが、インスタンスよりオブジェクトが適当と思われる部分ではオブジェクトを使用しています。

■指示文と構文

本書では、指示文と構文を混在して使用しています。リファレンスの部分では構文（たとえば parallel 構文）を使用していますが、ほかの章では指示文と記述する場合もあります。両方とも同じものですので、適切に読み替えてください。

■ 節と指示句

　指示文にオプションで指定する private などを、private 節と記載しているドキュメントも少なくありませんが、本書では指示句を採用します。たとえば、本書では前記を private 指示句と表現します。節と指示句は、両方とも同じものですので、適切に読み替えてください。

■ リージョンと領域

　本書は基本的にリージョンを使用していますが、領域という表現も使っています。単に、カタカナ英語と日本語の違いですが、両方が混在しています。両方とも同じものですので、適切に読み替えてください。

■ アクセラレータとデバイス

　target 構文で処理をオフロードする際に、一般的にデバイス側へオフロードしますが、アクセラレータと表現する場合もあります。

■ コンパイラーやコンパイラ

　用語の最後に「ー」を付けることが推奨されていますが、数年前まで「ー」を付けないのが一般的でした。このため、文献なども両方が混在しています。本書も、用語の最後に「ー」を付ける場合もあれば、付けない場合もあります。統一しなかったのは、参考にした資料や、メッセージなどで過去の用法も残っており統一できなかったためです。

■ 大文字と小文字

　たとえば、本書には simd と SIMD が混在します。一般名詞は SIMD を使用しますが、simd 構文などのように、小文字でなければならない部分は小文字で表記します。

■ ディレクトリとフォルダ

　ディレクトリとフォルダが混在しますが、同じものを指します。統一しなかったのは、参考にした資料や、メッセージなどで過去の用法も残っており統一できなかったためです。

目次

はじめに iii

■ 第1章　OpenMP 概論 …… 1

- 1-1　逐次処理プログラムと並列処理プログラム 6
- 1-2　並列化の分類 7
  - 1-2-1　分散・共有メモリによる分類 7
  - 1-2-2　メモリ共有型を分類 9
  - 1-2-3　プロセス・スレッドによる分類 11
  - 1-2-4　命令・データによる分類 12
- 1-3　なぜ並列化するか 13
  - 1-3-1　消費電力 14
  - 1-3-2　動作クロック 14
- 1-4　並列化のアキレス腱 15

■ 第2章　はじめてのプログラム …… 19

- 2-1　「hello openMP!」プログラム 20
- 2-2　並列化数を明示的に指定 23
- 2-3　ループを並列化 25
- 2-4　セクションで並列化 30
- 2-5　指示文 32
- 2-6　条件コンパイル 33
- 2-7　スレッドとの比較 33
- 2-8　まとめ 36

■ 第3章　共有変数とプライベート変数 …… 37

- 3-1　共有変数 38
- 3-2　プライベート変数 41
- 3-3　ループのインデックス 44

■ 第4章　簡単な具体例 …… 47

- 4-1　1次元配列に係数を乗ずる 48
- 4-2　1次元配列同士の乗算 55
- 4-3　1次元配列同士の乗算（オフロード） 62
  - 4-3-1　オブジェクトの管理 64
  - 4-3-2　オブジェクトのコピー 65
  - 4-3-3　配列 66
- 4-4　1次元配列同士の乗算（OpenMP以外の手法で並列化） 67
  - 4-4-1　OpenACC 67
  - 4-4-2　OpenCL 69
  - 4-4-3　SIMD命令 78
- 4-5　ライプニッツの公式 84
  - 4-5-1　倍精度浮動小数点へ 88
- 4-6　行列の加算 91
- 4-7　行列の積 96

■ 第5章　指示文と実行時ライブラリ …… 101

- 5-1　指示文 102
  - 5-1-1　parallel構文 102
  - 5-1-2　for構文 103
  - 5-1-3　sections構文 104
  - 5-1-4　single構文 104
  - 5-1-5　parallel for構文 106
  - 5-1-6　parallel sections構文 107
  - 5-1-7　master構文 107
  - 5-1-8　critical構文 108
  - 5-1-9　barrier構文 110
  - 5-1-10　atomic構文 112
  - 5-1-11　flush構文 113
  - 5-1-12　ordered構文 114
  - 5-1-13　threadprivate構文 115
- 5-2　simd関連の構文 116
  - 5-2-1　simd構文 116
  - 5-2-2　declare simd構文 118
  - 5-2-3　Loop SIMD構文 120
  - 5-2-4　ベクトル化の考察 121
- 5-3　target関連の構文 125
  - 5-3-1　target data構文 125
  - 5-3-2　target構文 126
  - 5-3-3　target update構文 126

5-3-4	declare target 構文	130
5-3-5	teams 構文	131
5-3-6	distribute 構文	131
5-3-7	distribute simd 構文	132
5-3-8	Distribute Parallel Loop 構文	132
5-3-9	Distribute Parallel Loop SIMD 構文	132

5-4 指示句 133

5-4-1	default 指示句	133
5-4-2	shared 指示句	135
5-4-3	private 指示句	136
5-4-4	firstprivate 指示句	138
5-4-5	lastprivate 指示句	139
5-4-6	reduction 指示句	141
5-4-7	copyin 指示句	144
5-4-8	copyprivate 指示句	145
5-4-9	if 指示句	147
5-4-10	nowait 指示句	148
5-4-11	num_threads 指示句	149
5-4-12	schedule 指示句	149
5-4-13	map 指示句	154

5-5 実行時ライブラリ 155

5-5-1	omp_get_num_procs	155
5-5-2	omp_set_dynamic	156
5-5-3	omp_get_dynamic	157
5-5-4	omp_set_num_threads	158
5-5-5	omp_get_num_threads	159
5-5-6	omp_get_max_threads	160
5-5-7	omp_get_thread_num	162
5-5-8	omp_in_parallel	163
5-5-9	omp_set_nested	164
5-5-10	omp_get_nested	164
5-5-11	omp_set_schedule	165
5-5-12	omp_get_schedule	166
5-5-13	omp_get_thread_limit	167
5-5-14	omp_set_max_active_levels	168
5-5-15	omp_get_max_active_levels	168
5-5-16	omp_get_level	168
5-5-17	omp_get_ancestor_thread_num	169
5-5-18	omp_get_team_size	169
5-5-19	omp_get_active_level	169
5-5-20	omp_in_final	170
5-5-21	omp_get_proc_bind	170
5-5-22	omp_set_default_device	171
5-5-23	omp_get_default_device	171
5-5-24	omp_get_num_devices	171
5-5-25	omp_get_num_teams	172

		5-5-26	omp_get_team_num	172
		5-5-27	omp_is_initial_device	172
		5-5-28	omp_init_lock と omp_init_nest_lock	172
		5-5-29	omp_destroy_lock と omp_destroy_nest_lock	173
		5-5-30	omp_set_lock と omp_set_nest_lock	173
		5-5-31	omp_unset_lock と omp_unset_nest_lock	174
		5-5-32	omp_test_lock と omp_test_nest_lock	174
		5-5-33	omp_get_wtime	174
		5-5-34	omp_get_wtick	175
	5-6	環境変数		175
		5-6-1	OMP_SCHEDULE	175
		5-6-2	OMP_NUM_THREADS	176
		5-6-3	OMP_DYNAMIC	176
		5-6-4	OMP_NESTED	177
		5-6-5	OMP_STACKSIZE	177
		5-6-6	OMP_WAIT_POLICY	177
		5-6-7	OMP_MAX_ACTIVE_LEVELS	178
		5-6-8	OMP_THREAD_LIMIT	178
		5-6-9	OMP_CANCELLATION	178
		5-6-10	OMP_DISPLAY_ENV	179
		5-6-11	OMP_DEFAULT_DEVICE	179

■第6章　1次元配列の処理—音響処理 …… 181

	6-1	1次元データの偶数番の値をクリア	182
	6-2	1次元データの加工（ステレオをモノラル化）	188
	6-3	1次元データの加工（カラオケ化）	192
		6-3-1　sections指示文で並列化	195
		6-3-2　スレッドで並列化	199
		6-3-3　SIMD命令で高速化	207
	6-4	単純移動平均	223
	6-5	積和でフィルタ	232

■第7章　2次元の具体例 …… 243

	7-1	2次元行列生成	244
		7-1-1　メモリ割り付け法の変更	251
		7-1-2　OpenACCで書き換え	255
	7-2	ネガティブ	260
	7-3	フィルタ	269
	7-4	幾何変換	276

第 8 章　同期・非同期・性能改善 …… 291

8-1　性能改善 …… 292
8-1-1　スレッドの起動・消滅を低減 …… 292

8-2　非同期処理 …… 300
8-2-1　非同期で高速処理 …… 300

8-3　同期処理 …… 306
8-3-1　0〜99までの総和を求める …… 306
8-3-2　0〜99までの総和を求める（性能改善版） …… 308
8-3-3　最小値と最大値（正常動作しない例） …… 312
8-3-4　最小値と最大値（正常動作する例） …… 315
8-3-5　差分計算前に同期が取れていないため誤動作 …… 317
8-3-6　差分計算前に同期を取る …… 318
8-3-7　最小値と最大値を異なる方法で求める …… 321

第 9 章　OpenMPの罠 …… 325

9-1　並列化困難なコード …… 326
9-1-1　ループ内で分岐 …… 326
9-1-2　ループ内でインデックス変数を操作 …… 332
9-1-3　ループ内で終了条件を操作 …… 334
9-1-4　ループ内で増分式を操作 …… 336
9-1-5　ループ内で初期値を操作 …… 337
9-1-6　データ依存のあるループ …… 339
9-1-7　入れ子のループ …… 344
9-1-8　標準的なループ形式（Canonical Loop Form） …… 350

9-2　犯しやすい間違い …… 353
9-2-1　コンパイルオプションの指定忘れ …… 353
9-2-2　#pragma の指定間違い …… 354
9-2-3　ロック変数の初期化し忘れ …… 359
9-2-4　異なるスレッドでロック変数操作 …… 361
9-2-5　バリアとロック …… 363
9-2-6　スレッド数 …… 363
9-2-7　リソースの競合 …… 364
9-2-8　参照型と flush …… 365
9-2-9　flush の追加漏れ …… 366
9-2-10　同期の追加漏れ …… 366
9-2-11　初期化されていないローカル変数 …… 371
9-2-12　threadprivate と共用変数 …… 372
9-2-13　lastprivate 指示句 …… 374
9-2-14　プライベート変数の制約 …… 375
9-2-15　プライベートとして宣言されていないプライベート変数 …… 375
9-2-16　不要な flush …… 376
9-2-17　atomic 指示句の代わりとしてのクリティカルセクションまたはロックの使用 …… 376

9-2-18	不必要に同一オブジェクトを同時更新しない	377
9-2-19	多すぎるクリティカルセクションでの処理	377

■付 録 …… 379

付録A　WAV ユーティリティーズ 380
- A-1　WAV ファイルをテキストへ変換 380
- A-2　ステレオ WAV ファイルをモノラルへ変更してテキストへ変換 384
- A-3　テキストを WAV ファイルへ変換 386
- A-4　WAV 用クラス 392

付録B　Bitmap ユーティリティーズ 410
- B-1　BMP ファイルをテキストへ変換 410
- B-2　カラー BMP ファイルをグレイスケールに変換しテキスト出力 414
- B-3　テキストを BMP ファイルへ変換 417
- B-4　Bitmap 用クラス 421

付録C　Visual Studio のインストールと環境設定 442
- C-1　Visual Studio と OpenMP 442
- C-2　Visual Studio Community 2017 のインストール 442
- C-3　OpenMP を指定する 448

付録D　g++/gcc の環境 450
- D-1　OpenMP でビルド 454

付録E　PGI コンパイラの OpenMP 環境 455
- E-1　インストールの前準備 455
- E-2　Microsoft Windows 10 SDK をインストール 456
- E-3　Visual Studio Community 2015 のインストール 459
- E-4　PGI 個人アカウントの取得方法 465
- E-5　CUDA 開発環境のインストール (Windows 版) 469
- E-6　PGI Community Edition（無償版）のインストール 475

参考資料 / 参考文献 491
索引 492

第1章

OpenMP 概論

1 OpenMP 概論

近年、いくつかの新しい、あるいは新しくはないが実用レベルに達した High Performance コンピューティングの技術がいくつか存在します。たとえば、GPGPU などによるグラフィックス処理を中心とした高速化から派生した技術、Cell や多数の CPU が実装するようになった SIMD 命令による高速化、CPU コアを単一チップへ実装したメニーコアプロセッサ、さらにはこれらをハイブリッドに組み合わせたプロセッサ、そして MPI を代表とする分散メモリ型の並列システムが現れています。さらに、それらをソフトウェアからアクセスできるように開発された OpenCL、CUDA、OpenACC、そして OpenMP などの開発環境も徐々に一般のエンジニアが利用できる環境も揃ってきました。

本書は、比較的習得が容易と思われる OpenMP を紹介する書籍です。初期の OpenMP はメニーコア用の開発環境でしたが、現在では SIMD やアクセラレータ（たとえば GPGPU）へ処理をオフロードする機能も提供しています。これらを広範囲に解説すると、習得が困難になるとともに紙面の都合などから、主にメニーコアにフォーカスして解説します。

紹介した高速化の技術は単独で使われるだけでなく、組み合わせて使われることも少なくありません。GPGPU などは、インタフェースの標準化を目指し OpenCL が制定されました。また、各 CPU ベンダは現在、OpenMP に適したマルチコア CPU の開発や、GPGPU の CPU ダイへの統合、SIMD の拡張を計画するなど、CPU 速度向上の妨げとなっている壁を破ろうと試みています。とはいえ、一般のソフトウェアエンジニアが安価に、これらの開発環境を使用するには、まだ若干の時間を必要とするでしょう。本書では、そのような環境の構築についても解説します。

本書では OpenMP を解説しますが、言語は C++/C 言語で解説します。OpenMP を FORTRAN から利用する人は、C/C++ のコードを FORTRAN へ読み替えてください。スーパーコンピュータの世界などでは、FORTRAN に関する OpenMP の書籍や資料が、ある程度充実していますので、そちらを参照するのも良いでしょう。いずれにしても、同じことを 2 つの言語で説明するのは非常に非効率ですので FORTRAN のコードは解説しません。

パソコンの CPU が年々マルチコア化し、すでに Dual Core は化石化しつつあり、現時点で 4 コア以上が普通になりました。今後、CPU コアの数は劇的に増えていくと予想されます。

OpenMP は手軽にマルチ CPU の特典を享受できる技術であるとともに、並列化しないプログラムとソースコードを共有できるため、既存のプログラムを容易に並列化（＝高速化）できる技術です。Visual C++ などは最初から OpenMP の機能は組み込まれています。このため、簡単な作法さえ学べば、明日にでも開始できる高速化手法です。ただ、Visual Studio の OpenMP 対応は 2.0 までで止まったままであり、最新の機能を試すには g++ などを利用する必要があります。ほかの高速化技術と比較するため、スレッド、SIMD を使用したプログラミングとの比較も行います。OpenACC に関しても若干触れます。

OpenMP の実装上の特徴として、従来のプログラミング手法で開発されたプログラムに、いくつかの指示文を追加するだけで、簡単に並列化できるという点があります。SIMD、GPGPU、ス

レッドプログラミング、および分散型の並列化（高速化）を行う場合、プログラム自体を書き換える必要があります。ところがOpenMPでは、ループ部分に指示文を付加するだけで並列化（高速化）を実現できます。並列化しないプログラムとOpenMPで並列化したプログラムの違いは、指示文の有無だけです。つまり、基本的にプログラムの論理的な構成は逐次型プログラムと何ら変わらないと言うことです。OpenMPで並列化したプログラムは、コンパイルオプションからOpenMPのオプションを除くと、すぐに逐次プログラムに戻ります。

図を使ってOpenMPの概要を解説します。まず、プログラムを逐次処理で開発した場合の概念図を示します。

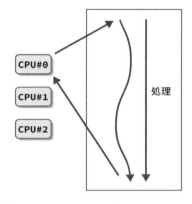

図1.1●単一プロセッサで逐次処理

図に示すように、複数のCPU（プロセッサ）を搭載したコンピュータであっても、並列プログラミングしなければ、単一のプロセッサが、プログラムを最初から最後まで、逐次的に順序良く処理します。処理を担当しないCPUはアイドル状態となり、何もせず無駄に遊びます。

ところが、OpenMPを用いると、#pragmaを1行追加するだけで、追加した#pragmaに対応するブロックを並列化できます。以降の図に、逐次処理で記述したプログラムに#pragmaを1行追加してOpenMPへ対応させたときの概念図を示します。

1 OpenMP 概論

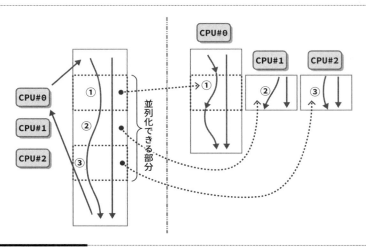

図1.2●各プロセッサで並列処理

　図に示すようにOpenMPでは、1つの塊の処理を複数のCPUで分割して処理します。図から分かるように、並列化すると、全体の処理時間は短縮され、高さは低く（処理時間が短く）なります。上図を時間軸で表した図を以降に示します。

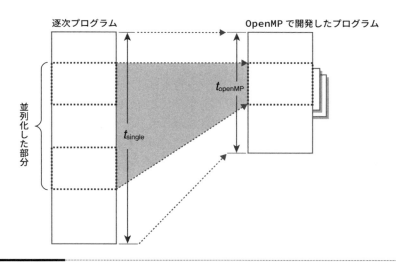

図1.3●処理時間の関係

　このように、ループや並列処理できる部分を多く持つプログラムは、`#pragma`を1行追加す

るだけで、大幅に処理時間を短縮できます。逐次プログラムで消費するt_{single}をt_{openMP}まで短縮できます。ただし、逐次処理でしか記述できない部分は、高速化できません。このため、並列化できる部分が少ないプログラムは、OpenMP化しても全体の処理速度の向上は限定されます。

OpenMPでは、逐次処理する部分を逐次リージョン、並列処理する部分を並列リージョンと呼びます。上記の並列化したプログラムを例にすると、以降の図に示すように逐次リージョンと並列リージョンへ分離できます。

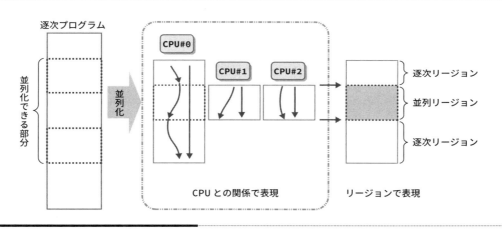

図1.4●逐次リージョンと並列リージョン

これをスレッドから観察した場合も示します。

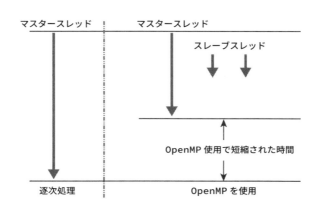

図1.5●OpenMPを使用した場合と逐次プログラミングのスレッド

1 OpenMP 概論

　OpenMP を使用すると、並列化した部分でスレッドが生成されます。スレッドが、いくつ生成されるかは、通常意識する必要はありません。一般的には、CPU コアの数と同じだけ生成されます。あるいは、プログラムや環境変数で明示的に並列数を指定することも可能です。

　従来のスレッドプログラミングでは、目的別で並列処理することが多いですが、OpenMP では、細かな単位で処理を各 CPU へ分担させます。並列化へ対応させるのも非常に単純で、#pragma を 1 行追加するだけです。このことは、プログラム自体は逐次プログラムと、並列化プログラムは何も変わらないことを意味します。つまり、コンパイル時に OpenMP オプションを無効にすると、並列プログラムは一瞬で逐次プログラムへ変身します。これはプログラムのポータビリティの向上はもとより、並列化でしばしば問題となるデバッグの効率を向上させます。

　文章だけでは実感がわかないと思いますが、第 2 章に簡単なプログラムの例を示しますので、具体的な例はそれまでお待ちください。

1-1 逐次処理プログラムと並列処理プログラム

　逐次処理プログラムは、そのプログラムをある時間で観察したときに 1 つの処理しか実行しません。並列処理プログラムは、ある時間で観察すると、同時に 2 つ以上の処理を行います。並列処理すると言っても、人間から観察すると並列しており、実際は 1 つの CPU を時分割で、2 つの仕事に割り当てている場合も少なくありません。CPU が少ない場合、時分割で CPU を複数の処理に割り当てています。このような例では並列化は実現できますが、実際の処理速度は低下することも少なくありません。このように、CPU が 1 つしかない、あるいは並列化する処理より CPU の数が少ない場合に並列化を行うメリットは、2 つに分類できます。

（1）速度向上ではなく、UI の向上を目的とする。
（2）待ち時間が多く、CPU がアイドルする時間が長いため、その時間を有効活用する。

　（1）の具体的な例として、通信プログラムや画像処理プログラムがあげられます。画像処理や通信処理など、開始から終了まで多くの時間 CPU を占有するプログラムがあります。このような場合、逐次処理プログラムを採用したシステムでは、何らかの処理を行っている期間は、CPU が解放されずユーザインタフェースが停止してしまいます。このようなプログラムを外部から観察すると、一般的にプログラムがフリーズしたかのように振る舞います。これを避けるために、画像処理部分とユーザインタフェース部分を並列に処理させます。これによって、全体のス

ループットは下がっても、ユーザインタフェースは向上します。もちろん、マルチCPU環境では、スレッドごとにCPUが割り付けられ、ユーザインタフェースが向上し、かつ処理速度も向上する場合もあります。

　（2）の具体的な例として、非同期の低速なデバイスを扱うプログラムが、このような例に相当します。プログラムから低速なデバイスへ制御を渡してから、相当時間待たされることは良くあることです。CPUをアイドル状態に置くのは資源の無駄遣いであり、システムの性能も低速デバイスに依存してしまいます。このような場合、並列処理と非同期処理を組み合わせると、非常に高速に処理できることがあります。いずれにしても、これらは純粋な高速処理を目指した並列化ではありません。

　これらに対し、OpenMPは処理速度の向上を目的に並列化を行います。

1-2　並列化の分類

　OpenMPの詳細な説明に先立ち、コンピュータの高速化、および並列化について、簡単に整理します。並列化にはいくつものアプローチがあります。ここでは、いくつかの視点から分類してみましょう。

■ 1-2-1　分散・共有メモリによる分類

　まず、メモリを共有するか、分散させるかで大きく分けることが可能です。以降にメモリ分散型と、メモリ共有型の概念図を示します。

メモリ分散型

　メモリ分散型は、論理的に分散したシステムがメッセージなどで通信しながら、1つの問題を処理します。当然ですが、異なるCPUが使用するメモリを直接操作することはできません。以降に概念図を示します。

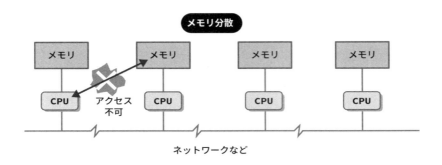

図1.6●メモリ分散型の概念図

メモリ分散型は、各処理系間の結合が粗になるため、耐故障性やスケーラビリティへの対応、ならびに空間的な制約が少なくなります。また、メッセージで通信を行うため、個々のシステムアーキテクチャ、たとえばCPUの種類などは固定されないという利点があります。代わりに、プログラムは、最初から逐次処理とは異なった方法で開発しなければなりません。MPIなどは、このようなシステムの一例です。

メモリ共有型

メモリ共有型は、各CPUが共通のメモリを使用します。当然ですが、各CPUは同じメモリをアクセスできます。以降に概念図を示します。

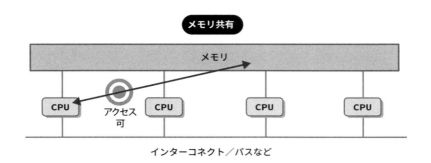

図1.7●メモリ共有型の概念図

メモリ共有型は、各CPU間の接続は密になり、高速に通信できます。メモリ共有型には、物理的にメモリ共有するだけのものと、メモリ空間まで共有するものがあります。メモリ分散型

で、高速化の大きなボトルネックは、メモリのコピーが発生することです。このため、物理的にメモリ共有するだけのものでも十分な高速化が期待できます。ところが、ソフトウェアエンジニアから観察した場合、各 CPU でメモリ空間が異なるため何らかのメモリアクセスの工夫が必要になります。たとえば、CPU#0 が持つポインタ *p を CPU#1 に渡しても、CPU#0 と CPU#1 のメモリ区間が異なるため *p に意味はありません。これに対し、メモリ空間まで共有するメモリ共有型では、CPU#0 と CPU#1 で *p は同じ意味を持ちます。この機能はソフトウェアエンジニアの負荷を大幅に軽減します。当然ですが性能へも大きく貢献します。最新の OpenMP や OpenCL、OpenACC などは、言語仕様上はメモリ空間まで共有する機能を提供しています。ところはハードウェアの実装が、理想的にこのような機能を提供しているとは限らず、相変わらず内部ではメモリコピーが発生することも少なくありません。

　どちらのメモリ共有型であっても、メモリ分散型と違い、物理的に同じメモリを使用するため、データ交換や、同期、メッセージ交換の速度は、メモリ分散型に比較して高速です。基本的に OpenMP は、メニーコアを想定しているため、メモリ空間まで共有するメモリ共有型に分類されます。最新の OpenMP は処理をアクセラレータにオフロードできますので、必ずしもこの限りではありませんが、大まかにはメモリ空間まで共有するメモリ共有型と考えてよいでしょう。

　メモリ共有型のデメリットとして、CPU 数の拡張などスケーラビリティに欠けます。また、基本的に CPU などは同一のものでなければなりません。当然ですが、メモリを物理的に共有するため、空間的にも同一空間に置かなければなりません。メモリ共有型としては SMP[1] が有名ですが、近年では両者を組み合わせたハイブリッド型が多くなっています。

1-2-2　メモリ共有型を分類

　メモリを共有する方法を、もう少し掘り下げてみましょう。

メニーコア型

　共有メモリを使用した並列化で、最初に思いつくのがメニーコア型 CPU です。同一 CPU を複数実装し、各 CPU を同期・通信させながら 1 つの問題を解決する方法です。以降に概念図を示します。

※1　Symmetric Multiprocessing

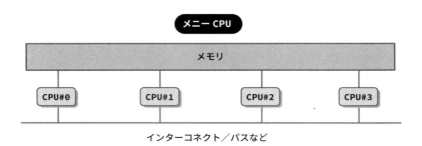

図1.8●メニーコア型の概念図

　メニー CPU は物理的に CPU が分離していますが、近年は物理的には同一チップでありながら論理的にメニー CPU となる「メニーコア CPU」が採用されることが少なくありません。メニー CPU とメニーコア CPU は、若干の違いがあります。キャッシュなどの共有まで考えると、単一処理を高速化するには、メニーコア CPU が有利です。ただし、システムのスループットはメニー CPU の方が勝る場合もあります。また、メニーコアの CPU を多数接続し、両方の方式を混在させる場合もあります。OpenMP は、このような方式に該当します。

目的別マルチ CPU 型

　この方法は、CPU の特徴を活かし、異なる処理を、異なる CPU やアクセラレータに振り分ける方法です。以降に概念図を示します。

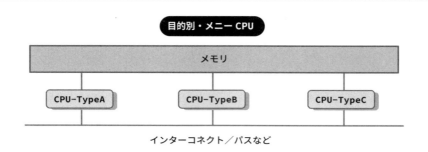

図1.9●目的別マルチCPU型の概念図

　たとえば、浮動小数点の演算が多い場合、その部分を DSP に任せ、マスターの CPU は全体の

制御を担います。あるいは、グラフィックスの作業を GPU に分担させ、ほかの処理をマスター CPU が担います。

　GPGPU などが、この方式に該当します。GPGPU は、GPU[※2]から派生した技術で、コンピュータの画像処理やグラフィックスを担当する主要部品です。現代のパーソナルコンピュータは、GPU を標準で装備しています。ホスト CPU の演算能力に比べ、GPU は数倍から、数百倍高速です。GPU は、VPU[※3]と呼ばれたこともありますが、最近は GPU と呼ばれるのが一般的です。

　当初、GPU は、3D グラフィックスの表示に必要な計算処理を行っていました。その後、その演算速度の高速性から、汎用の計算処理を行わせるようになり、それを GPGPU と呼ぶようになりました。GPGPU は、General Purpose GPU の略称です。つまり GPU をグラフィック描画処理に限定せず、汎用の数値計算へ適合させたものです。

■ 1-2-3　プロセス・スレッドによる分類

　並列化を、プロセスとスレッドから分類してみます。これらの技術も古くから使われています。OpenMP はスレッドを使った並列処理です。スレッドはコンテキストを切り替えず、同一プロセス内で並列処理を実現します。つまり、1 つのプログラムで複数の仕事をこなします。プロセスを並列化させる方法は、完全に分離された複数のプログラムが協調しながら、1 つの目的を達成します。プロセスを分離すると、論理的に分離された空間で動作するため、プログラムが疎結合となりカプセル化が促進されます。また、複数のプロセスが、データやメッセージ交換を行いながら 1 つの目的を達成しますので、プロセスが同一コンピュータ内に存在する必要はありません。各プログラムは逐次型に開発することができ、比較的プログラムが単純化されます。ほとんどの場合、ネットワークで通信できる環境であれば、プロセス並列化でシステムを構築できます。ただ、プロセス間は、関係が疎なことから、お互いの同期やデータ交換は低速になります。同時に、データ交換の手続きは面倒になります。

　スレッド型は、同一プロセス内で、スレッドを複数起動し並列処理します。このため、同一コンテキストで動作します。データ交換やスレッド間の通信は非常に簡単になります。同一メモリ空間で動作するため、基本的にデータの交換作業は不要になり、高速な並列処理が実現できます。ただし、プログラム内で並列動作するため、データアクセスのレーシングなどを意識せずに発生させてしまうことがあります。OpenMP を使用すると、このような問題の大部分は解決されます。OpenMP はスレッドによる並列処理です。以降に、概念図を示します。

※2　Graphics Processing Unit の略です。
※3　Visual Processing Unit の略です。

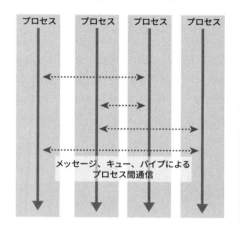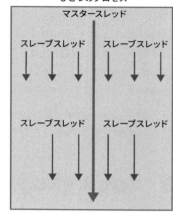

図1.10●プロセスとスレッドによる分類

1-2-4 命令・データによる分類

　さて、並列化には、もっと異なったアプローチもあります。それは 1 回の命令で複数のデータを処理するデータの並列化と、1 回のクロックで複数の命令を実行する命令の並列化です。前者を SIMD、後者を VLIW と呼びます。

データを並列処理

　SIMD[※4] は、1 回の命令で、複数データを同時に処理します。あるデータの配列を、各ユニット単位で演算します。本書では、OpenMP と SIMD の解説も行いますので、具体例は該当する章を参照してください。SIMD を使用すれば、たとえば 4 回の命令が必要だった処理を、1 回の命令で処理できます。近年の CPU では、SIMD をサポートするものが増えつつあります。便利な技術ですが、データに依存するため、音声、画像など、同じようなデータが並ぶようなアプリケーションにしか効果を発揮しません。ただし、単一 CPU などで大きな効果を発揮するときもあります。通常はコンパイラが対応しておりプログラマが SIMD を直接記述する必要はありません。ただし、細かな調整が必要な場合、直接 SIMD 命令を記述しなければなりません。ベクトル化と違い、直接 SIMD 命令を記述すると、上級言語レベルの互換性はないため、ソースコードのポー

※4　Single Instruction Multiple Data の略です。

タビリティは損なわれます。最新の OpenMP では、ベクトル化を指定する指示句も追加され、より容易に SIMD 命令の使用をプログラマがコンパイラに指定できます。

ベクトル化は、大量のデータを処理するスーパーコンピュータではよく見られた手法ですが、ほかの技術と同じく近年において、パーソナルコンピュータやゲーム機、ならびに組み込み機用の CPU にも採用されています。

SIMD を発展させ、データも命令も並列化する MIMD[※5] もありますが、説明は省略します。

命令を並列処理

複数の短い命令語を 1 つの長い命令語にまとめ、並列実行する方法です。VLIW[※6] と呼ばれます。

現在主流の CPU 内部には、スケジューリング機能が組み込まれており、結果に影響がなければ、プログラムされた命令順通りではなく、実行可能なものから順次パイプラインに送り込みます。ただし、動的なスケジューリングには限界があります。

VLIW は、CPU でこのような動的なスケジューリングを行う必要はなく、あらかじめ並列実行できる命令を生成します。つまり、コンパイラが並列処理の命令を生成します。プログラマが直接 VLIW を操作することはなく、コンパイラに任せるのが普通です。本書は VLIW の例題や解説は行いません。

1-3 なぜ並列化するか

コンピュータの性能を左右するのは CPU だけではありません。ただ、コンピュータの性能が CPU 性能に大きく依存することに、異論を差し挟む余地はないでしょう。このような背景から、コンピュータを高速化するため、CPU のビット幅の拡張、動作クロックの高速化、キャッシュの大容量化などが図られてきました。ところが、これらの方法は限界に近づきつつあります。

CPU のクロックの高速化は、処理速度を直接向上する有効な手段ですが、すでに現在の CPU クロック周波数は限界に達しています。このため、たくさんの技術が研究・応用されています。

※5　Multiple Instruction/Multiple Data の略です。
※6　Very Long Instruction Word の略です。

1 OpenMP 概論

たとえば、パイプライン（pipe line）による、命令の処理行程をいくつかの実行ユニットに分担させCPUがアイドルしないような技術、分岐予測技術、out of orderによる高速化、CPUバスのバンド幅（bandwidth）を広げる技術、キャッシュの多階層化によるミスキャッシュの低減など、多くの技術が採用されています。それでも、高速化に限界があり、最近は並列化に注目が集まっています。

■ 1-3-1　消費電力

ご存じの通り、現在のCPUでは大きなフィンを付けたCPUを強制空冷するのは普通のこととなりました。空冷では間に合わず、水冷（液冷）しているデスクトップコンピュータも存在します。このまま、高集積化や、高速度化を進めると消費電力の増大を避けることは不可能です。近年は低消費電力の製品が求められており、コンピュータもこのトレンドを免れることはできません。つまり、現在の手法でCPUを高速化するのは限界に近づきつつあります。

■ 1-3-2　動作クロック

クロック周波数を無限大に上げることもできません。もし、クロック周波数を無限大に上げることができれば、現在のCPUはクロック周波数に応じて高速化するはずです。しかし、CPUのクロック周波数を上げることは、消費電力を増大させ、CPUが高速化するにつれてバス速度やキャッシュへの期待も大きくなります。パイプラインへの要求も大きくなります。このような背景から、クロック周波数の高速化も限界に達しつつあります。

局所的なCPUクロック周波数の向上、キャッシュなどの増加という手法では、コンピュータの性能を向上させるのは限界に近づきつつあります。このような背景から、命令レベルの高速化ではない方法で、システムの性能を向上させなければなりません。そうなると、スレッドやプロセスを並列化する、あるいはデータを並列化する、命令自体を並列化するような方法が考えられます。つまりメニーコアCPUとOpenMPは並列化として、1つの解をこれらの問題に与えます。すべてが解決する訳ではありませんが、近未来を考えるとOpenMPは有益な技術でしょう。

1-4 並列化のアキレス腱

　すでに解説した通り、並列化は高速化の選択肢として有効な手法です。ところが、並列化手法にも限界があります。プログラム内に並列化できない部分が多いと、CPU コア数が増えても効果的な結果を得られません。これについては有名なアムダールの法則が存在します。近年はこの法則へ異論も現れていますが、並列化の限界を明快に説明している法則です。アムダールの法則（Amdahl's law）は、プログラムの一部を並列化したとき、全体として期待できる性能向上の程度を説明するために採用される場合が少なくありません。この法則は、コンピュータ技術者である、ジーン・アムダール氏により提唱されました。なお、個人的な事柄ながら、筆者はアムダールマシンの初期開発に、従事しました。古い米国の友人は、当時アムダール社に所属していた人もいます。とはいえ、もう彼らも筆者も引退している年齢でしょう。まあ、最近の若いエンジニアはアムダールマシンが何であるか知らない人も多いでしょう。

　アムダールの法則は収穫逓減の法則の実例です。プログラムの一部を 10 倍に高速化できたとしても、高速化できる部分が全体の 20 ％程度なら、全体としての性能向上は、最大 1 / (1 − 0.20) = 1.25 倍に留まります。

　並列化へアムダールの法則を適用してみましょう。並列化できない逐次実行部分の実行時間の割合を F としたとき、並列化可能な部分は $(1 − F)$ です。N 個のプロセッサを使ったときの全体の性能向上率は次の式で表すことができます。

$$\frac{1}{F + (1 − F)/N}$$

　N が無限大に近づくと、性能向上率は $1/F$ となります。つまり、N が極端に大きいと、$(1 − F)/N$ が 0 に近づくためです。このことから、「$(1 − F)$ = 並列化」できる部分が小さなプログラムでは、N を増やしても性能が向上しにくくなります。たとえば、OpenMP を適用できる部分が 20 ％で、CPU が 10 個あるコンピュータへ適用した場合、

$$\frac{1}{0.8 + (1 − 0.8)/10} = \frac{1}{0.8 + 0.02} = \frac{1}{0.82} = 1.21$$

となります。これから分かるように、1.21 倍の性能向上しか確保できません。本来なら、CPU が 10 個になりましたので、最大 10 倍の速度向上でも良いはずです。しかし、並列化できる部分が少ないと、このように CPU を使い切ることができず、たった 21 ％の性能向上しか見込めません。以降に、F が 10 ％、20 ％、30 ％、50 ％、70 ％のとき、並列化を 50 まで（= CPU を

50個まで）変化させたときの性能向上をグラフで示します。

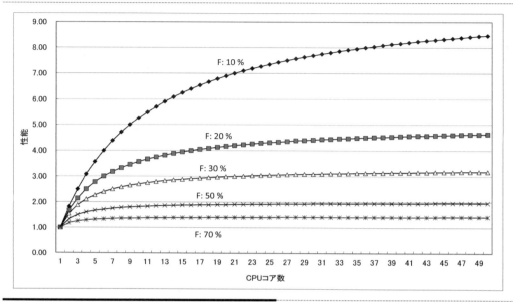

図1.11●並列化できない部分の割合とCPUコア数の関係

　グラフの上から、Fが10、20、30、50、70％です。つまり、並列化できない部分が70％もあると、CPUコア数をいくら増やしても性能向上は40％程度で頭打ちとなります。CPUコア数を50個にしても性能向上はたったの40％では、余りにも費用対効果が悪すぎます。

　並列化できない部分が僅か10％であっても、CPUコア数が50個で性能向上は9倍強でしかありません。本来なら50倍の性能向上が見込めるはずです。しかし、並列化できない部分が10％あるだけで、たった9倍強の性能向上しか受け取ることができません。いかに、逐次処理が全体性能へ与える影響が大きいか分かります。ただし、CPUコア数が10コア程度で、並列化できない部分が20〜30％程度なら、リニアとは言えませんが、それなりに並列化数とともに性能が向上します。

　このような結果を考えると、デスクトップ用CPUのコア数を100程度まで増やそうという考えが、何を根拠に考えて企画されたものか分かりません。一般に、個人が使うデスクトップパソコンはアムダールの法則から、CPUコア数を数十以上に増やしても効果は低いと考えられます。ただし、行列の積を求めるような処理が多くなるようであれば、CPUコア数が多いのも悪くないでしょう。それでも、このような処理をメニーコアに任せるのか、GPUに任せる方が良いのかは意見の分かれるところでしょう。

一般的に多数のコアを備えたコンピュータはスループットマシンとして位置づけられるようです。つまり、1つのプログラムの性能向上を図るのではなく、無関係なプログラムを多数走行させ、いくつものプログラムを走行させることによって、全体のスループットを向上させます。そのように考えると、サーバなどが多くのCPUコアを持つCPUを必要とするのは頷けます。ところが、100個を超えるCPUコアを装備したコンピュータがデスクトップに必要であるか分かりません。

　アムダールの法則にも異論や、アムダールの法則以前にバスやメモリアクセスがネックになるという説もあります。本書は、この話題を深く掘り下げることを目的としていません。このあたりで並列化の限界についての議論は終わりとしますが、並列化が高速化の切り札でないことだけは理解してください。

　なお、Intel社のCore i7シリーズのプロセッサなどは、メニーコアとオーバークロックを使い分けて、並列化部分も逐次処理部分も高速化を図っています。たぶん、今後、このようにハイブリッドなアーキテクチャが導入されるのでしょう。いずれにしても多並列化プログラムをデスクトップで活用できる時代が到来したことは間違いありません。せっかくの資源ですので、有効活用しましょう。OpenMPは容易に並列化を実現できます。OpenMPをマスターし、超高速プログラムをデスクトップ上で実現するのも面白いでしょう。

第2章

はじめてのプログラム

●●●

　細かなOpenMPの説明を行うのも重要ですが、それでは退屈です。そこで簡単なOpenMP対応のプログラムを紹介し、OpenMPの概要を感じてもらうこととします。最初から、OpenMPの文法や仕様などの細かな説明を行う書籍もありますが、そのような方法では具体的なOpenMPの使い方を習得する前に疲れ果て、OpenMPへの興味を失ってしまうでしょう。そこで、本書は「習うより慣れろ」の精神を採用します。まず、簡単なOpenMP対応のプログラムと、その結果からOpenMPが何であるかを掴んでいただきます。

2 はじめてのプログラム

2-1 「hello openMP!」プログラム

　言語処理の書籍が最初に紹介する、「Hello World!」にならって、OpenMP で同じようなプログラムを紹介します。以降に、プログラムのソースリストを示します。

リスト 2.1 ●ソースリスト（010begin/Sources/hello01.c）

```
#include <omp.h>
#include <stdio.h>

int main()
{
    #pragma omp parallel
    {
        printf("hello openMP!¥n");
    }
    return 0;
}
```

　OpenMP を利用したいときは、ヘッダファイル omp.h をインクルードするのが一般的です。ただし、この例では、OpenMP の実行時ライブラリを使用しませんので、インクルードしなくてもエラーとなりません。omp.h をインクルードしなくても問題ない場合も多いですが、OpenMP を使用するときは、omp.h をインクルードしておいた方が良いでしょう。のちにプログラムを拡張し、OpenMP の関数を使うとも限りません。

　「#pragma omp parallel」に続くブロックが並列化されます。この並列化される部分を、OpenMP では**並列リージョン**と呼びます。そして、並列化された実行単位を**スレッド**と呼び、並列化される以前から存在するスレッドを**マスタースレッド**と呼びます。スレッドの用語は各並列化の手法で呼び方が異なります。

```
           :
           :
#pragma omp parallel
{
    この部分が並列化される
}
           :
           :
```

このプログラムは、正確にはもう少し工夫が必要です。その説明を始めると、説明の趣旨がぼやけますので、ここではprintf文がスレッド数分実行されることだけ理解してください。

このプログラムを実行した例を示します。

```
C:¥>hello01
hello openMP!
hello openMP!
```

このプログラムの並列化対象コードは、「printf("hello openMP!¥n");」の部分だけです。この実行例では、「#pragma omp parallel」に続くブロックが、2つのスレッドで並列処理されています。通常、「#pragma omp parallel」のみを指定し、スレッド数を明示的に指定しないと、搭載CPU数と同じ数だけ並列化されます。この例は、Dual CoreのCPUを搭載したパソコンを使用したため、2つに並列化されたようです。CPUコアが多いと、「hello openMP!」は並列化された数だけ表示されます。なお、この表示ですが、必ずしも「hello openMP!」が連続するとは限らず、乱れる場合もあります。この「#pragma omp parallel」を**OpenMP指示文**と呼びます。

このように、「#pragma omp parallel」に続くブロックが並列化対象となります。並列化数は、CPUの数より多くても少なくても構いません。ただ、性能を重視するならCPU数とスレッド数は一致させた方がオーバーヘッドを低減させたり、無駄に遊ぶリソースが発生しないため効率良く処理できると思われます。これらの、性能に関する件は後述します。次に、CPUの数が異なるパソコンで実行した様子を示します。まず、CPUコアを8個搭載しているIntel Core i7プロセッサを搭載したパソコンで、先のプログラムを実行した様子を示します。

```
C:¥>hello01
hello openMP!
hello openMP!
hello openMP!
hello openMP!
hello openMP!
hello openMP!
hello openMP!
hello openMP!
```

CPUコア数が8個ですので、「printf("hello openMP!¥n");」の部分が8個に並列化されます。こんどはgccでコンパイルし、Ubuntuで実行した例を示します。この例では、CPUコア

2 はじめてのプログラム

数が 4 つです。

```
$ gcc -fopenmp hello01.c
$ ./a.out
hello openMP!
hello openMP!
hello openMP!
hello openMP!
```

CPU コア数が 4 個ですので、「printf("hello openMP!¥n");」の部分が 4 個に並列化されます。

OpenMP はスレッドプログラミングなどと違い、並列化の数を明示的に指定する必要はありません。もちろん、明示的に指定したい場合や、並列化してほしい部分と、並列化されたくない部分、あるいは単一スレッドで実行したい場合があります。そのような要求を満足する機構は、OpenMP で用意されています。

通常、並列数を指定しない方が拡張性に優れます。たとえば、同じプログラムであっても、CPU の数に従って並列化数が自動で変更されるためです。スレッドプログラミングなどでは、設計時にスレッド数が固定される可能性が高いでしょう。OpenMP では、使用するコンピュータの CPU 数に最適な並列化が行われるため、拡張性に優れたプログラムとなります。スレッドを明示的に記述するプログラムは、設計時にスレッド数が固定されることが多く、CPU のコア数が変わっても最適なスレッド数に追随できません。OpenMP は、特に指定しなければ、環境に最適な並列数に最適化されます。このため、環境や時代の変化に柔軟に追随できる手法といえるでしょう。スレッドプログラミングなどと違い、コンパイラが OpenMP をサポートしていれば、処理系やコンパイラを意識する必要もありません。OpenMP は、非常に柔軟でポータビリティやスケーラブル性が高いと言えるでしょう。

2-2 並列化数を明示的に指定

　先のプログラムは、並列化数を OpenMP へ任せました。通常は OpenMP へ任せると CPU 数と同じだけ並列化しますので、ソースコードに依存せず、最適な並列化数が割り当てられるでしょう。しかし、何らかの理由によって並列化数を明示的に指定したい場合があります。そのような例を以降に示します。

リスト 2.2 ●ソースリスト（010begin/Sources/hello02.c）

```c
#include <omp.h>
#include <stdio.h>

int main()
{
    #pragma omp parallel num_threads(10)
    {
        printf("hello openMP!¥n");
    }
    return 0;
}
```

　先のプログラムの「#pragma omp parallel」を「#pragma omp parallel num_threads(10)」へ変更します。これは、並列化数を明示的に 10 にすることを示します。以降に、このプログラムの実行例を示します。

```
hello openMP!
hello openMP!
hello openMP!
hello openMP!
hello openMP!
hello openMP!
hello openMP!
hello openMP!
hello openMP!
hello openMP!
```

「printf("hello openMP!¥n");」の部分が 10 個のスレッドで実行されます。この例では静的に並列化の数を決定していますが、動的にプログラム内で並列化数を変更することも可能です。このプログラムは、CPU の数がいくつであろうと、「hello openMP!」は 10 回表示されます。

以降に、逐次プログラムと OpenMP に対応した並列化プログラムのイメージを示します。まず、逐次プログラムのイメージ図を示します。

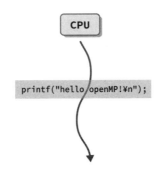

図2.1●逐次プログラム

次に、3つに並列化されたイメージ図を示します。

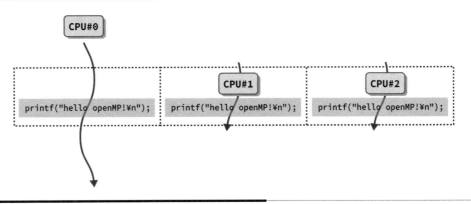

図2.2●OpenMPを使用し、3つに並列化されたプログラム

2-3 ループを並列化

　先のプログラムは、並列化されることを示したかっただけで、プログラムとしては何の意味もありません。ここでは、実際のプログラミングで頻繁に用いられる、ループを並列化するものを示します。ループを OpenMP に任せると、適当に各イテレーションを並列化し、それぞれの処理を各 CPU へ割り振ります。以降に for ループの並列化の例を示します。

リスト 2.3 ●ソースリスト（010begin/Sources/for01.c）

```c
#include <omp.h>
#include <stdio.h>

int main()
{
    int a[10] = { 1, 2, 3, 4, 5, 6, 7, 8, 9, 10 };
    int b[10] = { 0, 0, 0, 0, 0, 0, 0, 0, 0, 0 };
    int i;

    #pragma omp parallel num_threads(2)
    {
        #pragma omp for
        for (i = 0; i < 10; i++)
        {
            b[i] = a[i];
        }
    }

    for (i = 0; i < 10; i++)
    {
        printf("b[%d] = %d\n", i, b[i]);
    }

    return 0;
}
```

　この例では、for ループが 2 つのスレッドで並列処理されます。つまり、for ループ内の処理「b[i] = a[i];」は、2 つのスレッドで並列に処理されます。このような単純なループは、`#pragma omp for` を追加するだけです。逐次的に処理した場合、このループは i を 0 から 9

まで増加させながら、配列 a の内容を配列 b にコピーします。ところが、このプログラムは、0～9 の、いずれかユニークな値を持ったイテレータを、2 つの CPU で並列に処理します。たとえば、説明を簡単にするため、i が 0 から 4 までのループと、5 から 9 までの 2 つのループに分解し、それぞれを 2 つの CPU で並列実行します。実際には、このように綺麗に分解されるのは稀でしょうが、説明を簡略化するため、このような例を示します。以降に図で示します。

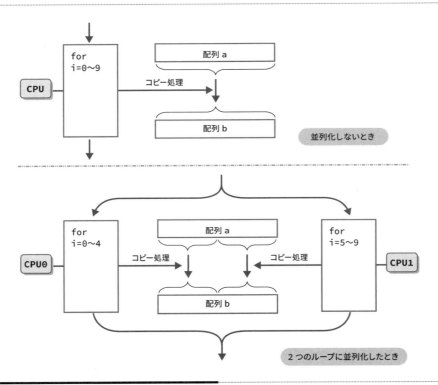

図2.3●2つのループに分解して並列実行する概念図

　図に示すように、OpenMP を使用しないときは、配列 a の内容を配列 b へ、単一のスレッドで逐次コピーします。OpenMP で 2 つのスレッドで並列化した場合、for ループを 2 つのスレッドに分割し、スレッドに対応した CPU が、別々にコピー処理を行います。この例では、CPU が 2 つ以上搭載されていると、処理は並列に実行されます。以降にプログラムの実行結果を示します。

```
b[0] = 1
b[1] = 2
```

```
b[2] = 3
b[3] = 4
b[4] = 5
b[5] = 6
b[6] = 7
b[7] = 8
b[8] = 9
b[9] = 10
```

配列 a の各要素の値が、配列 b に正確にコピーされています。このような一般的な for ループの並列化は、OpenMP が得意とする並列化です。ところが、複雑なループの並列化は簡単ではありません。たとえば、前記の i を途中で参照・変更するようなループは、並列化は困難です。

このプログラムを細かく観察すると、変数の扱い、たとえばループのインデックスに使用した i が並列時に、どのように扱われるのか気になる点もあるでしょう。このような、OpenMP 特有な変数の扱いなどについては後述します。

この例では、本当に並列化されたのか判断できないため、並列化されていることが分かるようにスレッド番号を表示するように、拡張したプログラムを以降に示します。

リスト 2.4 ●ソースリスト (010begin/Sources/for02.c)

```c
#include <omp.h>
#include <stdio.h>

int main()
{
    int a[10] = { 1, 2, 3, 4, 5, 6, 7, 8, 9, 10 };
    int b[10] = { 0, 0, 0, 0, 0, 0, 0, 0, 0, 0 };
    int i;

    #pragma omp parallel num_threads(2)
    {
        #pragma omp for
        for (i = 0; i < 10; i++)
        {
            b[i] = a[i];

            printf("i=%d, スレッド番号 =%d, スレッド数 =%d\n",
                i, omp_get_thread_num(), omp_get_num_threads());
        }
```

```
    }

    for (i = 0; i < 10; i++)
    {
        printf("b[%d] = %d\n", i, b[i]);
    }

    return 0;
}
```

　forループ内でomp_get_thread_num関数を使用してスレッド番号を表示します。同時に総スレッド数をomp_get_num_threads関数で表示します。これらはOpenMPの実行時ライブラリです。これらを呼び出すためにomp.hをインクルードする必要があります。OpenMPの実行時ライブラリの詳細については後述します。このプログラムを実行させたときの結果を以降に示します。

```
i=0, スレッド番号=0, スレッド数=2
i=5, スレッド番号=1, スレッド数=2
i=1, スレッド番号=0, スレッド数=2
i=6, スレッド番号=1, スレッド数=2
i=2, スレッド番号=0, スレッド数=2
i=7, スレッド番号=1, スレッド数=2
i=3, スレッド番号=0, スレッド数=2
i=8, スレッド番号=1, スレッド数=2
i=4, スレッド番号=0, スレッド数=2
i=9, スレッド番号=1, スレッド数=2
b[0] = 1
b[1] = 2
b[2] = 3
b[3] = 4
b[4] = 5
b[5] = 6
b[6] = 7
b[7] = 8
b[8] = 9
b[9] = 10
```

　配列aの各要素の値が、配列bに正確にコピーされるのは、先のプログラムと同様です。このプログラムでは、どちらのスレッドが動作したか出力します。この実行例では、スレッド0とス

レッド1が綺麗に交互に動作していますが、この動作順は保証されているわけではありません。片方のスレッドが長く動作し、片方が待たされる場合もあります。このため、各スレッドが均等にスケジュールされると予想し、プログラムを作ることは避けなければなりません。以降に、このような実行例を示します。プログラムはまったく同じですが、実行順序は異なります。

```
C:¥>for02
i=0, スレッド番号=0, スレッド数=2
i=5, スレッド番号=1, スレッド数=2
i=1, スレッド番号=0, スレッド数=2
i=6, スレッド番号=1, スレッド数=2
i=2, スレッド番号=0, スレッド数=2
i=3, スレッド番号=0, スレッド数=2
i=7, スレッド番号=1, スレッド数=2
i=4, スレッド番号=0, スレッド数=2
i=8, スレッド番号=1, スレッド数=2
i=9, スレッド番号=1, スレッド数=2
b[0] = 1
b[1] = 2
b[2] = 3
b[3] = 4
b[4] = 5
b[5] = 6
b[6] = 7
b[7] = 8
b[8] = 9
b[9] = 10
```

最初の実行例では、スレッド0とスレッド1が交互に動作しています。ところが、2番目の実行では i=2、i=3 のときにスレッド0が連続で動作しています。その結果、最後に i=8、i=9 の実行をスレッド1が連続で行っています。このように各スレッドの実行順序や起動される回数は不定です。実行順は各処理（イテレータ）に影響を与えないため、どのような順序、そして、どのスレッドで実行されようが結果に影響は与えません。

このように簡単にループを並列化できるため、OpenMP は演算量の多いプログラムで強力な性能向上の機会を提供します。OpenMP を利用すると、プログラムの修正を必要とせず、#pragma を指定するだけで通常の逐次プログラムが並列プログラムに簡単に変身します。

2-4 セクションで並列化

　OpenMPを解説するプログラムでは、通常、ループの並列化が使われるのが一般的です。確かに、ループへの適用が、OpenMPの効果を説明するのに適切な例であることは否めません。ただ、OpenMPは単にループを並列化するだけでなく、処理をいくつかのブロックに分離し、それぞれを並列化する機能も提供します。ここでは、このような例を紹介します。以降に sections を使用し、各ブロックを並列化した例を示します。

リスト2.5 ●ソースリスト（010begin/Sources/sections01.c）

```c
#include <omp.h>
#include <stdio.h>

int main()
{
    #pragma omp parallel
    {
        #pragma omp sections
        {
            #pragma omp section
            {
                printf("section0: スレッド番号 =%d，スレッド数 =%d\n",
                    omp_get_thread_num(), omp_get_num_threads());
            }
            #pragma omp section
            {
                printf("section1: スレッド番号 =%d，スレッド数 =%d\n",
                    omp_get_thread_num(), omp_get_num_threads());
            }
            #pragma omp section
            {
                printf("section2: スレッド番号 =%d，スレッド数 =%d\n",
                    omp_get_thread_num(), omp_get_num_threads());
            }
        }
    }
    return 0;
}
```

この例では、処理が3つのブロックに分割されて並列化されます。このような並列化では、#pragma omp sections で囲まれたブロックを、それぞれ #pragma omp section で複数のブロックに分割し並列化します。

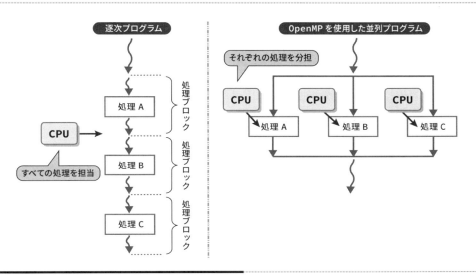

図2.4●処理を3つのブロックに分けて並列化する様子

図に示すように、OpenMP を使用しないときは、それぞれのブロックが逐次処理されます。OpenMP で並列化を指示すると、それぞれのブロックがスレッドとして並列動作します。以降に CPU コア数が2つのコンピュータで実行した結果を示します。

```
section0: スレッド番号=0, スレッド数=2
section1: スレッド番号=1, スレッド数=2
section2: スレッド番号=0, スレッド数=2
```

sections を使用すると、単純なループの並列化だけでなく、異なる処理のブロックを並列動作させることが可能です。以降に、同じプログラムを CPU コア数が4つのコンピュータで実行した結果も示します。

```
section1: スレッド番号=0, スレッド数=4
section2: スレッド番号=2, スレッド数=4
section0: スレッド番号=1, スレッド数=4
```

CPU コア数が 4 のため、スレッド数が 4 つに増えました。スレッド番号 3 には作業が割り当てられなかったのが分かります。

2-5 指示文

　OpenMP を使用する場合、最初に理解する必要を迫られるのが OpenMP 指示文です。C/C++ 言語で使用する OpenMP 指示文は「#pragma omp」で始まります。たとえば、指示文はプログラムの並列化する部分を指定するのに使用します。OpenMP の指示文には、指示文の種別を示す指示文字列を指定します。たとえば、「#pragma omp parallel」や「#pragma omp for」のように種別を示します。さらに、その後ろに「#pragma omp parallel private(i,temp)」のように、必要に応じて指示句と呼ばれる指定を行うことができます。この例では、「omp parallel」が指示文で、「private(i,temp)」が指示句です。

　コンパイラは、これらの指示文や指示句を解釈し、OpenMP に対応したソースコードを実行形式へ翻訳します。OpenMP に対応していないコンパイラや、OpenMP に対応していても OpenMP を有効にしない状態でコンパイルすると、これらの OpenMP 指示文は無視され、通常の逐次型のプログラムへ翻訳されます。このような機能は、並列化する前に逐次プログラムでプログラムの妥当性を検証するのに有効です。最初から並列化すると、本来の処理に問題があるのか、あるいは並列化の処理で間違いを起こしたのか判断に困る場合が少なくありません。OpenMP を利用したプログラムを開発する場合、まずは通常の逐次処理の形態でプログラミングし、正常動作することを確認できたら、並列化できる部分を探し、そこだけ並列化すると開発もデバッグも容易になります。

　何か不自然な動作をする場合、OpenMP を無効にしたプログラムと、OpenMP を有効にしたプログラムの出力を比較すると、容易に並列化で紛れ込んだ不具合を発見できることも少なくありません。ただし、アルゴリズムの間違いは、何回動作させても間違いは間違いとして結果に表れます。しかし、並列化で問題となる、同期機構やデータ競合は正常に処理される場合と、結果に異常がある場合がプログラムの変更なしに表れるため、問題解決を困難にします。並列化プログラムは逐次処理プログラムに比較し、処理結果に一貫性がないときがあり、開発やデバッグの難易度は比較的高くなります。

2-6 条件コンパイル

　OpenMPを使用する場合と、そうでない場合でコンパイル条件を変更したいときがあります。そのような場合は、_OPENMPを使った条件付きコンパイルを使用する方法があります。これについては、以降で紹介するプログラム例に多数出てきますので、ここではサンプルプログラムは省略します。

2-7 スレッドとの比較

　従来のスレッドプログラミングについて知識のある人は簡単に理解できるでしょう。そうでない人は、単純に「#pragma omp parallelに対応するブロックが並列化される。」と理解すれば十分でしょう。
　OpenMPとスレッドを比較するため、2-2節で開発したプログラムをスレッドで書き換えてみましょう。スレッドの起動はいろいろな方法がありますが、ここではWindows APIを使用します。

リスト 2.6 ● OpenMPで開発したプログラム

```c
#include <omp.h>
#include <stdio.h>

int main()
{
    #pragma omp parallel num_threads(10)
    {
        printf("hello openMP!¥n");
    }
    return 0;
}
```

リスト 2.7 ●スレッドプログラム (010begin/Sources/hello02Thread.c)

```c
#include <windows.h>
#include <stdio.h>

// スレッド・プロシージャ
void threadProc(void)
{
    printf("hello openMP!\n");
}


// main
int main()
{
    HANDLE hThread[9];

    for (int i = 0; i < 9; i++)
    {
        // スレッドの起動
        hThread[i] = CreateThread(0, 0,
            (LPTHREAD_START_ROUTINE)threadProc,
            NULL, 0, NULL);
    }

    printf("hello openMP!\n");

    // すべてのスレッド終了を待つ
    WaitForMultipleObjects(9, hThread, TRUE, INFINITE);

    return 0;
}
```

　このように、同じプログラムなのに、スレッドを使用すると面倒になります。また、基本的にスレッドを明示的に使用したプログラムは、設計時にスレッド数は決まってしまいます。ところがOpenMPでは、明示的に指定しない限り最適な値が使われます。スレッドの同期も暗黙的に実施されますので、プログラマは留意する必要はありません。

　参考のため、Linux系のPOSIX標準であるPthreadで開発したプログラムも示します。基本的にWindows APIを使用した場合と同じです。このプログラムはg++でビルドして動作確認を行います。

リスト 2.8 ●スレッドプログラム（010begin/Sources/hello02pThread.c）

```c
#include <stdio.h>
#include <pthread.h>

// スレッド・プロシージャ
void* threadProc(void*)
{
    printf("hello openMP!\n");

    return 0;
}


// main
int main()
{
    pthread_t thread[9];
    int iret[9];

    for (int i = 0; i < 9; i++)
    {
        // スレッドの起動
        iret[i]=pthread_create( &thread[i], NULL, threadProc, NULL);
    }

    printf("hello openMP!\n");

    // すべてのスレッド終了を待つ
    for (int i = 0; i < 9; i++)
    {
        pthread_join(thread[i], NULL);          // join
    }

    return 0;
}
```

2-8 まとめ

OpenMPとは何であるかを、簡単にまとめてみます。

1. 局所を並列化するスレッド技術である。
2. `#pragma omp parallel`に対応するブロックが、最適に並列化される。
3. SIMDやアクセラレータへも対応しつつある。

少し乱暴ですが、このように理解して構わないでしょう。

第3章

共有変数と
プライベート変数

さて、OpenMPのごく簡単な使用法は理解できたと思います。本章では、変数の扱いについて解説します。「#pragma omp parallel」に続くブロックが並列化されますが、内部で使用される変数の扱いが気になると思います。基本的に並列リージョン内で宣言された変数はプライベート変数、それ以外で宣言された変数は共有変数です。

3.1 共有変数

細かく文書で説明するより、サンプルプログラムを使った方が分かりやすいでしょう。まず、共有変数の例を示します。

リスト 3.1 ●ソースリスト（020variables/Sources/variable01.c）

```c
#include <omp.h>
#include <stdio.h>

int main()
{
    int i = 0, j = 10, k = 20;

    #pragma omp parallel
    {
        i = j + k;
    }

    printf("i=%d, j=%d, k=%d\n", i, j, k);

    return 0;
}
```

この例で使用したi、j、kは共有変数、つまり各スレッドは同じ変数を参照します。プログラムの実行例を以降に示します。

```
i=30, j=10, k=20
```

基本的にOpenMPの指示文で何も指定しないと、「#pragma omp parallel」に続くブロック以外で宣言された変数は共有変数として扱われます。この例では、並列化されるのは「i = j + k;」の部分です。この例では、この加算式が、並列化されたスレッド分だけ実行され、同じiに代入されます。つまり、生成されたスレッド数分「i = j + k;」が実行されます。

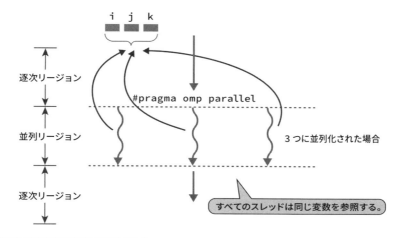

図3.1●3つに並列化された場合

　このような単純な例は良いのですが、変数を更新し、再び参照するようなプログラムでは、変数の扱いに十分注意しなければなりません。スレッドプログラミングに慣れている人のために、スレッドで上記を書き直したプログラムを示します。

リスト 3.2●ソースリスト（020variables/Sources/variable01Thread.c）

```c
#include <windows.h>
#include <stdio.h>

#define NUM_OF_THREADS   3

int i, j, k;


// スレーブスレッド
void slave(void)
{
    i = j + k;
}

// マスタースレッド
void master(void)
{
    HANDLE hThread[NUM_OF_THREADS];
```

```
    i = 0;
    j = 10;
    k = 20;

    for (int t = 0; t < NUM_OF_THREADS; t++)   // スレッドの起動
    {
        hThread[t] = CreateThread(0, 0,
            (LPTHREAD_START_ROUTINE)slave, NULL, 0, NULL);
    }
    i = j + k;

    // すべてのスレッド終了を待つ
    WaitForMultipleObjects(NUM_OF_THREADS, hThread, TRUE, INFINITE);
}

// main
int main()
{
    master();

    printf("i=%d, j=%d, k=%d\n", i, j, k);

    return 0;
}
```

　OpenMPのスレーブスレッドと対応するのがslave関数です。この中で使われるi、j、kはすべて同一の変数です。OpenMPを使用したプログラムでは、i、j、kは関数内で宣言しています。しかし、スレッドを使用する場合、スコープの関係で、i、j、kを外部変数とし、マスタースレッド（メインスレッド）を実行するmaster関数と、スレーブスレッド（ワーカスレッド）を実行するslave関数から参照できるようにします。

3.2 プライベート変数

次に、iだけをプライベート変数とし、スレッド単位にiを割り当てるプログラムを紹介します。変数をプライベート変数として扱うにはprivate指示句を使用します。以降に例を示します。

リスト3.3●ソースリスト（020variables/Sources/variable02.c）

```c
#include <omp.h>
#include <stdio.h>

int main()
{
    int i = 0, j = 10, k = 20;

    #pragma omp parallel private(i)
    {
        i = j + k;
    }

    printf("i=%d, j=%d, k=%d¥n", i, j, k);

    return 0;
}
```

先のプログラムと異なるのは、parallel指示文にprivate指示句を追加したことです。このprivate指示句に指定した変数は、続く並列リージョンで、スレッドごとに割り当てられた変数が使用されます。この例では、並列リージョンで使用されるiは、全体で使われるiとは別物です。しかも逐次リージョンの値は並列リージョンに引き継がれることもありません。さらに、並列リージョンで設定した値が、逐次リージョンへ引き継がれることもありません。

もう少し、C++言語的な表現に言い換えると、並列リージョンはクラスの宣言みたいなもので、実行時に並列数分のインスタンスが生成されるような感じです。そのとき、並列リージョンで使用する変数を、インスタンスとして生成するか、共有変数をそのまま使用するか切り分ける指示句が存在します。指示句にはいろいろありますが、まずはプライベート変数を示すprivate指示句と、共有変数を示すshared指示句を理解すれば十分です。

この例では、iはプライベート変数、つまりスレッドごとに異なるiが割り付けられます。j

3 共有変数とプライベート変数

とkは何も指定していないため、共有変数です。

並列リージョンで使用されるiと逐次リージョンで使用されるiは別物ですので、実行すると奇妙な結果となります。プログラムの実行例を以降に示します。

```
i=0, j=10, k=20
```

iは初期値のままで変化しません。つまり、「i = j + k;」で使用されたiは並列リージョンの各スレッドで新たに割り当てられ、並列リージョン終了時に消滅する変数です。printfで指定したiは共有変数のiであり、これらは別物です。

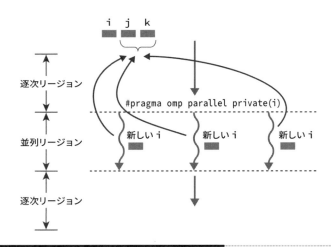

図3.2●iは並列リージョンの各スレッドで新たに割り当てられる

図から分かるように、iはスレッド単位に割り当てられ、そのスレッド終了時に破棄されます。このため、表示したiは、プログラムの先頭で初期化したiです。スレッドプログラミングやクラスを開発した人なら、コードと変数のインスタンスが、どのように生成されるか容易に理解できるでしょう。

こちらも、スレッドで書き直したプログラムを示します。

リスト 3.4 ●ソースリスト（020variables/Sources/variable02Thread.c）

```c
#include <windows.h>
#include <stdio.h>

#define NUM_OF_THREADS  3

int i, j, k;


// スレーブスレッド
void slave(void)
{
    int i;

    i = j + k;
}

// マスタースレッド
void master(void)
{
    HANDLE hThread[NUM_OF_THREADS];
    int i;

    i = 0;
    j = 10;
    k = 20;

    for (int t = 0; t < NUM_OF_THREADS; t++)   // スレッドの起動
    {
        hThread[t] = CreateThread(0, 0,
            (LPTHREAD_START_ROUTINE)slave, NULL, 0, NULL);
    }

    i = j + k;

    // すべてのスレッド終了を待つ
    WaitForMultipleObjects(NUM_OF_THREADS, hThread, TRUE, INFINITE);
}

// main
int main()
{
    master();
```

```
    printf("i=%d, j=%d, k=%d\n", i, j, k);

    return 0;
}
```

　OpenMPのスレーブスレッドと対応するのがslave関数、マスタースレッドを実行するのがmaster関数です。それぞれの関数でiを宣言します。これだけが前節のプログラムと異なります。これによって、iは関数内のローカル変数が、j、kは外部変数が使われます。結果は、当然ですが前述したOpenMPを使用したプログラムと同じです。

3.3 ループのインデックス

　さて、前章のプログラムを思い出すと何か腑に落ちないものを感じるでしょう。実はOpenMPでは、ループをスレッドに分割したとき、明らかにプライベート変数でなければならないループのインデックスは、自動でプライベート変数として扱われます。ループのインデックス以外の変数は共有変数として処理されます。以降に例を示します。

リスト 3.5 ●ソースリスト　(020variables/Sources/variable03.c)

```c
#include <omp.h>
#include <stdio.h>

int main()
{
    int a[10] = { 1, 2, 3, 4, 5, 6, 7, 8, 9, 10 };
    int b[10] = { 0, 0, 0, 0, 0, 0, 0, 0, 0, 0 };
    int i;

    #pragma omp parallel for
    for (i = 0; i < 10; i++)
    {
        b[i] = a[i];
    }

    for (i = 0; i < 10; i++)
```

```
        printf("b[%d] = %d\n", i, b[i]);

    return 0;
}
```

この例では、iは自動的にプライベート変数として処理されます。以降に、実行結果を示します。

```
b[0] = 1
b[1] = 2
b[2] = 3
b[3] = 4
b[4] = 5
b[5] = 6
b[6] = 7
b[7] = 8
b[8] = 9
b[9] = 10
```

このプログラムを正確に表現すると、以降に示すように書き換えることができます。

リスト 3.6 ●ソースリスト （020variables/Sources/variable04.c）

```c
#include <omp.h>
#include <stdio.h>

int main()
{
    int a[10] = { 1, 2, 3, 4, 5, 6, 7, 8, 9, 10 };
    int b[10] = { 0, 0, 0, 0, 0, 0, 0, 0, 0, 0 };
    int i;

    #pragma omp parallel for private(i) shared(a, b)
    for (i = 0; i < 10; i++)
    {
        b[i] = a[i];
    }

    for (i = 0; i < 10; i++)
        printf("b[%d] = %d\n", i, b[i]);
```

```
        return 0;
}
```

つまり、ループのインデックスである i はプライベート変数、それ以外は共有変数として指示するのが明示的な使用法です。ただ、OpenMP ではループの並列化は頻繁に行われますので、前のプログラムのように省略することができます。

試しに、前のプログラムの変数をすべて共有変数になるように、shared 指示句に指定してみましょう。以降にソースリストを示します。

リスト 3.7 ●ソースリスト（020variables/Sources/variable05.c）

```c
#include <omp.h>
#include <stdio.h>

int main()
{
    int a[10] = { 1, 2, 3, 4, 5, 6, 7, 8, 9, 10 };
    int b[10] = { 0, 0, 0, 0, 0, 0, 0, 0, 0, 0 };
    int i;

    #pragma omp parallel for shared(i, a, b)
    for (i = 0; i < 10; i++)
    {
        b[i] = a[i];
    }

    for (i = 0; i < 10; i++)
        printf("b[%d] = %d\n", i, b[i]);

    return 0;
}
```

この例では、すべての変数は共有変数として処理されます。i が共有されるため、実行結果が正しいとは限りません。このプログラムは単純なため、正常に処理されることが多いですが、プログラムは間違っています。コンパイラによっては、このような明らかな間違いであると思われるプログラムは、エラーメッセージを出力し、ビルドを中断するものもあります。

変数の扱いについて、ほかにも指示文や指示句があります。これらについては、第 5 章で簡単なサンプルプログラムを使って細かく解説します。

第4章

簡単な具体例

●●●

OpenMPの概要が分かったところで、簡単な具体例を使用してOpenMPの使用法を学びます。

4-1 1次元配列に係数を乗ずる

OpenMPの概要が分かったところで、簡単な具体例を使用してOpenMPの使用法を学びます。最初に紹介するプログラムは、長大な1次元配列に定数を乗ずるものです。以降に式で示します。

$$y_i = a \cdot x_i \quad (i = 1, \ldots, n)$$

なお、プログラムコードはnを0から開始するため、iはn − 1まで処理します。

まず、C言語で普通に記述したソースリストを示します。

リスト 4.1 ●ソースリスト

```c
#include <stdio.h>
#include <stdlib.h>

#define n    65536

int main()
{
    int i;
    float x[n], y[n];

    for (i = 0; i < n; i++)
        x[i] = (float)rand();

    float a = (float)rand();

    for (i = 0; i < n; i++)
    {
        y[i] = a * x[i];
    }

    for (i = 0; i < 10; i++)
    {
        printf("y[%d] = %.10f¥n", i, y[i]);
    }
    return 0;
}
```

単にfor文を使用して、配列の各要素に変数aを乗じます。このプログラムは、先に示した式を忠実に、かつ逐次的に処理します。

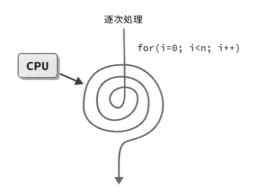

図4.1●for文を使用して配列の各要素に変数aを乗じる

このプログラムをOpenMPへ対応させるには、forループの前に「`#pragma omp parallel for`」を追加します。

リスト4.2●ソースリスト（030mulScalar/mulScalar.c）

```c
//
// (c)Copyright Spacesoft corp., 2018 All rights reserved.
//                           Hiro KITAYAMA
//
#include <stdio.h>
#include <stdlib.h>

#define n    65536

int main()
{
    int i;
    float x[n], y[n];

    for (i = 0; i < n; i++)
        x[i] = (float)rand();

    float a = (float)rand();
```

```
    #pragma omp parallel for
    for (i = 0; i < n; i++)
    {
        y[i] = a * x[i];
    }

    for (i = 0; i < 10; i++)
    {
        printf("y[%d] = %.10f¥n", i, y[i]);
    }
    return 0;
}
```

　プログラムのソースコードは1つだけ用意し、OpenMPのコンパイルオプションを変更することによって、OpenMP対応と逐次プログラムを生成します。コンパイラや環境については、該当する章を参照してください。

　このプログラムをOpenMP対応プログラムとしてコンパイルすると、OpenMPのディレクティブ「#pragma omp parallel for」が有効になります。それによって、#pragmaに続くforブロックの処理は、各CPUへ振り分けられます。このプログラムの動作の概念図を次に示します。

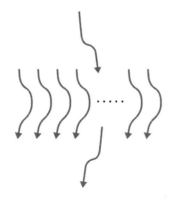

図4.2●リスト4.2の動作の概念図

　以降に、一般的な方法でコンパイルと実行した例を示します。まず、Visual Studioのコンパイラをコマンドラインで使用した例を示します。

```
C:\>cl /Fe:mulScalar.exe mulScalar.c
Microsoft(R) C/C++ Optimizing Compiler Version 19.14.26430 for x86
Copyright (C) Microsoft Corporation.  All rights reserved.

mulScalar.c
Microsoft (R) Incremental Linker Version 14.14.26430.0
Copyright (C) Microsoft Corporation.  All rights reserved.

/out:mulScalar.exe
mulScalar.obj

C:\>mulScalar
y[0] = 70274.0000000000
y[1] = 31652438.0000000000
y[2] = 10856476.0000000000
y[3] = 45421000.0000000000
y[4] = 32855666.0000000000
y[5] = 26950936.0000000000
y[6] = 19673292.0000000000
y[7] = 50319612.0000000000
y[8] = 46212868.0000000000
y[9] = 41931296.0000000000
```

次に、OpenMPを有効にして、コンパイルと実行した例を示します。

```
C:\>cl /openmp /Fe:mulScalar.exe mulScalar.c
Microsoft(R) C/C++ Optimizing Compiler Version 19.14.26430 for x86
Copyright (C) Microsoft Corporation.  All rights reserved.

mulScalar.c
Microsoft (R) Incremental Linker Version 14.14.26430.0
Copyright (C) Microsoft Corporation.  All rights reserved.

/out:mulScalar.exe
mulScalar.obj

C:\>mulScalar
y[0] = 70274.0000000000
y[1] = 31652438.0000000000
y[2] = 10856476.0000000000
y[3] = 45421000.0000000000
```

4 簡単な具体例

```
y[4] = 32855666.0000000000
y[5] = 26950936.0000000000
y[6] = 19673292.0000000000
y[7] = 50319612.0000000000
y[8] = 46212868.0000000000
y[9] = 41931296.0000000000
```

このような単純なプログラムでは処理時間が短いため、両者の違いは分かりません。しかし、OpenMP を利用すると、大きな負荷がかかるプログラムでは、処理時間が大幅に短縮されます。

コンパイラを PGI コンパイラに変更し、どのようにコンパイルされたか情報を表示するようにしてビルドしてみます。まず、OpenMP のコンパイルオプションを指定せずにビルド、実行した例を示します。

```
PGI$ pgcc -V

pgcc 18.4-0 64-bit target on x86-64 Windows -tp haswell
PGI Compilers and Tools
Copyright (c) 2018, NVIDIA CORPORATION.  All rights reserved.

PGI$ pgcc -Minfo=all -o mulScalar mulScalar.c

PGI$ ./mulScalar
y[0] = 70274.0000000000
y[1] = 31652438.0000000000
y[2] = 10856476.0000000000
y[3] = 45421000.0000000000
y[4] = 32855666.0000000000
y[5] = 26950936.0000000000
y[6] = 19673292.0000000000
y[7] = 50319612.0000000000
y[8] = 46212868.0000000000
y[9] = 41931296.0000000000
```

次に、OpenMP のコンパイルオプションを指定してビルド、実行した例を示します。

```
PGI$ pgcc -mp -Minfo=all -o mulScalar mulScalar.c
main:
     21, Parallel region activated
```

```
        Parallel loop activated with static block schedule
    26, Barrier
        Parallel region terminated

PGI$ ./mulScalar
y[0] = 70274.0000000000
y[1] = 31652438.0000000000
y[2] = 10856476.0000000000
y[3] = 45421000.0000000000
y[4] = 32855666.0000000000
y[5] = 26950936.0000000000
y[6] = 19673292.0000000000
y[7] = 50319612.0000000000
y[8] = 46212868.0000000000
y[9] = 41931296.0000000000
```

21行目から26行目までが並列リージョンであることが分かります。forループは並列に実行されること、そして並列リージョンの最後にバリアが設定され、同期処理が行われているのが分かります。

ついでに、gccで同じようにビルド、実行した例を示します。

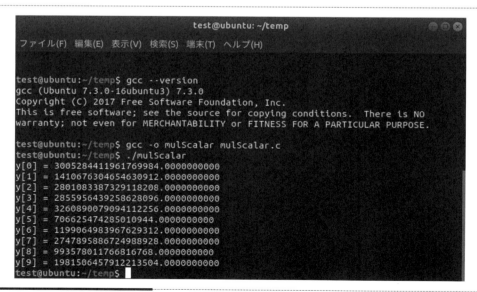

図4.3●gccでのビルドと実行の例

4 簡単な具体例

```
test@ubuntu:~/temp$ gcc --version
gcc (Ubuntu 7.3.0-16ubuntu3) 7.3.0
Copyright (C) 2017 Free Software Foundation, Inc.
This is free software; see the source for copying conditions.  There is NO
warranty; not even for MERCHANTABILITY or FITNESS FOR A PARTICULAR PURPOSE.

test@ubuntu:~/temp$ gcc -o mulScalar mulScalar.c
test@ubuntu:~/temp$ ./mulScalar
y[0] = 3005284411961769984.0000000000
y[1] = 1410676304654630912.0000000000
y[2] = 2801083387329118208.0000000000
y[3] = 2855956439258628096.0000000000
y[4] = 3260890079094112256.0000000000
y[5] = 706625474285010944.0000000000
y[6] = 1199064983967629312.0000000000
y[7] = 2747895886724988928.0000000000
y[8] = 993578011766816768.0000000000
y[9] = 1981506457912213504.0000000000
```

OpenMPのコンパイルオプションを指定したものを示します。

```
test@ubuntu:~/temp$ gcc -fopenmp -o mulScalar mulScalar.c
test@ubuntu:~/temp$ ./mulScalar
y[0] = 3005284411961769984.0000000000
y[1] = 1410676304654630912.0000000000
y[2] = 2801083387329118208.0000000000
y[3] = 2855956439258628096.0000000000
y[4] = 3260890079094112256.0000000000
y[5] = 706625474285010944.0000000000
y[6] = 1199064983967629312.0000000000
y[7] = 2747895886724988928.0000000000
y[8] = 993578011766816768.0000000000
y[9] = 1981506457912213504.0000000000
```

非常に単純な1次元配列の操作ですが、逐次処理とOpenMPで処理したときの違いを理解できたのではないでしょうか。

4-2 1次元配列同士の乗算

　2つの1次元配列の各要素を乗算し、結果を別の1次元配列へ格納するプログラムを紹介します。ここでは、先の方法に加え、OpenACC、OpenCL、そしてベクトル命令を使ったプログラムを紹介し、それらとOpenMPとの違いを実感します。OpenMP以外への関心がない人は、OpenACCやOpenCLの部分は読み飛ばしてください。OpenMPとOpenACCは、まったく異なる方法で処理しますが、ソースコードの記述方法は同様な方法が採用されています。OpenCLはアクセラレータ（たいていの場合GPGPU）を細かく制御できますが、プログラムの記述方法ははるかに面倒です。また、OpenACCやOpenCLは処理をホストからデバイスへオフロードしますが、OpenMPはたくさんのスレッドを起動し、CPUコアへ処理を分散させます。

　ベクトル化したプログラムは、データ並列を行いますので、同時に複数の要素を処理します。ベクトル化とOpenMPなどは同時に使用できますので、さらなる高速化も期待できます。

　前置きが長くなりました。ここで紹介するプログラムは、長大な1次元配列の対応する要素を乗算します。処理は単純で、配列の各要素を乗算し、別の配列へ格納するプログラムです。

$$c_i = a_i * b_i \quad (i = 1, \ldots, n)$$

　なお、プログラムコードはnを0から開始するため、iはn－1まで処理します。
　まず、逐次処理するプログラムのソースリストを次に示します。このソースコードはOpenMPと共用します。

リスト 4.3 ●ソースリスト（031mul1DArray/mul.c）

```
//
// multiply two arrays and store them in another array,for C/OpenMP
//
// (c)Copyright Spacesoft corp., 2018 All rights reserved.
//                          Hiro KITAYAMA
//
#include <stdio.h>
#include <omp.h>

void verify(const int n, const float* a, const float *x, const float *y);

#define N    4096
```

4 簡単な具体例

```
// main
int
main()
{
    float a[N], b[N], c[N];
    int i;

    #ifdef _OPENMP
    printf("OpenMP mode!\n\n");
    #endif

    // initialize array
    for (i = 0; i < N; i++)
    {
        a[i] = (float)(i + 1000);
        b[i] = (float)i / 10.f;
    }

    // calc.
    #pragma omp parallel for
    for (i = 0; i < N; i++)
    {
        c[i] = a[i] * b[i];
    }

    // list results
    printf("(a * b = c)\n");
    for (i = 0; i < 10; i++)
        printf("%f * %f = %f\n", a[i], b[i], c[i]);

    verify(N, a, b, c);

    return 0;
}
```

このプログラムは、OpenMPと共用するため、OpenMP用の #pragma が存在します。#pragma などを外し、純粋にC言語で表したソースリストを示します。

```
#include <stdio.h>

void verify(const int n, const float* a, const float *x, const float *y);
```

```
#define N    4096

// main
int
main()
{
    float a[N], b[N], c[N];
    int i;

    // initialize array
    for (i = 0; i < N; i++)
    {
        a[i] = (float)(i + 1000);
        b[i] = (float)i / 10.f;
    }

    // calc.
    for (i = 0; i < N; i++)
    {
        c[i] = a[i] * b[i];
    }

    // list results
    printf("(a * b = c)¥n");
    for (i = 0; i < 10; i++)
        printf("%f * %f = %f¥n", a[i], b[i], c[i]);

    verify(N, a, b, c);

    return 0;
}
```

　単にfor文を使用して、1次元配列aとbの各要素を乗算し、結果を1次元配列cへ格納します。特に説明の必要があるとは思えませんので、処理内容はソースリストを参照してください。

　verify関数は、処理結果が正常か検査する関数です。ほかのプログラムからも使用するため、この関数は別ファイルへ分離して記述します。浮動小数点の演算は、誤差が発生する場合がありますので、比較には余裕を持たせます。

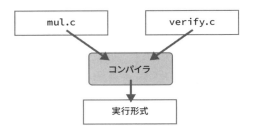

図4.4●verify関数は別ファイルへ分離して記述

以降に、verify関数を含むソースリストを示します。

リスト 4.4●ソースリスト（031mul1DArray/verify.c）

```
#include <stdio.h>
#include <math.h>

void verify(const int n, const float* a, const float *b, const float *c)
{
    for (int i = 0; i < n; i++)
    {
        float cc = a[i] * b[i];
        if (fabs(cc - c[i]) > .000001f)
        {
            fprintf(stderr, "error: cc = %f, c[%d]=%f\n", cc, i, c[i]);
            return;
        }
    }
}
```

このプログラムを、OpenMPのコンパイルオプションを指定した場合としない場合でそれぞれビルド、実行します。両者を判別するために、_OPENMPが定義されていたらメッセージを出力します。以降に、逐次処理した場合とOpenMPで処理した場合の例を、gccとpgccを使用してコンパイルしたそれぞれについて示します。

gcc 使用、OpenMP オプション指定なし（逐次処理）の例

```
$ gcc -o mul mul.c verify.c
$ ./mul
```

```
(a * b = c)
1000.000000 * 0.000000 = 0.000000
1001.000000 * 0.100000 = 100.099998
1002.000000 * 0.200000 = 200.400009
1003.000000 * 0.300000 = 300.900024
1004.000000 * 0.400000 = 401.600006
1005.000000 * 0.500000 = 502.500000
1006.000000 * 0.600000 = 603.600037
1007.000000 * 0.700000 = 704.899963
1008.000000 * 0.800000 = 806.400024
1009.000000 * 0.900000 = 908.099976
```

gcc 使用、OpenMP オプション指定あり（並列処理）の例

```
$ gcc -fopenmp -o mulOmp mul.c verify.c
$ ./mulOmp
OpenMP mode!

(a * b = c)
1000.000000 * 0.000000 = 0.000000
1001.000000 * 0.100000 = 100.099998
1002.000000 * 0.200000 = 200.400009
1003.000000 * 0.300000 = 300.900024
1004.000000 * 0.400000 = 401.600006
1005.000000 * 0.500000 = 502.500000
1006.000000 * 0.600000 = 603.600037
1007.000000 * 0.700000 = 704.899963
1008.000000 * 0.800000 = 806.400024
1009.000000 * 0.900000 = 908.099976
```

pgcc 使用、OpenMP オプション指定なし（逐次処理）の例

```
PGI$ pgcc -Minfo=all -o mul.exe mul.c verify.c
mul.c:
verify.c:
PGI$ ./mul
(a * b = c)
1000.000000 * 0.000000 = 0.000000
1001.000000 * 0.100000 = 100.099998
1002.000000 * 0.200000 = 200.400009
1003.000000 * 0.300000 = 300.900024
```

```
1004.000000 * 0.400000 = 401.600006
1005.000000 * 0.500000 = 502.500000
1006.000000 * 0.600000 = 603.600037
1007.000000 * 0.700000 = 704.899963
1008.000000 * 0.800000 = 806.400024
1009.000000 * 0.900000 = 908.099976
```

pgcc 使用、OpenMP オプション指定あり（並列処理）の例

```
PGI$ pgcc -mp -Minfo=all -o mulOmp.exe mul.c verify.c
mul.c:
main:
     34, Parallel region activated
         Parallel loop activated with static block schedule
     40, Barrier
         Parallel region terminated
verify.c:
PGI$ ./mulOmp
OpenMP mode!

(a * b = c)
1000.000000 * 0.000000 = 0.000000
1001.000000 * 0.100000 = 100.099998
1002.000000 * 0.200000 = 200.400009
1003.000000 * 0.300000 = 300.900024
1004.000000 * 0.400000 = 401.600006
1005.000000 * 0.500000 = 502.500000
1006.000000 * 0.600000 = 603.600037
1007.000000 * 0.700000 = 704.899963
1008.000000 * 0.800000 = 806.400024
1009.000000 * 0.900000 = 908.099976
```

コンパイルメッセージから分かるように、for ループが並列化され、それが終了する 40 行目に、OpenMP の Barrier が設定されます。

最後に cl コマンド使用した例も示します。

```
C:¥>cl /Fe:mul.exe mul.c verify.c
Microsoft(R) C/C++ Optimizing Compiler Version 19.14.26430 for x86
Copyright (C) Microsoft Corporation.  All rights reserved.
```

```
mul.c
verify.c
コードを生成中...
Microsoft (R) Incremental Linker Version 14.14.26430.0
Copyright (C) Microsoft Corporation.  All rights reserved.

/out:mul.exe
mul.obj
verify.obj

C:\>mul
(a * b = c)
1000.000000 * 0.000000 = 0.000000
1001.000000 * 0.100000 = 100.099998
1002.000000 * 0.200000 = 200.400009
1003.000000 * 0.300000 = 300.900024
1004.000000 * 0.400000 = 401.600006
1005.000000 * 0.500000 = 502.500000
1006.000000 * 0.600000 = 603.600037
1007.000000 * 0.700000 = 704.899963
1008.000000 * 0.800000 = 806.400024
1009.000000 * 0.900000 = 908.099976

C:\>cl /openmp /Fe:mulOmp.exe mul.c verify.c
Microsoft(R) C/C++ Optimizing Compiler Version 19.14.26430 for x86
Copyright (C) Microsoft Corporation.  All rights reserved.

mul.c
verify.c
コードを生成中...
Microsoft (R) Incremental Linker Version 14.14.26430.0
Copyright (C) Microsoft Corporation.  All rights reserved.

/out:mulOmp.exe
mul.obj
verify.obj

C:\>mulOmp
OpenMP mode!

(a * b = c)
1000.000000 * 0.000000 = 0.000000
1001.000000 * 0.100000 = 100.099998
1002.000000 * 0.200000 = 200.400009
```

```
1003.000000 * 0.300000 = 300.900024
1004.000000 * 0.400000 = 401.600006
1005.000000 * 0.500000 = 502.500000
1006.000000 * 0.600000 = 603.600037
1007.000000 * 0.700000 = 704.899963
1008.000000 * 0.800000 = 806.400024
1009.000000 * 0.900000 = 908.099976
```

4-3 1次元配列同士の乗算(オフロード)

先のプログラムをオフロードするプログラムを紹介します。OpenMP 4.x から target 指示文を使うことによって、処理の一部を CPU からデバイスへオフロードできるようになりました。次節で OpenACC、OpenCL でオフロードするプログラムを紹介しますが、target 指示文を使うと非常に簡単にオフロードできます。同様に、ベクトル化(SIMD)化したプログラムも後述しますが、これも、simd 指示文が追加されたため、簡単にベクトル化したプログラムを開発できます。

本節では target 指示文を使って初歩的なオフロードするプログラムを紹介します。なお、simd 指示文や target 指示文の解説は、第 5 章「指示文と実行時ライブラリ」にリファレンスを用意しましたので、そちらも参照してください。

前置きが長くなりました。長大な 1 次元配列の対応する要素の乗算処理をオフロードするプログラムを紹介します。以降にソースリストを示します。

リスト 4.5 ●ソースリスト (031mul1DArray/mulTarget.c)

```c
#include <stdio.h>
#include <omp.h>

void verify(const int n, const float* a, const float *x, const float *y);

#define N    4096

// main
int
main()
```

```
{
    float a[N], b[N], c[N];
    int i;

    #ifdef _OPENMP
    printf("OpenMP mode!\n\n");
    #endif

    // initialize array
    for (i = 0; i < N; i++)
    {
        a[i] = (float)(i + 1000);
        b[i] = (float)i / 10.f;
    }

    // calc.
    #pragma omp target
    #pragma omp parallel for
    for (i = 0; i < N; i++)
    {
        c[i] = a[i] * b[i];
    }

    // list results
    printf("(a * b = c)\n");
    for (i = 0; i < 10; i++)
        printf("%f * %f = %f\n", a[i], b[i], c[i]);

    verify(N, a, b, c);

    return 0;
}
```

このプログラムは、target 指示文を使うことによって、1 次元配列の乗算処理を CPU からデバイスへオフロードします。オブジェクトをデバイス・ホスト間で転送する必要がありますが、そのようなオブジェクト移動の処理はコンパイラに任せます。このプログラムを、Visual Studio のコンソールコマンドを使用してビルドしてみましょう。

```
>cl /openmp /Fe:mulSTarget.exe mulTerget.c verify.c
Microsoft(R) C/C++ Optimizing Compiler Version 19.14.26430 for x86
Copyright (C) Microsoft Corporation.  All rights reserved.
```

4 簡単な具体例

```
mulTerget.c
mulTerget.c(33): error C3001: 'target': OpenMP ディレクティブ名が必要です
verify.c
コードを生成中...
```

残念ながら、Visual Studio 2017 は OpenMP 2.0 までしかサポートしません。このため、上記に示すように target 指示文に対しエラーメッセージが表示されます。このように、OpenMP 2.0 までしかサポートしていない処理系では、このプログラムをコンパイルすることはできません。

今度は、g++ を使用し、同じプログラムをビルドしてみます。

```
$ g++ -fopenmp -o mulTarget mulTarget.c verify.c

$ ./mulTarget
OpenMP mode!

(a * b = c)
1000.000000 * 0.000000 = 0.000000
1001.000000 * 0.100000 = 100.099998
1002.000000 * 0.200000 = 200.400009
1003.000000 * 0.300000 = 300.900024
1004.000000 * 0.400000 = 401.600006
1005.000000 * 0.500000 = 502.500000
1006.000000 * 0.600000 = 603.600037
1007.000000 * 0.700000 = 704.899963
1008.000000 * 0.800000 = 806.400024
1009.000000 * 0.900000 = 908.099976
```

問題なくビルドできたため、実行まで行いました。環境がデバイスを使用できる環境であれば、target 指示文に指定した部分はデバイスへオフロードされます。

4-3-1 オブジェクトの管理

先のプログラムは、デバイスで使用する変数の指定を行っています。すべてはコンパイラ任せです。ここでは、デバイスとホスト間でデータ転送の必要なオブジェクトを map 指示句へ明示的に指定します。

リスト4.6●ソースリスト（031mul1DArray/mulTargetMap01.c）

```
    :
#pragma omp target map(a, b, c)
#pragma omp parallel for
for (i = 0; i < N; i++)
{
    c[i] = a[i] * b[i];
}
    :
```

　map指示句にa、b、cを指定します。これは、オフロードする部分の入口で、デバイス側にa、b、cを割り付け、ホスト側のa、b、cが保持する値をデバイス側にコピーし、デバイス側で処理が行われます。デバイス側の処理が終了したら、デバイス側のa、b、cが保持する値をホスト側にコピーし、必要ならデバイス側のa、b、cを解放します。

　この例では、明示的にホストとデバイスでデータ交換、割り付けが必要なオブジェクトを指定します。ただし、map指示句にmap-typeが指定されていないため、tofromが指定されたとみなされます。tofromはオフロードの出入口でメモリコピーが行われるため、無駄なコピーが発生します。このように、map指示句を用いると、オブジェクトを明示的に管理できますが、無駄なコピーが発生する場合があります。

4-3-2　オブジェクトのコピー

　先のプログラムは、デバイスで使用するオブジェクトの管理を明示的に行いました。ここでは、オブジェクトをデバイスとホスト間でコピーする際の管理まで行います。これは、map指示句へmap-typeまで指定することによって行います。

リスト4.7●ソースリスト（031mul1DArray/mulTargetMap02.c）

```
    :
#pragma omp target map(to:a, b) map(from:c)
#pragma omp parallel for
for (i = 0; i < N; i++)
{
    c[i] = a[i] * b[i];
}
    :
```

このプログラムは、map 指示句に map-type まで指定することによってコピーの管理まで行います。この例では、ホスト側で a、b に値を設定し、デバイスはこれらを参照して処理を行い c へ結果を格納します。つまり、オフロードの入口で a、b の値をデバイス側へコピーし、オフロードの出口で c の値をデバイス側からホスト側へコピーします。先のプログラムと違い、無駄な転送が発生しません。大きなデータのコピーがある場合、大きく性能を向上できる可能性があります。なお、細かに制御できるということは、指定を間違ったときに正常な値を得られない可能性があることも考慮しておく必要があります。

4-3-3 配列

先のプログラムは、デバイスとホスト間でコピーするデータが配列です。このような場合、配列の一部のみを対象とすることができます。

リスト 4.8 ●ソースリスト（031mul1DArray/mulTargetMap03.c）

```
    :
#pragma omp target map(to:a[0:N], b[:N]) map(from:c[0:N])
#pragma omp parallel for
for (i = 0; i < N; i++)
{
    c[i] = a[i] * b[i];
}
    :
```

map 指示句に map-type まで指定するのは先のプログラムと同様です。配列を指定する場合、一部の要素のみのコピーだけで十分な場合があります。ここでは、そのような例を示します。一部と書きましたが、このプログラムでは、全体が対象のため、そのように指定します。map(to:a[0:N], b[:N]) と記述していますが、b[:N] と b[0:N] は等価です。一部だけのコピーで良い場合は、この [0:N] を書き換えてください。

4-4 1次元配列同士の乗算（OpenMP以外の手法で並列化）

OpenMPを利用すると処理を複数のCPUへ割り振るだけではなく、デバイスへオフロードやベクトル化で並列処理することができます。ここでは、OpenMPの指示句で実施できることを、OpenCL、OpenACCやイントリンシックを使ってベクトル化します。直接的に記述したコードを参照することによってOpenMP対応のコンパイラが何を行っているか想像できるでしょう。

ただし、本節はOpenMPの解説を行うものではないため、ほかの並列化に興味のない人は読み飛ばして構いません。あくまでも本節は、OpenMPの理解を促進させるための参考節です。

4-4-1 OpenACC

このプログラムをOpenACCへ書き換えたものを示します。OpenMPのみに興味があり、アクセラレータを使用した並列化に興味がない場合、本節は読み飛ばしてください。以降に、OpenACCへ書き換えたソースリストを示します。

リスト4.9●ソースリスト（031mul1DArray/mulAcc.c）

```c
//
// multiply two arrays and store them in another array,OpenACC
//
//  (c)Copyright Spacesoft corp., 2018 All rights reserved.
//                          Hiro KITAYAMA
//
#include <stdio.h>

void verify(const int n, const float* a, const float *x, const float *y);

#define N    4096

// main
int
main()
{
    float a[N], b[N], c[N];
    int i;
```

4 簡単な具体例

```c
    // initialize array
    for (i = 0; i < N; i++)
    {
        a[i] = (float)(i + 1000);
        b[i] = (float)i / 10.f;
    }

    // calc.
    #pragma acc kernels
    for (i = 0; i < N; i++)
    {
        c[i] = a[i] * b[i];
    }

    // list results
    printf("(a * b = c)¥n");
    for (i = 0; i < 10; i++)
        printf("%f * %f = %f¥n", a[i], b[i], c[i]);

    verify(N, a, b, c);

    return 0;
}
```

　OpenMPをOpenACCへ変更するには、単にfor文の前の#pragmaを書き換えるだけです。これだけで、forブロックがアクセラレータ（ほとんどの場合GPU）へオフロードされます。アクセラレータへのオフロードやデータ転送、そして同期処理は、すべてOpenACCのコンパイラが対応します。以降に、コンパイルの様子を示します。コンパイル時にOpenACCのオプション（-acc）を与えOpenACC対応のプログラムをビルドします。以降に、その例を示します。

```
PGI$ pgcc -acc -o mulAcc.exe -Minfo=accel mulAcc.c verify.c
mulAcc.c:
main:
     28, Generating implicit copyin(b[:])
         Generating implicit copyout(c[:])
         Generating implicit copyin(a[:])
     29, Loop is parallelizable
         Accelerator kernel generated
         Generating Tesla code
         29, #pragma acc loop gang, vector(128) /* blockIdx.x threadIdx.x */
```

verify.c:

（注：ソースを変更すると行番号が変わるので注意すること）

　コンパイラオプションに「-Minfo=accel」を与えると、どのようにコンパイルされたかメッセージで観察できます。この例では、1次元配列 a と b がホストからデバイスへ、c がデバイスからホストへ転送されるコードが生成されています。ループ内の処理は、カーネルコードに変換されアクセラレータで並列実行されます。このような単純な例では #pragma は、ごく単純で構いません。データ転送や同期処理などを指定したいときは、明示的に #pragma に記述しなければなりません。そのような例は後述します。OpenCL でプログラムを記述したことのある人は、この簡単さに驚くでしょう。以降に実行の様子を示します。

```
PGI$ ./mulAcc
 (a * b = c)
1000.000000 * 0.000000 = 0.000000
1001.000000 * 0.100000 = 100.099998
1002.000000 * 0.200000 = 200.400009
1003.000000 * 0.300000 = 300.900024
1004.000000 * 0.400000 = 401.600006
1005.000000 * 0.500000 = 502.500000
1006.000000 * 0.600000 = 603.600037
1007.000000 * 0.700000 = 704.899963
1008.000000 * 0.800000 = 806.400024
1009.000000 * 0.900000 = 908.099976
```

■ 4-4-2　OpenCL

　直前の OpenACC へ対応したプログラムを、OpenCL へ書き換えてみましょう。OpenMP のみに興味があり、アクセラレータを使用した並列化に興味がない場合は、本節を読み飛ばしてください。OpenACC と比較して、ソースコードは非常に複雑になります。以降にソースリストを示します。

リスト 4.10 ●ソースリスト（031mul1DArray/mulCl.c）

```
#ifdef __APPLE__
#include <OpenCL/opencl.h>
```

4 簡単な具体例

```c
#else
#include <CL/cl.h>
#endif //__APPLE__

#include <stdio.h>
#include <stdlib.h>

void verify(const int n, const float* a, const float *x, const float *y);

// get platform, device
int
getPlatFormDevideID(cl_device_type device_type,
    cl_platform_id* platformId, cl_device_id* deviceID)
{
    char message[1024];
    cl_uint numOfPlatforms;
    int rval = -1;

    // get list of platform
    cl_int status = clGetPlatformIDs(0, NULL, &numOfPlatforms);
    if (status != CL_SUCCESS || numOfPlatforms < 1)
    {
        fprintf(stderr, "clGetPlatformIDs function failed.\n");
        return -1;
    }

    cl_platform_id *platforms = (cl_platform_id*)malloc(sizeof(cl_platform_id)
                                                                *numOfPlatforms);
    status = clGetPlatformIDs(numOfPlatforms, platforms, &numOfPlatforms);
    if (status != CL_SUCCESS)
    {
        fprintf(stderr, "clGetDeviceIDs function failed.\n");
        free(platforms);
        return -1;
    }

    for (unsigned plt = 0; plt < numOfPlatforms; plt++)
    {
        status = clGetPlatformInfo(platforms[plt], CL_PLATFORM_VERSION,
            sizeof(message), message, NULL);
        if (status != CL_SUCCESS)
        {
            fprintf(stderr, "clGetPlatformInfo function failed.\n");
            rval = -1;
```

```
            break;
        }
        fprintf(stdout, "platform: %s¥n", message);

        cl_device_id deviceId[10];
        cl_uint numOfDevices;

        status = clGetDeviceIDs(platforms[plt], device_type,
            sizeof(deviceId) / sizeof(deviceId[0]), deviceId, &numOfDevices);
        if (status != CL_SUCCESS)
        {
            fprintf(stderr, "clGetDeviceIDs function failed.¥n");
            rval = -1;
            break;
        }
        if (numOfDevices > 0)
        {
            clGetDeviceInfo(deviceId[0],
                CL_DEVICE_NAME, sizeof(message), message, NULL);
            fprintf(stdout, "device  : [%s]¥n¥n", message);

            *platformId = platforms[plt];
            *deviceID = deviceId[0];
            rval = 0;
            break;
        }
    }
    free(platforms);

    return rval;
}

#define N    4096

// main
int
main()
{
    cl_int status;
    cl_platform_id platformId;
    cl_device_id deviceID;

    float a[N], b[N], c[N];
```

4 簡単な具体例

```c
    // initialize array
    for (int i = 0; i < N; i++)
    {
        a[i] = (float)(i + 1000);
        b[i] = (float)i / 10.f;
    }

    // get platform and device id
    if (getPlatFormDevideID(CL_DEVICE_TYPE_GPU, &platformId, &deviceID) < 0)
    {
        fprintf(stderr, "no opencl 2.x platform.");
        return -1;
    }

    // create Context
    cl_context context = clCreateContext(NULL, 1, &deviceID, NULL, NULL, NULL);

    // create Command Queue 2.x
    cl_command_queue queue = clCreateCommandQueueWithProperties(
        context, deviceID, NULL, NULL);

    // create program object
    static const char *src[] =
    {
        "__kernel void\n\
        mul(__global const float *a,\n\
            __global const float *b,\n\
            __global float *c)\n\
        {\n\
            int i=get_global_id(0);\n\
            c[i] = a[i] * b[i];\n\
        }\n"
    };
    cl_program prog = clCreateProgramWithSource(context,
        1, (const char**)&src, NULL, NULL);

    // build program
    const char* options = "-cl-std=CL2.0";
    status = clBuildProgram(prog, 1, &deviceID, options, NULL, NULL);

    // create kernel
    cl_kernel kernel = clCreateKernel(prog, "mul", NULL);

    // create memory object
```

```c
    cl_mem mem_a = clCreateBuffer(context, CL_MEM_READ_ONLY | CL_MEM_COPY_HOST_PTR,
        sizeof(a), a, NULL);
    cl_mem mem_b = clCreateBuffer(context, CL_MEM_READ_ONLY | CL_MEM_COPY_HOST_PTR,
        sizeof(b), b, NULL);
    cl_mem mem_c = clCreateBuffer(context, CL_MEM_WRITE_ONLY, sizeof(c), NULL,
                                                              NULL);

    // set kernel parameters
    status = clSetKernelArg(kernel, 0, sizeof(cl_mem), (void *)&mem_a);
    status = clSetKernelArg(kernel, 1, sizeof(cl_mem), (void *)&mem_b);
    status = clSetKernelArg(kernel, 2, sizeof(cl_mem), (void *)&mem_c);

    // request execute kernel
    size_t globalSize[] = { sizeof(c) / sizeof(c[0]) };
    status = clEnqueueNDRangeKernel(queue, kernel, 1, NULL,
        globalSize, 0, 0, NULL, NULL);

    // get results
    status = clEnqueueReadBuffer(queue, mem_c, CL_TRUE, 0,
        sizeof(c), c, 0, NULL, NULL);

    // list results
    printf("(a * b = c)¥n");
    for (int i = 0; i < 10; i++)
        printf("%f * %f = %f¥n", a[i], b[i], c[i]);

    // flush queue
    status = clFlush(queue);

    // release resources
    clReleaseMemObject(mem_c);
    clReleaseMemObject(mem_b);
    clReleaseMemObject(mem_a);
    clReleaseKernel(kernel);
    clReleaseProgram(prog);
    clReleaseCommandQueue(queue);
    clReleaseContext(context);

    verify(N, a, b, c);

    return 0;
}
```

この OpenCL のソースコードを見て、うんざりする人も多いでしょう。OpenCL は GPU を直接制御するため、細かな制御が可能ですが、OpenMP や OpenACC に比較して、コード量も複雑さも格段に増加します。ここでは OpenCL を使いましたが、CUDA を使う場合でも、程度の差はありますが同様のことが言えるでしょう。面倒になる分、細かな制御は可能です。OpenCL に興味のない人は、本節は読み飛ばしてください。

まず、このプログラムの流れを示します。

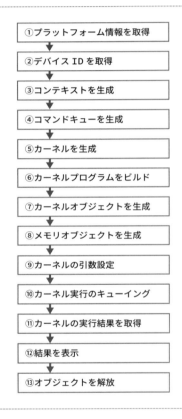

図4.5●ホストプログラムの流れ

この①と②を行うのが getPlatFormDevideID 関数です。そこで、この関数から説明します。この関数は比較的汎用的に作成されており、搭載しているプラットフォームすべて、そして各プラットフォームが備えている、すべてのデバイスをリストします。そして、その中から適切なプラットフォームとデバイスを選択し、それぞれの ID を返します。

まず、clGetPlatformIDs API を 2 回使用し、すべてのプラットフォーム ID を platforms

へ取得します。取得したプラットフォーム ID を使用して、当該プラットフォームが提供する OpenCL の情報を取得できます。

　この取得したプラットフォーム ID を for ループに指定し、各プラットフォームのデバイスを検査します。まず、ループの先頭で、clGetPlatformInfo API に CL_PLATFORM_VERSION を指定し、OpenCL のバージョンを取得します。特定のバージョンを使用したい場合、ここで判定すると良いでしょう。このプログラムでは、バージョンの表示だけ行います。

　次に、clGetDeviceIDs API を使用し、最大 10 個のデバイス ID を取得します。この部分はプラットフォーム ID を取得した方法と同じ方法を使用しても良かったのですが、1 つのプラットフォームが 10 個以上のデバイスをサポートしているとは思えないため、最大 10 個として記述します。clGetDeviceIDs API の引数には、渡されたデバイスタイプを指定しますので、それ以外のデバイスはリストされません。今回の例では、呼び出し元が CL_DEVICE_TYPE_GPU を指定しますので、GPU 以外は選択されません。

　clGetDeviceIDs API が成功したら、このプラットフォーム ID とデバイス ID を呼び出し元へ返します。なお、このプログラムは、clGetDeviceInfo API を使用し、選択したデバイス名を表示します。詳細は、ソースリストを参照してください。

　次に main 関数を説明します。簡潔に箇条書きで示します。

- **プラットフォーム ID とデバイス ID の取得**
  getPlatFormDevideID 関数を呼び出し、プラットフォーム ID とデバイス ID を取得します。getPlatFormDevideID 関数の引数に CL_DEVICE_TYPE_GPU を指定して GPU を選択します。GPU を実装しているか不明な場合、CL_DEVICE_TYPE_DEFAULT を指定してください。
- **コンテキストの生成**
  clCreateContext API を使用し、コンテキストを生成します。コンテキストは、OpenCL を実行する環境です。
- **コマンドキューの生成**
  clCreateCommandQueueWithProperties API を使用し、コマンドキューを生成します。
- **カーネルプログラムの生成**
  clCreateProgramWithSource API を使用し、カーネルプログラムを生成します。
- **カーネルのビルド**
  clBuildProgram API を使用し、カーネルをビルドします。
- **カーネルオブジェクトの生成**
  clCreateKernel API を使用し、カーネルオブジェクトを生成します。

- **メモリオブジェクトの生成**
  clCreateBuffer API を使用し、メモリオブジェクトを生成します。
- **カーネルの引数設定**
  clSetKernelArg API を使用しカーネルに渡す引数を設定します。
- **カーネル実行のキューイング**
  clEnqueueNDRangeKernel API を使用しカーネルを実行させます。
- **カーネル実行結果を取得**
  clEnqueueReadBuffer API を使用しカーネルの処理結果を取り出すコマンドをキューします。
- **結果の表示**
  これはホストプログラムが行うことですので、特に説明は必要ないでしょう。
- **オブジェクトの解放**
  生成したメモリオブジェクト、カーネルオブジェクト、プログラムオブジェクト、コマンドキューオブジェクト、およびコンテキストオブジェクトを解放します。

それぞれは複雑な処理を行っていますが、ここでは簡単に説明します。このような手順を、OpenMP や OpenACC は #pragma で処理します。OpenMP や OpenACC は、デバイスの選択や各リソースの管理を行うことは困難です。

以降に、カーネルで実行するプログラムのソースリストを抜き出して示します。このソースコードは、最初の OpenMP 対応プログラムの for ループの内容を、そのまま関数として抜き出した感じです。このプログラムは、このデバイスで実行するコードを文字列として保持しています。

```
__kernel voi
mul(__global const float *a,
    __global const float *b,
    __global float *c)
{
    int i=get_global_id(0);
    c[i] = a[i] * b[i];
}
```

OpenCL 対応のプログラムをコンパイル・実行するには環境設定が必要です。ここでは Visual Studio 2017 を使用しましたが、環境設定の説明は省略します。OpenCL に興味のある人は該当する資料を参照してください。

以降に、OpenCL でコンパイルしたプログラムの実行例を示します。

4-4　1次元配列同士の乗算（OpenMP 以外の手法で並列化）

```
C:¥> mulCl
platform: OpenCL 2.0
device  : [Intel(R) HD Graphics 530]

(a * b = c)
1000.000000 * 0.000000 = 0.000000
1001.000000 * 0.100000 = 100.099998
1002.000000 * 0.200000 = 200.400009
1003.000000 * 0.300000 = 300.900024
1004.000000 * 0.400000 = 401.600006
1005.000000 * 0.500000 = 502.500000
1006.000000 * 0.600000 = 603.600037
1007.000000 * 0.700000 = 704.899963
1008.000000 * 0.800000 = 806.400024
1009.000000 * 0.900000 = 908.099976
```

　この例では、プラットフォームに「OpenCL 2.0」が、デバイスに「Intel(R) HD Graphics 530」が選択されています。

　ちなみに、`clGetPlatformInfo` API や `clGetDeviceInfo` API で、使用した PC の OpenCL 情報を列挙したところ、下記のデバイスが実装されています。前期のプログラムは GPU を指定しましたが、「GeForce GTX 650」より先に「Intel® HD Graphics 530」が見つかるので、「Intel® HD Graphics 530」が使われています。

```
info.exe
number of platforms: 3
------------------------------------------------
platform name           : Intel(R) OpenCL
platform version        : OpenCL 2.0
number of devices       : 2

device name             : Intel(R) HD Graphics 530
max compute units       : 24
max work item dimensions : 3
svm coarse grain buffer : yes
svm fine grain buffer   : yes
svm fine grain system   : no
max work item size      : 256 256 256
max group size          : 256
```

```
device name            : Intel(R) Core(TM) i5-6600 CPU @ 3.30GHz
max compute units      : 4
max work item dimensions : 3
svm coarse grain buffer : yes
svm fine grain buffer  : yes
svm fine grain system  : no
max work item size     : 8192 8192 8192
max group size         : 8192
------------------------------------------------
platform name          : Experimental OpenCL 2.1 CPU Only Platform
platform version       : OpenCL 2.1
number of devices      : 1

device name            : Intel(R) Core(TM) i5-6600 CPU @ 3.30GHz
max compute units      : 4
max work item dimensions : 3
svm coarse grain buffer : yes
svm fine grain buffer  : yes
svm fine grain system  : yes
max work item size     : 8192 8192 8192
max group size         : 8192
------------------------------------------------
platform name          : NVIDIA CUDA
platform version       : OpenCL 1.2 CUDA 9.1.75
number of devices      : 1

device name            : GeForce GTX 650
max compute units      : 2
max work item dimensions : 3
svm coarse grain buffer : yes
svm fine grain buffer  : no
svm fine grain system  : no
max work item size     : 1024 1024 64
max group size         : 1024
```

■ 4-4-3 SIMD 命令

　同様に、最初のプログラムをベクトル化したものを示します。この例ではベクトル命令に AVX 命令を使用します。AVX 命令を用いると、1 回の処理で 8 要素を処理できるため演算量が減ります。また、ループアンロールしたような効果も得られます。コンパイラがベクトル化をサポート

しつつありますが、標準化やコンパイラの対応は途上です。コンパイラの自動ベクトル化は長いこと研究されていますが、人間が最適化するレベルに達するには、まだ多くの時間を必要とするでしょう。

以降に、ベクトル化したプログラムのソースリストを示します。

リスト 4.11 ●ソースリスト（031mul1DArray/mulVector.c）

```c
#include <stdio.h>
#include <immintrin.h>

void verify(const int n, const float* a, const float *x, const float *y);

#define N    4096

// main
int
main()
{
    float a[N], b[N], c[N];
    int i;

    // initialize array
    for (i = 0; i < N; i++)
    {
        a[i] = (float)(i + 1000);
        b[i] = (float)i / 10.f;
    }

    // calc.
    for (int i = 0; i < N; i += sizeof(__m256) / sizeof(float))
    {
        __m256 va = _mm256_loadu_ps(&a[i]);
        __m256 vb = _mm256_loadu_ps(&b[i]);
        __m256 vc = _mm256_mul_ps(va, vb);
        _mm256_storeu_ps(&c[i], vc);
    }

    // list results
    printf("(a * b = c)\n");
    for (i = 0; i < 10; i++)
        printf("%f * %f = %f\n", a[i], b[i], c[i]);

    verify(N, a, b, c);
```

```
        return 0;
}
```

　AVX命令を使用しますので、1回の処理で8要素のfloat乗算を実行できます。AVX命令をCソース上に直接記述できないため、イントリンシックを使用します。以降に、処理のイメージ図を示します。

> **CPUがAVX命令をサポートしていない場合**
> 搭載されているCPUがAVX命令をサポートしていない場合があります。そのような場合、このプログラムは異常終了します。

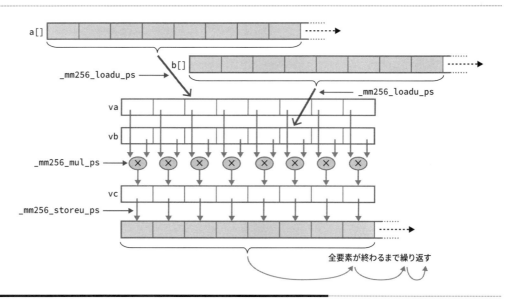

図4.6●1回の処理で8要素のfloat乗算を実行するAVX命令のイメージ

　forループは1回に8要素を処理するため、逐次プログラムに比べループ回数は1/8に減ります。for文の最後でiを増加させますが、単にインクリメントするのではなく、「sizeof(__m256) / sizeof(float)」分増加させます。ループ内では、まず、__m256型のvaに_mm256_loadu_psで配列aから対応する8要素を読み込みます。同様に、__m256型のvbに_mm256_loadu_psで配列bから対応する8要素を読み込みます。次に、_mm256_mul_psで

va と vb を乗算し、結果を vc へ求めます。最後に、この値を _mm256_storeu_ps で配列 c の対応する位置へ書き込みます。この処理を n 要素すべて終わるまで繰り返します。

以降に、コンパイルと実行の様子を示します。最初に、cl コマンドを使用した例を示します。

```
C:\>cl /Fe:mulVector.exe mulVector.c verify.c
Microsoft(R) C/C++ Optimizing Compiler Version 19.14.26430 for x86
Copyright (C) Microsoft Corporation.  All rights reserved.

mulVector.c
verify.c
コードを生成中 ...
Microsoft (R) Incremental Linker Version 14.14.26430.0
Copyright (C) Microsoft Corporation.  All rights reserved.

/out:mulVector.exe
mulVector.obj
verify.obj

C:\>mulVector
(a * b = c)
1000.000000 * 0.000000 = 0.000000
1001.000000 * 0.100000 = 100.099998
1002.000000 * 0.200000 = 200.400009
1003.000000 * 0.300000 = 300.900024
1004.000000 * 0.400000 = 401.600006
1005.000000 * 0.500000 = 502.500000
1006.000000 * 0.600000 = 603.600037
1007.000000 * 0.700000 = 704.899963
1008.000000 * 0.800000 = 806.400024
1009.000000 * 0.900000 = 908.099976
```

次に、gcc を使用した例も示します。gcc を使用する際は AVX 命令のオプション指定（-mavx）を忘れないでください。

```
$ gcc -mavx -o mulVector mulVector.c verify.c
$ ./mulVector
(a * b = c)
1000.000000 * 0.000000 = 0.000000
1001.000000 * 0.100000 = 100.099998
1002.000000 * 0.200000 = 200.400009
```

4 簡単な具体例

```
1003.000000 * 0.300000 = 300.900024
1004.000000 * 0.400000 = 401.600006
1005.000000 * 0.500000 = 502.500000
1006.000000 * 0.600000 = 603.600037
1007.000000 * 0.700000 = 704.899963
1008.000000 * 0.800000 = 806.400024
1009.000000 * 0.900000 = 908.099976
```

ついでに gcc を使用して、このプログラムが、どのようなアセンブリファイルへ変換されるか観察してみましょう。

```
$ gcc -O2 -mavx -S -c -o mulVector.S mulVector.c
```

リスト 4.12 ● mulVector.S の一部

```
    ⋮
.L3:
    vmovaps (%rbx,%rax), %xmm0
    vmovaps (%r12,%rax), %xmm1
    vinsertf128 $0x1, 16(%rbx,%rax), %ymm0, %ymm0
    vinsertf128 $0x1, 16(%r12,%rax), %ymm1, %ymm1
    vmulps  %ymm1, %ymm0, %ymm0
    vmovaps %xmm0, 0(%r13,%rax)
    vextractf128    $0x1, %ymm0, 16(%r13,%rax)
    addq    $32, %rax
    cmpq    $16384, %rax
    jne .L3
    ⋮
```

for ループの内容が、ほぼ記述通りアセンブリコードへ変換されています。どうやら、rbx と r12 がメモリのベースアドレスで、rax がインデックスに割り当てられているようです。1 回の処理で rax に 32 が加算されていますので AVX 用のレジスタ長 256 ビット（32 バイト）と合致します。比較は 16384 と行っています。このプログラムは要素数を保持する N へ 4096 を設定しています。つまり float の要素が 4096 ですので 4（sizeof(float)）× 4096 は 16384 です。これより、ソースとアセンブリコードが一致しているのが分かります。アセンブリコードを観察する限り、データを ymm レジスタへロード（ストア）するのは、2 つの命令へ変換されているようです。ちなみに -O2 オプションを指定したためコンパクトなコードが出力され

ていますが、このオプションを外すと、少し冗長で長いコードへ変換されます。

なお、配列 a、b、および c を AVX 命令のアライメント（32 バイト）へ揃えた場合、_mm256_loadu_ps の代わりに _mm256_load_ps を使用できます。そのように書き換えた for ループ部分を示します。

```
for (int i = 0; i < N; i += sizeof(__m256) / sizeof(float))
{
    __m256 va = _mm256_load_ps(&a[i]);
    __m256 vb = _mm256_load_ps(&b[i]);
    __m256 vc = _mm256_mul_ps(va, vb);
    _mm256_store_ps(&c[i], vc);
}
```

このプログラムを上記と同様に、gcc を使用して、どのようなアセンブリファイルへ変換されるか観察してみましょう。

リスト 4.13 ● mulVector.S の一部

```
       ⋮
.L3:
    vmovaps (%rbx,%rax), %ymm0
    vmulps  (%r12,%rax), %ymm0, %ymm0
    vmovaps %ymm0, 0(%r13,%rax)
    addq    $32, %rax
    cmpq    $16384, %rax
    jne     .L3
       ⋮
```

先のプログラムは、いったん xmm レジスタを経由していましたが、このプログラムは最初から ymm レジスタを使用しています。先のプログラムが主要な部分に 7 命令を要していますが、このプログラムは 3 命令で完了しています。この部分は何回も繰り返す部分ですので、アライメントを調整すると性能に大きく向上するでしょう。このプログラムは、コンパイルの結果を観察したかっただけですので、配列のアライメントは調整していません。正常に動作させたければ、メモリの割り付け時にアライメントを意識しなければなりません。そのような例は後述します。

なお、コンパイルできても CPU が AVX 命令を実装していない場合、このプログラムの実行結果は保証されません。

4-5 ライプニッツの公式

　これまではOpenMPの紹介を中心にプログラムを紹介してきました。ここでは、OpenMPを使用したときの性能改善について調査してみましょう。本節では、ライプニッツの公式（Leibniz formula）で円周率を求めるプログラムをOpenMPで開発します。ライプニッツの公式でπを求めるには、繰り返し演算が発生しますので、OpenMPの応用に最適な例でしょう。ライプニッツの公式は以下に示す級数で表すことができます。

$$1 - \frac{1}{3} + \frac{1}{5} - \frac{1}{7} + \frac{1}{9} - \cdots = \frac{\pi}{4} \tag{4.1}$$

　これは初項が1で各項が奇数の逆数である交項級数が$\pi/4$（= 0.785398…）に収束することを意味します。一般的に表すと以下の式になります。

$$\sum_{n=0}^{\infty} \frac{(-1)^n}{2n+1} = \frac{\pi}{4} \tag{4.2}$$

交項級数

$a_1, a_2, \ldots, a_n, \ldots$ がすべて≥ 0のとき、$\sum_n (-1)^{n-1} a_n$の形の級数を交項級数といいます。つまり、交項級数とは$a_1 - a_2 + a_3 - a_4 + \cdots$のように、正と負の項が交互に現れる級数です。交項級数は、交代級数とも呼ばれる場合もあります。数列$\{a_n\}$が単調減少で、$n \to \infty$のとき$a_n \to 0$となるならば、$\sum_n (-1)^{n-1} a_n$は収束します。これをライプニッツの定理といいます。

　nを多くするほど円周率を正確に求めることができますのでOpenMPを試すには良い例となるでしょう。実際のプログラムは、4を左辺に移動します。

$$\sum_{n=0}^{\infty} \frac{(-1)^n}{2n+1} \times 4 = \pi \tag{4.3}$$

以降に、ソースリストを示します。

リスト 4.14 ● ソースリスト （032piLeibniz/Leibniz.c）

```c
#include <stdio.h>
#include <math.h>
#include <time.h>

//----------------------------------------------------------------
void Leibniz(const int n, const int omp)
{
    int i;
    clock_t start = clock();

    float pi = 0.0f;
    #pragma omp parallel for reduction(+:pi) if(omp)
    for (i = 0; i < n; i++)
    {
        pi += (float)(pow(-1, i) / (float)(2 * i + 1));
    }

    pi *= 4.0f;

    clock_t stop = clock();

    fprintf(stdout, " n=%11d,", n);
    fprintf(stdout, "  elapsed time=%.10f [sec], pi=%.20f\n",
        (float)(stop - start) / CLOCKS_PER_SEC, pi);
}

//----------------------------------------------------------------
int main()
{
    for(int n = 1000000; n <= 1000000000; n *= 10)
    {
        fprintf(stdout, "     C:");
        Leibniz(n, 0);
        fprintf(stdout, "OpenMP:");
        Leibniz(n, 1);
    }

    return 0;
}
```

Leibniz が π を求める関数です。(4.3) の式をそのままコード化したのが網掛けした部分です。

$(-1)^n$ を、そのまま pow(-1, i) としていますが、単に 1 と–1 がトグルするだけなので、もっと簡単にできますが素直に記述します。

　Leibniz 関数の for ブロックに対し「#pragma omp parallel for reduction(+:pi) if(omp)」を追加します。この pragma には if 節を追加し、並列化と逐次両方に対応させます。また、pi へ加算を繰り返すため reduction 節で pi を指定します。このような指示は、コンパイラが自動判断して reduction 節を追加することも多いですが、コンパイラによっては自動化がうまく行かない場合もあるでしょう。このようなことから、reduction 節を省略した場合、必ずメッセージの確認が必要になります。このため、明示的に reduction 節を指定します。

数学者マーダヴァ

　ライプニッツの公式は 17 世紀のドイツの数学者の名をとって命名されましたが、この公式自体は 15 世紀のインドの数学者マーダヴァがライプニッツより 300 年ほど前に発見していたものです。公式の発見がマーダヴァの功績であることを示すため、マーダヴァ - ライプニッツ級数と呼ばれることもあるようです。

　main 関数は、ライプニッツの公式の n を変化させ、そして #pragma の if 指示句に指定される値を指定し Leibniz 関数を呼び出します。n へ 1000000 ～ 1000000000 を与え、逐次処理と OpenMP で、それぞれの処理に要した時間を表示します。このプログラムをビルドした様子を示します。

```
C:\>cl /openmp /Fe:Leibniz.exe Leibniz.c
Microsoft(R) C/C++ Optimizing Compiler Version 19.14.26430 for x86
Copyright (C) Microsoft Corporation.  All rights reserved.

Leibniz.c
Microsoft (R) Incremental Linker Version 14.14.26430.0
Copyright (C) Microsoft Corporation.  All rights reserved.

/out:Leibniz.exe
Leibniz.obj
```

　このプログラムを実行してみましょう。

```
C:\>Leibniz
      C: n=    1000000,  elapsed time=0.0209999997 [sec], pi=3.14159536361694335938
 OpenMP: n=    1000000,  elapsed time=0.0060000001 [sec], pi=3.14159488677978515625
      C: n=   10000000,  elapsed time=0.2210000008 [sec], pi=3.14159679412841796875
 OpenMP: n=   10000000,  elapsed time=0.0579999983 [sec], pi=3.14159655570983886719
      C: n=  100000000,  elapsed time=2.2360000610 [sec], pi=3.14159679412841796875
 OpenMP: n=  100000000,  elapsed time=0.5780000091 [sec], pi=3.14159679412841796875
      C: n= 1000000000,  elapsed time=21.5709991455 [sec], pi=3.14159679412841796875
 OpenMP: n= 1000000000,  elapsed time=5.7740001678 [sec], pi=3.14159679412841796875
```

以降に、n に対する処理時間を示します。n = 1,000,000 や 10,000,000 では演算量が少なすぎるのか、処理時間が相対的に短すぎてグラフで観察するのは困難です。

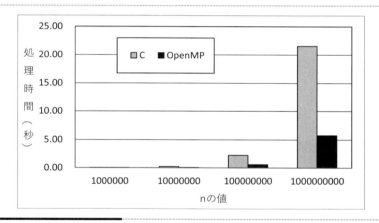

図4.7●nの値に対する処理時間の比較

OpenMP と逐次処理の性能差を観察するため、処理に要した時間ではなく両者の処理時間の比較を示します。使用したパソコンの、CPU コア数は 4 つです。少しバラツキはありますが、約 4 倍弱を示し、ほぼ理想的な性能向上が見られます。

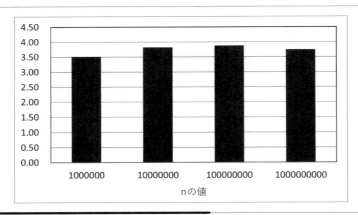

図4.8●OpenMPと逐次処理の性能比較（C / OpenMP）

　ちなみに、このプログラムをOpenACC化するのは簡単です。試しに、比較的古いGPUを搭載したパソコンで、プログラムをOpenACC化し、実行してみたところ通常の逐次プログラムに対し、約7倍以上高速に処理されました。

■ 4-5-1　倍精度浮動小数点へ

　先のプログラムの結果を観察すると分かりますが、nを増やしてもπの精度が向上していません。これは、先のプログラムは単精度浮動小数点を使用しているためです。そこで、単精度浮動小数点と倍精度浮動小数点の違いで性能に変化があるかも検証してみましょう。以降にソースリストを示します。

リスト 4.15●ソースリスト（032piLeibniz/LeibnizDouble.c）

```c
#include <stdio.h>
#include <math.h>
#include <time.h>

//--------------------------------------------------------------
void Leibniz(const int n, const int omp)
{
    int i;
    clock_t start = clock();

    double pi = 0.0f;
    #pragma omp parallel for reduction(+:pi) if(omp)
```

```c
    for (i = 0; i < n; i++)
    {
        pi += (double)(pow(-1, i) / (double)(2 * i + 1));
    }

    pi *= 4.0f;

    clock_t stop = clock();

    fprintf(stdout, " n=%11d,", n);
    fprintf(stdout, "  elapsed time=%.10f [sec], pi=%.20f\n",
        (float)(stop - start) / CLOCKS_PER_SEC, pi);
}

//---------------------------------------------------------------
int main()
{
    for(int n = 1000000; n <= 1000000000; n *= 10)
    {
        fprintf(stdout, "     C:");
        Leibniz(n, 0);
        fprintf(stdout, "OpenMP:");
        Leibniz(n, 1);
    }

    return 0;
}
```

変更は float を double へ書き換える2個所のみです。このプログラムをビルドし、実行した様子を示します。

```
C:\>cl /openmp /Fe:LeibnizDouble LeibnizDouble.c

C:\>LeibnizDouble
     C: n=    1000000,  elapsed time=0.0250000004 [sec], pi=3.14159165358977432447
OpenMP: n=    1000000,  elapsed time=0.0070000002 [sec], pi=3.14159165358978098581
     C: n=   10000000,  elapsed time=0.2489999980 [sec], pi=3.14159255358979150330
OpenMP: n=   10000000,  elapsed time=0.0630000010 [sec], pi=3.14159255358974265349
     C: n=  100000000,  elapsed time=2.4479999542 [sec], pi=3.14159264358932599492
OpenMP: n=  100000000,  elapsed time=0.6359999776 [sec], pi=3.14159264358981715759
     C: n= 1000000000,  elapsed time=25.0189990997 [sec], pi=3.14159265258805042720
```

```
OpenMP: n= 1000000000,  elapsed time=6.6440000534 [sec], pi=3.14159265258921038821
```

先のプログラムと違い、nを増やすとπの値が変化しています。処理時間に関しては単精度浮動小数点と倍精度浮動小数点の違いによる性能の変化は僅かでした。先ほどと同様に、nに対する処理時間を示します。

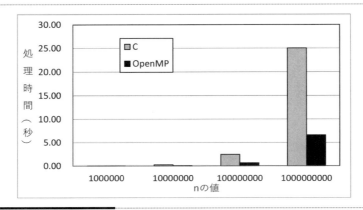

図4.9●nの値に対する処理時間の比較

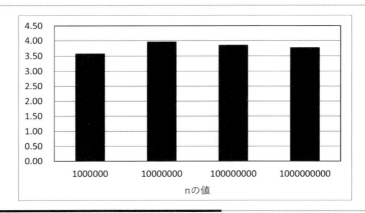

図4.10●OpenMPと逐次処理の性能比較（C / OpenMP）

　処理に要する時間は、単精度浮動小数点と比較し倍精度浮動小数点を利用したプログラムが若干増加します。ただ、その増加はそれほど多くありません。逐次処理とOpenMPを利用したプログラムの性能差は、単精度浮動小数点を使用したものと同様です。

4-6 行列の加算

2次元配列を扱うOpenMPの例を紹介します。ここでは、最も単純と思われる行列の加算を行うプログラムを紹介します。2つの2次元配列（行列）を加算するプログラムを紹介します。入力の2つの2次元配列aとbを加算して2次元配列cに格納します。

$$\begin{pmatrix} a_{11} & a_{12} & \cdots & a_{1m} \\ a_{21} & a_{22} & \cdots & a_{2m} \\ \vdots & \vdots & \ddots & \vdots \\ a_{n1} & a_{n2} & \cdots & a_{nm} \end{pmatrix} + \begin{pmatrix} b_{11} & b_{12} & \cdots & b_{1m} \\ b_{21} & b_{22} & \cdots & b_{2m} \\ \vdots & \vdots & \ddots & \vdots \\ b_{n1} & b_{n2} & \cdots & b_{nm} \end{pmatrix}$$

$$= \begin{pmatrix} a_{11}+b_{11} & a_{12}+b_{12} & \cdots & a_{1m}+b_{1m} \\ a_{21}+b_{21} & a_{22}+b_{22} & \cdots & a_{2m}+b_{2m} \\ \vdots & \vdots & \ddots & \vdots \\ a_{n1}+b_{n1} & a_{n2}+b_{n2} & \cdots & a_{nm}+b_{nm} \end{pmatrix}$$

以降に、ソースリストを示します。

リスト 4.16 ●ソースリスト（033matAdd/matAdd.c）

```c
#include <stdio.h>
#include <stdlib.h>
#include <time.h>

// main
int
main(int argc, char* argv[])
{
    float **a, **b, **c, **hc;
    clock_t start, stop;
    int i, j, n = 256;

    if (argc > 1)
        n = atoi(argv[1]);

    fprintf(stdout, "matrix size = %d x %d\n", n, n);
```

```c
a = (float **)malloc(sizeof(float *) * n);
b = (float **)malloc(sizeof(float *) * n);
c = (float **)malloc(sizeof(float *) * n);
hc = (float **)malloc(sizeof(float *) * n);
for (i = 0; i < n; i++)
{
    a[i] = (float *)malloc(sizeof(float) * n);
    b[i] = (float *)malloc(sizeof(float) * n);
    c[i] = (float *)malloc(sizeof(float) * n);
    hc[i] = (float *)malloc(sizeof(float) * n);
}

// initialize array
for (i = 0; i < n; i++)
{
    for (j = 0; j < n; j++)
    {
        a[i][j] = (float)(rand() / 4096);
        b[i][j] = (float)(rand() / 4096);
    }
}


start = clock();

// calc.
for (j = 0; j < n; j++)
{
    for (i = 0; i < n; i++)
    {
        hc[j][i] = a[j][i] + b[j][i];
    }
}

stop = clock();

fprintf(stdout, "     C: ");
fprintf(stdout, "elapsed time = %.20f [sec]\n",
    (float)(stop - start) / CLOCKS_PER_SEC);


start = clock();

// calc.
```

```
    #pragma omp parallel for private(i)
    for (j = 0; j < n; j++)
    {
        for (i = 0; i < n; i++)
        {
            c[j][i] = a[j][i] + b[j][i];
        }
    }

    stop = clock();

    fprintf(stdout, " OpenMP: ");
    fprintf(stdout, "elapsed time = %.20f [sec]\n",
        (float)(stop - start) / CLOCKS_PER_SEC);

    for (j = 0; j < n; j++)
    {
        for (i = 0; i < n; i++)
        {
            if (c[j][i] != hc[j][i])
            {
                fprintf(stderr, "error!\n");
                break;
            }
        }
    }

    for (i = 0; i < n; i++)
    {
        free(a[i]);
        free(b[i]);
        free(c[i]);
        free(hc[i]);
    }
    free(a);
    free(b);
    free(c);
    free(hc);

    return 0;
}
```

4 簡単な具体例

　このプログラムは、OpenMPで加算した行列の値をcへ、逐次処理で加算した行列の値をhcへ格納します。それぞれの処理時間を表示するとともに、結果の妥当性もチェックします。

　このプログラムは、gcc、pgcc、およびclコマンドでビルドを確認しました。このプログラムをclコマンドでビルドし、実行した様子を示します。行列のサイズを引数で与えることができるため、256×256～8192×8192の加算を処理させ、処理時間を観察します。

```
C:¥>cl /openmp /Fe:matAdd.exe matAdd.c

C:¥>matAdd
matrix size = 256 x 256
     C: elapsed time = 0.00100000004749745131 [sec]
 OpenMP: elapsed time = 0.00000000000000000000 [sec]

C:¥>matAdd 512
matrix size = 512 x 512
     C: elapsed time = 0.00100000004749745131 [sec]
 OpenMP: elapsed time = 0.00100000004749745131 [sec]

C:¥>matAdd 1024
matrix size = 1024 x 1024
     C: elapsed time = 0.00300000002607703209 [sec]
 OpenMP: elapsed time = 0.00200000009499490261 [sec]

C:¥>matAdd 2048
matrix size = 2048 x 2048
     C: elapsed time = 0.01499999966472387314 [sec]
 OpenMP: elapsed time = 0.00499999988824129105 [sec]

C:¥>matAdd 4096
matrix size = 4096 x 4096
     C: elapsed time = 0.05499999970197677612 [sec]
 OpenMP: elapsed time = 0.01600000075995922089 [sec]

C:¥>matAdd 8192
matrix size = 8192 x 8192
     C: elapsed time = 0.21500000357627868652 [sec]
 OpenMP: elapsed time = 0.06499999761581420898 [sec]
```

　以降に、行列サイズnの変化に対する処理時間を示します。n = 256では、行列サイズが小さすぎるためか、OpenMPを使用したときに0.00000000000000000000秒と表示されるため、グラフから除外します。

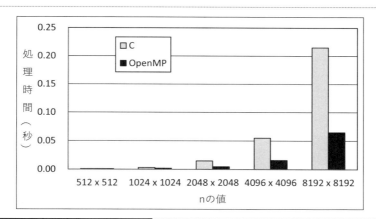

図4.11●行列サイズの変化に対する処理時間

n = 512 や 1024 では処理量が少なすぎるためか、両者の処理時間に大きな差は観察できません。これらより大きいサイズの行列の加算には、ほぼ予想通りの性能向上を観察できます。

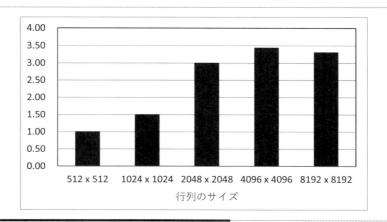

図4.12●OpenMPと逐次処理の性能比較（C / OpenMP）

4-7 行列の積

　先の行列の加算は演算量が少ないため OpenMP を十分に活用できたとはいえません。ここでは、比較的演算量の多い行列の積を求めるプログラムを紹介します。入力の 2 つの 2 次元配列 a と b を乗算して 2 次元配列 c に格納します。

$$\begin{pmatrix} a_{11} & a_{12} & \cdots & a_{1m} \\ a_{21} & a_{22} & \cdots & a_{2m} \\ \vdots & \vdots & \ddots & \vdots \\ a_{n1} & a_{n2} & \cdots & a_{nm} \end{pmatrix} \times \begin{pmatrix} b_{11} & b_{12} & \cdots & b_{1p} \\ b_{21} & b_{22} & \cdots & b_{2p} \\ \vdots & \vdots & \ddots & \vdots \\ b_{m1} & b_{m2} & \cdots & b_{mp} \end{pmatrix} = \begin{pmatrix} c_{11} & c_{12} & \cdots & c_{1p} \\ c_{21} & c_{22} & \cdots & c_{2p} \\ \vdots & \vdots & \ddots & \vdots \\ c_{n1} & c_{n2} & \cdots & c_{np} \end{pmatrix},$$

$$c_{ij} = \sum_{k=1}^{m} a_{ik} \cdot b_{kj}$$

以降に、ソースリストを示します。

リスト 4.17 ●ソースリスト（034matMul/matMul.c）

```c
#include <stdio.h>
#include <stdlib.h>
#include <time.h>

// main
int
main(int argc, char* argv[])
{
    float **a, **b, **c, **hc;
    clock_t start, stop;
    int i, j, k, n = 256;

    if (argc > 1)
        n = atoi(argv[1]);

    fprintf(stdout, "matrix size = %d x %d\n", n, n);

    a = (float **)malloc(sizeof(float *) * n);
    b = (float **)malloc(sizeof(float *) * n);
```

```c
    c = (float **)malloc(sizeof(float *) * n);
    hc = (float **)malloc(sizeof(float *) * n);
    for (i = 0; i < n; i++)
    {
        a[i] = (float *)malloc(sizeof(float) * n);
        b[i] = (float *)malloc(sizeof(float) * n);
        c[i] = (float *)malloc(sizeof(float) * n);
        hc[i] = (float *)malloc(sizeof(float) * n);
    }

    // initialize array
    for (i = 0; i < n; i++)
    {
        for (j = 0; j < n; j++)
        {
            a[i][j] = (float)(rand() / 4096);
            b[i][j] = (float)(rand() / 4096);
        }
    }


    start = clock();

    // calc.
    for (i = 0; i < n; i++)
    {
        for (j = 0; j < n; j++)
        {
            float hcc = 0.0f;
            for (k = 0; k < n; k++)
            {
                hcc += a[i][k] * b[k][j];
            }
            hc[i][j] = hcc;
        }
    }

    stop = clock();

    fprintf(stdout, "    C: ");
    fprintf(stdout, "elapsed time = %.20f [sec]¥n",
        (float)(stop - start) / CLOCKS_PER_SEC);
```

```c
start = clock();

// calc.
#pragma omp parallel for private(j, k)
for (i = 0; i < n; i++)
{
    for (j = 0; j < n; j++)
    {
        float cc = 0.0f;
        for (k = 0; k < n; k++)
        {
            cc += a[i][k] * b[k][j];
        }
        c[i][j] = cc;
    }
}

stop = clock();

fprintf(stdout, "OpenMP: ");
fprintf(stdout, "elapsed time = %.20f [sec]\n",
    (float)(stop - start) / CLOCKS_PER_SEC);

for (i = 0; i < n; i++)
{
    for (j = 0; j < n; j++)
    {
        if (c[i][j] != hc[i][j])
        {
            fprintf(stderr, "error!\n");
            break;
        }
    }
}

for (i = 0; i < n; i++)
{
    free(a[i]);
    free(b[i]);
    free(c[i]);
    free(hc[i]);
}
free(a);
free(b);
```

```
    free(c);
    free(hc);

    return 0;
}
```

　このプログラムは、OpenMP で処理した行列の積を c へ、逐次処理で処理した行列の積を hc へ格納します。それぞれの処理時間を表示するとともに、結果の妥当性もチェックします。このプログラムも、gcc、pgcc、および cl コマンドでビルドを確認しました。以降に、このプログラムをビルドし、実行した様子を示します。行列のサイズを引数で与えることができるため 256 × 256 〜 4096 × 4096 の積を求め、その処理時間を観察します。

```
C:\>cl /openmp /Fe:matMul.exe matMul.c

C:\>matMul
matrix size = 256 x 256
     C: elapsed time = 0.04399999976158142090 [sec]
OpenMP: elapsed time = 0.01200000010430812836 [sec]

C:\>matMul 512
matrix size = 512 x 512
     C: elapsed time = 0.40200001001358032227 [sec]
OpenMP: elapsed time = 0.10899999737739562988 [sec]

C:\>matMul 1024
matrix size = 1024 x 1024
     C: elapsed time = 4.29600000381469726563 [sec]
OpenMP: elapsed time = 1.16700005531311035156 [sec]

C:\>matMul 2048
matrix size = 2048 x 2048
     C: elapsed time = 61.35100173950195312500 [sec]
OpenMP: elapsed time = 16.77000045776367187500 [sec]

C:\>matMul 4096
matrix size = 4096 x 4096
     C: elapsed time = 1246.26098632812500000000 [sec]
OpenMP: elapsed time = 407.61300659179687500000 [sec]
```

4 簡単な具体例

　以降に、行列サイズnの変化に対する処理時間を示します。行列の積は加算と違い、行列のサイズによって飛躍的に演算量が増えるため、n = 8192は除外します。パソコンが速くなったといえ、大きな行列の積を求めるには、まだまだ高速とはいえないでしょう。

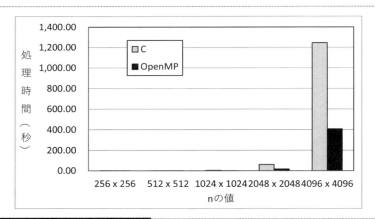

図4.13●行列サイズの変化に対する処理時間

　n = 4096で若干理想の性能より低下がみられますが、ほぼ予想通りの性能向上を観察できます。

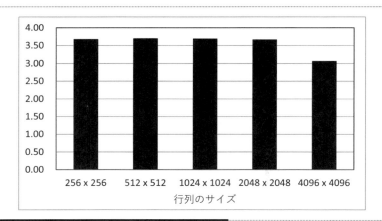

図4.14●OpenMPと逐次処理の性能比較（C / OpenMP）

第5章

指示文と
実行時ライブラリ

　ひと通りOpenMPの概要や簡単なプログラミングまで理解できましたので、OpenMP指示文や実行時ライブラリに、どのようなものがあるのか詳細を解説します。説明だけで分かりにくいものは、簡単なサンプルプログラムと実行例を追加し、より理解が容易になるように努めました。なるべく、詳細を解説しますが、本書はOpenMPのリファレンスではありませんので、入門書で解説すると混乱するような指示文、指示句、および実行時ライブラリは省略しました。もし、リファレンスが必要なら、OpenMPのウェブサイト（http://openmp.org/wp/）に、「OpenMP Application Program Interface」などの資料がありますので、そちらを参照してください。

5 指示文と実行時ライブラリ

5-1 指示文

本節では主要な OpenMP 指示文の構文と意味を説明します。OpenMP の指示文は `#pragma` を使用して指定します。もし、OpenMP をサポートしていない、あるいはコンパイルオプションで OpenMP を有効にしていないとき、OpenMP 指示文はコンパイラによって無視されます。OpenMP の指示文は、`#pragma omp` に続いて指定します。以降に指示文の構文を示します。

```
#pragma omp 指示文名 [指示句[[,] 指示句] ...]
```

各指示文には 1 つの指示文名しか指定できません。指示句の順序は重要ではありません。いくつかの指示句には括弧を付けてリストを指定することができます。なお、指示句は指示節と呼ばれる場合もありますが、本書は指示句で統一します。

用語

本節では「構文」を使用していますが、ほかの章では「指示文」を使用します。本章で使用する「構文」と「指示文」は同じものを指します。文献によって、これらの用語は混在して使用されています。続く節の「指示句」は「節」と表現される場合もあります。これらも同じものを指します。混同しがちですが同じものを指しますので、適宜読み替えてください。

■ 5-1-1　parallel 構文

parallel 構文は、並列実行の開始を指示します。

```
#pragma omp parallel [指示句[[,] 指示句] ...]
    structured-block
```

指示句に指定できるのは、`if`（スカラ値）、`num_threads`（整数式）、`default`（`shared` | `none`）、`private`（リスト）、`firstprivate`（リスト）です。なお、OpenMP のバージョンや処理系の違いがあり、主要な指示句以外はサポートされない場合もあります。プログラムが

parallel 構文に遭遇すると、並列リージョンを実行するために、複数のスレッドが生成されます。スレッドの生成数は、明示的に指定されたときはその値が、明示的に指定されていない場合は CPU コア数などによってシステムが自動的に決定します。parallel 構文に遭遇すると、そのスレッドが新しい並列リージョンを実行するマスタースレッドとなり、スレッド番号は必ず 0 になります。並列リージョンが開始されると、そのリージョンが存在する期間は、スレッド数は一定で増減しません。スレッド番号はマスタースレッドが 0 であり、生成されたスレーブスレッドは 1 から全スレッド数を n とした場合、連番で n – 1 までの番号を与えられます。

parallel 構文に遭遇すると、スレッドを生成し並列実行が開始されますが、これらのスレッドの同期は、parallel 構文に続くブロックの最後にバリアがあるのと同等に扱われます。もちろん、明示的にバリアを設けても構いません。バリアの詳細については後述します。

この指示文については、多数の使用例が出てきますので、ここではサンプルプログラムは示しません。

■ 5-1-2　for 構文

for 構文は、関連付けられた for ループの繰り返しがスレッドに並列処理されることを指定します。繰り返し処理は parallel 構文で指定した、並列リージョンに存在しているスレッドで分割処理されます。

```
#pragma omp for [指示句[[,]指示句] ...]
for ループ
```

指示句に指定できるのは、private (リスト)、firstprivate (リスト)、lastprivate (リスト)、reduction (オペレータ:リスト)、schedule (種類[, チャンクサイズ])、collapse (n)、ordered、nowait です。なお、OpenMP のバージョンや、処理系の違いがあり、主要な指示句以外はサポートされていない場合もあります。これらについては指示句の節で解説します。ループ構文に関連付けられる for ループには制限があります。for ループすべてが並列化されるとは限りません。基本的に、ループの回数を知ることができない、あるいはループインデックスを増加（減少）させる式がループ中に変化するもの、ループ内から一定の条件によってループを抜けるようなものは並列化できません。具体例については、後述します。

この指示文については、多数の使用例が出てきますので、サンプルプログラムは示しません。

5-1-3 sections 構文

sections 構文は、並列実行するブロックをそれぞれ定義するのに使用します。前章で、すでにループと section 指示文の例を説明したため、概要は理解できていると思います。以降に sections 構文を示します。

```
#pragma omp sections [指示句[[,]指示句] ...]
{
    [ #pragma omp section]
        処理ブロック
    [ #pragma omp section]
        処理ブロック
    ……
}
```

指示句に指定できるのは、private（リスト）、firstprivate（リスト）、lastprivate（リスト）、reduction（オペレータ:リスト）、nowait です。なお、OpenMP のバージョンや処理系の違いがあり、主要な指示句以外はサポートされていない場合もあります。

sections 構文内の処理ブロックは、section 指示文で始まります。ただし、最初のブロックの section 指示文は省略可能です。通常はプログラムのメンテナンス性や可読性を考えると省略しない方が良いでしょう。nowait 指示句が指定されない限り、sections 構文の最後にバリアがあるものとして処理されます。

この指示文については、実際の応用例で使用法を解説しますので、サンプルプログラムは示しません。

5-1-4 single 構文

single 構文は、関連付けられた構造化ブロックが 1 つのスレッドだけで実行されることを指定します。そのブロックを実行しないほかのスレッドは nowait 指示句が指定されていない場合、single 構文の終わりにバリアがあるものとして、関連付けられたブロックが終了するまで待ちます。以降に single 構文を示します。

```
#pragma omp single [指示句[[,]指示句] ...]
    処理ブロック
```

指示句に指定できるのは、private（リスト）、firstprivate（リスト）、copyprivate（リスト）、nowait です。

簡単な使用法を示します。

```c
#include <omp.h>
#include <stdio.h>
int main()
{
    #pragma omp parallel num_threads(5)
    {
        #pragma omp single
        {
            printf("singleで実行!\n");
        }
        printf("Hello OpenMP!\n");
    }
    return 0;
}
```

並列リージョンと、single で実行される部分の網の濃さを変えて示しました。この例では、「printf("singleで実行!\n");」を 1 つのスレッドだけが実行します。どのスレッドが実行するかは不明ですが、必ず 1 つのスレッドだけで実行されます。以降に実行例を示します。

```
singleで実行!
Hello OpenMP!
Hello OpenMP!
Hello OpenMP!
Hello OpenMP!
Hello OpenMP!
```

スレッドは 5 つ起動しています。このため、「Hello ……」の部分は 5 回表示され、「single で実行!」は 1 回だけ表示されます。

以降に nowait 指示句を付加した例も示します。

```c
#include <omp.h>
#include <stdio.h>
int main()
{
    #pragma omp parallel num_threads(5)
```

```
        {
            #pragma omp single nowait
            {
                printf("singleで実行!\n");
            }
            printf("Hello OpenMP!\n");
        }
        return 0;
    }
```

この例では、「`printf("singleで実行!\n");`」が、いつ実行されるか固定されません。以降に実行例を示します。

```
Hello OpenMP!
Hello OpenMP!
Hello OpenMP!
singleで実行!
Hello OpenMP!
Hello OpenMP!
```

5-1-5　parallel for 構文

`parallel for`構文は、1つのループ構文だけで構成される`parallel`構文を指定するための省略形です。以降に`parallel for`構文を示します。

```
#pragma omp parallel for [指示句[[,]指示句]...]
    処理ブロック
```

指示句に指定できるのは、`parallel`または`for`指示文で許されている指示句で、`nowait`以外ならすべて指定できます。この構文は、`parallel`指示文と`for`指示文を連続して指定したのと同等です。これらを連続して指定しても構いませんが、画像処理や音響処理、ならびに数値計算ではループが点在しますので、この構文を使うと、冗長なコードがなくなりプログラムの可読性が向上します。

この指示文については、実際の応用例で使用法を解説しますので、サンプルプログラムは示しません。

5-1-6 parallel sections 構文

parallel sections 構文は、1つの sections 構文だけから形成される parallel 構文を指定するための省略形です。以降に parallel sections 構文を示します。

```
#pragma omp parallel sections [指示句[[,] 指示句] ...]
{
    [ #pragma omp section]
        処理ブロック
    [ #pragma omp section]
        処理ブロック
    ……
}
```

指示句に指定できるのは、parallel または sections 指示文で許されている指示句で、nowait 以外ならすべて指定できます。この構文は、parallel 指示文と sections 指示文を連続して指定したのと同等です。

この指示文については、実際の応用例で使用法を解説しますので、サンプルプログラムは示しません。

5-1-7 master 構文

master 構文は、マスタースレッドによって実行される構造化ブロックを指定します。以降に master 構文を示します。

```
#pragma omp master
    処理ブロック
```

処理ブロックをマスタースレッドのみが実行します。簡単な使用法を示します。

```
#include <omp.h>
#include <stdio.h>
int main()
{
    #pragma omp parallel num_threads(5)
```

```
    {
        #pragma omp master
        {
            printf("masterで実行!¥n");
        }
        printf("Hello OpenMP!¥n");
    }
    return 0;
}
```

並列リージョンと、マスタースレッドで実行される部分の網の濃さを変えて示しました。この例では、「printf("master で実行!¥n");」をマスタースレッドだけが実行します。以降に実行例を示します。

```
Hello OpenMP!
Hello OpenMP!
Hello OpenMP!
Hello OpenMP!
masterで実行!
Hello OpenMP!
```

スレッドは 5 つ起動しています。このため、「Hello ……」の部分は 5 回表示されます。

5-1-8 critical 構文

critical 構文は、一度に 1 つのスレッドだけが関連したブロックを実行するように制限します。以降に critical 構文を示します。

```
#pragma omp critical [ ( 名前 ) ]
    処理ブロック
```

オプションの名前で critical 構文を識別します。つまり、同じ名前の critical 構文に関連付けられたブロックの処理が終わるまで、同じ名前に関連付けられた critical 構文は待ちに入ります。つまり排他的な処理を行いたいときに使用します。名前を指定していない critical 構文は、すべて未指定の名前（unspecified name）として処理されます。critical 構文は、すべてのスレッドの中ですべての同じ名前の critical 構文について、排他的に動作します。他言

語の経験のある人は、いわゆるクリティカルセクションと理解すればよいでしょう。

簡単な使用法を示します。

```
#include <omp.h>
#include <stdio.h>

int main()
{
    int a=0, i;

    #pragma omp parallel num_threads(5)
    {
        #pragma omp for
        for(i=0;i<1000;i++)
        {
            #pragma omp critical
            {
                a+=i;
            }
        }
    }

    printf("a=%d¥n",a);

    return 0;
}
```

「a+=i;」の前に「#pragma omp critical」を記述し、変数aへの書き込みが、複数のスレッドで並列実行されないようにします。以降に実行例を示します。

```
a=499500
```

結果は必ず同じ値を示します。「#pragma omp critical」をコメントアウトして、動作の違いを確認してください。「#pragma omp critical」をコメントアウトすると、変数aに対するアクセスがスレッド間で競合し、正常な結果を得られません。CPUコア数が少ないと不具合が顕在化しにくい場合もあります。複数回実行しないと、「#pragma omp critical」の有無で結果が変わらない場合もあります。

5-1-9　barrier 構文

barrier 構文は、この構文が現れた位置に明示的なバリアを指定します。以降に barrier 構文を示します。

```
#pragma omp barrier
```

並列リージョンを実行しているチームのすべてのスレッドの同期を取ります。すべてのスレッドは barrier 構文に遭遇すると、ほかのすべてのスレッドが barrier 構文を実行するまで待機します。

簡単な使用法を示します。

```c
#include <omp.h>
#include <stdio.h>

int main()
{
    #pragma omp parallel num_threads(4)
    {
        printf("11111\n");
        printf("22222\n");
        printf("33333\n");
        printf("44444\n");

        #pragma omp barrier

        printf("after barrier\n");
    }
    return 0;
}
```

以降に実行例を示します。

```
11111
11111
11111
11111
22222
```

```
22222
33333
44444
33333
44444
22222
22222
33333
33333
44444
44444
after barrier
after barrier
after barrier
after barrier
```

「#pragma omp barrier」までの実行順序は不定です。その後に「#pragma omp barrier」が存在しますので、最後の 4 行は必ず「after barrier」となります。

「#pragma omp barrier」を削除して実行した例を示します。

```
11111
11111
22222
22222
33333
33333
44444
after barrier
44444
after barrier
11111
22222
33333
44444
after barrier
11111
22222
33333

44444
after barrier
```

5-1-10 atomic 構文

atomic 構文は、特定の記憶域を複数のスレッドが、同時にアクセスしないように制御します。以降に atomic 構文を示します。

```
#pragma omp atomic
    式
```

atomic 構文に指定できる式を以降に示します。

```
x binop= expr
x++
++x
x--
--x
```

x はスカラ型でなければなりません。expr は、x のオブジェクトを参照しないスカラ型の式です。binop は +、*、-、/、&、^、|、<<、または >> のいずれかです。これらは、オーバーロードされた演算子であってはなりません。critical 構文と置き換えることができる場合も多いですが、atomic 構文の方が最適化の点で優れています。critical 構文はブロックを対象とすることができますが、atomic 構文は式しか対象にできません。

簡単な使用法を示します。

```c
#include <omp.h>
#include <stdio.h>

int main()
{
    int a=0, i;

    #pragma omp parallel num_threads(5)
    {
        #pragma omp for
        for(i=0;i<1000;i++)
        {
            #pragma omp atomic
            a+=i;
        }
```

```
    }
    printf("a=%d\n",a);

    return 0;
}
```

「a+=i;」の前に「#pragma omp atomic」を記述し、変数のaへのアクセスが複数のスレッドで並列実行されないようにします。以降に実行例を示します。

```
a=499500
```

結果は必ず同じ値を示します。「#pragma omp atomic」をコメントアウトして、動作の違いを確認してください。CPUコア数が少ないと、不具合が顕在化しにくい場合もあります。

5-1-11 flush 構文

flush 構文は、指定された変数をすべてのスレッドで同じメモリビューを持つようにします。以降に flush 構文を示します。

```
#pragma omp flush[（リスト）]
```

リストに指定した変数の値をフラッシュします。リストに指定した値がすべてフラッシュされるまで制御は戻ってきません。リストにポインタを指定すると、ポインタが指定した値ではなく、ポインタ自体がフラッシュされます。リストを指定していない場合、すべての変数がフラッシュされます。

5-1-12 ordered 構文

並列処理される for ループ内のコードを順次実行するように指定します。以降に ordered 構文を示します。

```
#pragma omp ordered
処理ブロック
```

ループを実行しているスレッドは、ループの繰り返しの順序で順番に ordered リージョンを実行します。ループを実行しているスレッドは、自分以前のスレッドが ordered リージョンを実行している場合、その ordered リージョンの入口で待ちます。ordered 構文は、for、または parallel for 指示文の範囲内に含まれるように指定する必要があります。ordered を指定すると、順序は守られますが、代わりに性能を犠牲にする場合もあります。

簡単な使用法を示します。

```
#include <omp.h>
#include <stdio.h>

int main()
{
    int a=0, i;

    #pragma omp parallel num_threads(5)
    {
        #pragma omp for ordered
        for(i=0;i<10;i++)
        {
            #pragma omp ordered
            printf("   ordered, i=%2d\n",i);
        }

        #pragma omp for
        for(i=0;i<10;i++)
        {
            printf("no ordered, i=%2d\n",i);
        }
    }
    return 0;
}
```

ordered 指示句の有無で for ループを実行します。ordered 指示句ありでは、i が順次処理されています。ordered 指示句なしでは、i の順序は不定です。

```
    ordered, i= 0
    ordered, i= 1
    ordered, i= 2
    ordered, i= 3
    ordered, i= 4
    ordered, i= 5
    ordered, i= 6
    ordered, i= 7
    ordered, i= 8
    ordered, i= 9
no ordered, i= 0
no ordered, i= 2
no ordered, i= 1
no ordered, i= 3
no ordered, i= 4
no ordered, i= 6
no ordered, i= 8
no ordered, i= 5
no ordered, i= 7
no ordered, i= 9
```

5-1-13　threadprivate 構文

threadprivate 構文は、リストに指定した項目が並列リージョンのスレッドに対してプライベート変数として扱われることを指定します。以降に threadprivate 構文を示します。

```
#pragma omp threadprivate（リスト）
```

リストに指定された変数は、private 指示句で指定したプライベート変数と同様、ほかのスレッドの変数とは別物です。リストに指定する項目は、グローバル変数、または静的変数でなければなりません。使用例を、copyin 指示句に示しますので、参照してください。

5-2 simd 関連の構文

simd 構文は、OpenMP 4 で導入された主要機能の 1 つです。Visual Studio 2017 で提供されるコンパイラは OpenMP 2.0 までしかサポートしておらず、この機能を試すことはできません。ほかのコンパイラもインプリメントのレベルは様々で、OpenMP の仕様と実際のインプリメントには、まだ開きがあるように感じます。この構文を試すには g++、pgcc、そして pgc++ コンパイラなど OpenMP 4.0 以上をサポートしているものを使用してください。

5-2-1 simd 構文

ループを SIMD（Single Instruction, Multiple Data）命令を使用して同時に実行されるループに変換します。つまり、SIMD 命令を使用して複数のループの繰り返しを、同時に実行するようにベクトル化します

```
#pragma omp simd [指示句[[,] 指示句] ...]
    for-loops
```

指示句に指定できるのは、safelen（長さ）、linear（リスト[:リニアステップ]）、aligned (list[:アライメント])、private（リスト）、lastprivate（リスト）、reduction（オペレータ:リスト）、collapse(n) です。

simd 構文は、SIMD 命令を使用して、関連するループの複数の反復を同時に実行できるようにします。collapse 指示句の整数値は、simd 構文に関連付けられるループの数を示します。nocollapse 指示句を指定すると、その直後のループのみ関連付けられます。collapse 指示句や nocollapse 指示句を指定するときは、for ループ間に干渉する OpenMP のコードがあってはなりません。

標準的なループ形式（canonical loop form）

　　simd ディレクティブは関連する for ループの構造に制限を設けます。具体的には、関連するすべての for ループは標準的なループ形式でなければなりません。標準的なループ形式は 9-1 節「標準的なループ形式（Canonical Loop Form）」で解説していますが、詳細は OpenMP の仕様書で記述されていますので、対象となるドキュメントを参照してください。

simd 構文では、SIMD 命令を使用して関連するループの複数の反復を同時に実行することができます。collapse 指示句は、この構文に関連するループの数を指定するために使用します。collapse 指示句の値は、定数の正の整数式でなければなりません。折り畳み句が存在しない場合、ループ構造に関連付けられている唯一のループは、構文の直後にあります。

複数のループが simd 構文に関連付けられている場合、関連するすべてのループの反復が 1 つの大きな反復空間にまとめられ SIMD 命令で実行されます。すべての関連するループ内の反復の順次実行は、縮小された反復空間内の反復の順序を決定します。折り畳まれたループの反復回数を計算するために使用される整数型は、実装定義です。

safelen 指示句は、SIMD 命令で同時に 2 つの反復ができない場合、大きな反復空間を指定します。一般的に、2、4、6、8、もしくは 16 を指定します。 safelen 指示句の引数は、定数の正の整数式でなければなりません。任意の時点で同時に実行される反復回数は、実装定義です。

aligned 指示句は、各リスト項目が指すオブジェクトが、aligned 指示句のアライメントに指定された値のバイト数に整列されることを宣言します。aligned 指示句に指定する値は、定数で正の整数式でなければなりません。aligned 指示句に値が指定されていない場合、SIMD 命令の実装定義のデフォルトアライメントが想定されます。

簡単な使用法を示します。

```cpp
#include <iostream>
#include <omp.h>

using namespace std;

int main()
{
    const int N = 300;
    float a[N], b[N], c[N];
    int i;

    // initialize array
    for (i = 0; i < N; i++)
    {
        a[i] = (float)(i + 1000);
        b[i] = (float)i / 10.f;
    }

    // calc.
    #pragma omp simd
    for (i = 0; i < N; i++)
    {
```

```
        c[i] = a[i] * b[i];
    }

    for (i = 0; i < N; i++)
    {
        if(a[i] * b[i] != c[i])
            cerr << "error!" << endl;
    }
    return 0;
}
```

ループが SIMD 命令にマップされ、1 回の動作で複数の処理が行われるかは、プログラムの内容、コンパイラの種類、コンパイラのバージョンに依存します。どのように翻訳されたか調べるにはプロファイラや翻訳されたアセンブリコードなどを参照すると良いでしょう。ただ、simd 構文で記述しておくと、コンパイラなどの環境が変わったときに、より高速なコードへ翻訳される可能性があります。直ちに効果がなくても、この構文でプログラムを記述することは無駄ではありません。

■ 5-2-2　declare simd 構文

　SIMD ループからの単一呼び出しから、SIMD 命令を使用して複数の引数を処理できる 1 つ以上のバージョンの作成を可能にするために、simd 構文を関数に適用できます。declare simd 構文は宣言的構文です。関数に対して複数の simd 構文が宣言されている可能性があります。

　この構文は、SIMD ループから一度の呼び出しで、SIMD 命令を使用して複数の引数を処理できる関数バージョンを作成します。

```
#pragma omp declare simd [指示句[[,]指示句] ...]
    関数定義または宣言
```

　指示句に指定できるのは、simdlen (長さ)、linear (リスト[:リニアステップ])、aligned (list[:アライメント])、uniform (リスト)、inbranch、notinbranch です。

　関数に対して宣言 simd 構文を使用すると、SIMD ループからの単一呼び出しから複数の引数を同時に処理するために使用できる関連関数の SIMD バージョンを作成できます。この構文の指示句に現れる式は、関数の宣言または定義の引数の範囲で評価されます。

　declare simd 構文に複数の SIMD 宣言が含まれている場合、各宣言に対して 1 つ以上の

SIMDバージョンが作成されます。SIMDバージョンが作成された場合、関数の同時引数の数は`simdlen`指示句によって決定されます。`simdlen`指示句が使用されている場合、その値は関数の引数の数に対応します。`simdlen`指示句の値は、定数の正の整数式でなければなりません。それ以外の場合、関数の同時引数の数は実装定義です。

`aligned`指示句は、各リスト項目が指すオブジェクトが、`aligned`指示句のアライメントに指定された値のバイト数に整列されること宣言します。`aligned`指示句に指定する値は、定数で正の整数式でなければなりません。`aligned`指示句に値が指定されていない場合、SIMD命令の実装定義のデフォルトアライメントが想定されます。

`inbranch`指示句は、関数がSIMDループの条件文の中から常に呼び出されることを指定します。`notinbranch`指示句は、関数がSIMDループの条件文の内部から決して呼び出されないことを指定します。いずれの句も指定されていない場合、SIMDループの条件文の内部から関数が呼び出される場合と呼び出されない場合があります。

簡単な使用法を示します。

```cpp
#include <iostream>
#include <omp.h>

using namespace std;

#pragma omp declare simd
float min(float a, float b)
{
    return (a < b ? a : b);
}

int main()
{
    const int N = 300;
    float a[N], b[N], c[N];
    int i;

    // initialize array
    for (i = 0; i < N; i++)
    {
        a[i] = (float)(i + 1000);
        b[i] = (float)i / 10.f;
    }

    #pragma omp parallel for simd
    for (i = 0; i < N; i++)
```

```
        {
            c[i] = min(a[i], b[i]);
        }
    return 0;
}
```

この例では、関数が SIMD ループの条件文の中から常に呼び出されますが、inbranch 指示句は省略します。

■ 5-2-3 Loop SIMD 構文

Loop SIMD 構文は、SIMD 命令を使用して同時に実行できるループを指定し、それらの反復もチーム内のスレッドによって並行して実行されます。

```
#pragma omp for simd [指示句[[,] 指示句] ...]
    for-loops
```

この構文は、simd 構文に適用される任意の指示句と一致する方法で、関連する for ループを SIMD ループに変換します。生成される SIMD チャンクと残りの反復は、for 構文に適用される任意の指示句と一致する方法で、並列領域の暗黙のタスクにわたって分配されます。指示句は、これまでに現れたもので新しいものはありません。どのような指示句を指定できるかは OpenMP のドキュメントを参照してください。

簡単な使用法を示します。

```
#include <iostream>
#include <omp.h>

using namespace std;

int main()
{
    const int N = 300;
    float a[N], b[N], c[N];
    int i;

    // initialize array
    for (i = 0; i < N; i++)
```

```
    {
        a[i] = (float)(i + 1000);
        b[i] = (float)i / 10.f;
    }

    // calc.
    #pragma omp for simd
    for (i = 0; i < N; i++)
    {
        c[i] = a[i] * b[i];
    }

    for (i = 0; i < N; i++)
    {
        if(a[i] * b[i] != c[i])
            cerr << "error!" << endl;
    }
    return 0;
}
```

5-2-4　ベクトル化の考察

　直前のプログラムが、どのように翻訳されるか **g++ 7.3.0 (Ubuntu 7.3.0-16ubuntu3)** を使用し考察してみます。なお、これ以降は OpenMP の SIMD 自体に対する考察ではなく、コンパイラの現状に対する考察です。このため、現状のコンパイラの翻訳状況に興味のない人は読み飛ばしてください。

　まず、直前のプログラムを以下のオプションを指定し、g++ でコンパイルしてアセンブリファイルを観察してみます。

```
$ g++ -fopenmp -mavx -S -o simd03.s simd03.c
```

```
     ⋮
.L7:
    movl    -3640(%rbp), %eax
    cltq
    vmovss  -3632(%rbp,%rax,4), %xmm1
    movl    -3640(%rbp), %eax
    cltq
    vmovss  -2432(%rbp,%rax,4), %xmm0
```

```
    vmulss  %xmm0, %xmm1, %xmm0
    movl    -3640(%rbp), %eax
    cltq
    vmovss  %xmm0, -1232(%rbp,%rax,4)
    addl    $1, -3640(%rbp)
.L6:
    cmpl    %edx, -3640(%rbp)
    jl      .L7
    cmpl    $300, -3640(%rbp)
    jne .L5
    ⋮
```

-fopenmp を指定したためベクトル化を期待したのですが、vmovss や vmulss 命令が使用されており、スカラで処理が行われているのが分かります。AVX 命令が使用されていますが、ループの判定に $300 が使われていることから、C 言語で記述された通り 300 回ループしています。

先のコンパイルオプションから AVX オプションの指定を外してみましょう。

```
$ g++ -fopenmp -S -o simd03.s simd03.c
```

```
    ⋮
.L7:
    movl    -3640(%rbp), %eax
    cltq
    movss   -3632(%rbp,%rax,4), %xmm1
    movl    -3640(%rbp), %eax
    cltq
    movss   -2432(%rbp,%rax,4), %xmm0
    mulss   %xmm1, %xmm0
    movl    -3640(%rbp), %eax
    cltq
    movss   %xmm0, -1232(%rbp,%rax,4)
    addl    $1, -3640(%rbp)
.L6:
    cmpl    %edx, -3640(%rbp)
    jl      .L7
    cmpl    $300, -3640(%rbp)
    jne .L5
    ⋮
```

-mavx（AVX 指定）オプションを外したため、vmovss、vmulss 命令などが movss、mulss 命令などへ変わります。変化はそれだけで、やはりスカラで処理が行われています。こちらもループの判定に $300 が使われていることから、C 言語で記述された通り 300 回ループしています。

今度は、OpenMP オプションの代わりに最適化のコンパイルオプションを指定します。

```
$ g++ -O3 -mavx -S -o simd03.s simd03.c
```

```
        :
.L5:
    vmovaps (%r15,%rax), %ymm0
    vmulps  0(%r13,%rax), %ymm0, %ymm0
    vmovaps %ymm0, (%r14,%rax)
    addq    $32, %rax
    cmpq    $1184, %rax
    jne .L5
    vmovaps -1296(%rbp), %xmm0
    xorl    %ebx, %ebx
    vmulps  -2512(%rbp), %xmm0, %xmm0
    vmovaps %xmm0, -80(%rbp)
    vzeroupper
    jmp .L11
        :
```

-O3 オプションを指定すると、vmovaps、vmulps 命令が使われベクトル化されています。このプログラムは要素が 300 ある単精度浮動小数点の乗算を行います。つまり、要素 300 の単精度浮動小数点をバイト長で表すと、300 × 4 = 1200 バイトです。AVX 命令は 1 回で 256 ビット（32 バイト）の演算を行うことができます。さて、1200 バイトが 256 ビット（32 バイト）の整数倍であれば都合が良いのですが、1200 ÷ 32 は、37.5 であり割り切れません。アセンブリコードを参照すると、AVX 命令と ymm レジスタ（256 ビット = 32 バイト）でベクトル化し、37 回のループ（1184 / 32 = 37）で、単精度浮動小数点の 296 要素を処理します。処理されない要素が 4 要素残ります。これを、xmm レジスタを使用し、1 回で 4 要素を処理します。トータルで考えると、反復部を 38 回で処理したことになります。先のプログラムは 300 回で処理していましたので、ベクトル化の効果を確認できます。

もし、単精度浮動小数点の要素数が AVX レジスタの整数倍であれば、xmm レジスタを使用するコードは不要になるでしょう。このように simd 構文を使用しなくても、最適化オプションで

ベクトル化されることが分かります。

上記の AVX オプション（-mavx）の代わりに SSE オプション（-msse）を指定してみましょう。

```
$ g++ -O3 -msse -S -o simd03.s simd03.c
```

```
        ⋮
.L5:
    movaps  (%r12,%rax), %xmm0
    mulps   0(%rbp,%rax), %xmm0
    movaps  %xmm0, (%r14,%rax)
    addq    $16, %rax
    cmpq    $1200, %rax
    jne .L5
        ⋮
```

-O3 オプションと SSE オプションを指定すると、vmovaps、vmulps 命令と xmm レジスタの組み合わせが使用されます。ベクトル化されていますが xmm レジスタを使用するため、1 回で処理されるのは 128 ビット（16 バイト）です。要素 300 の単精度浮動小数点をバイト長で表すと、4 × 300 = 1200 バイトです。xmm レジスタを使用すると、1 回で 128 ビット（16 バイト）の演算を行うことができます。1200 バイトは 128 ビット（16 バイト）の整数倍（1200 ÷ 16 = 75）ですので、先ほどと違い余分なコードが発生しません。ただ、これも単精度浮動小数点の配列のバイト数が xmm レジスタの整数倍であったためであり、16 バイトの整数倍でないかぎり、先ほどのコードのように余分なコードが発生します。このようなことからベクトル化を考える場合、アライメントやバイト長をベクトル化しやすい値にするのは重要です。このコードは静的にコンパクトですが、先のプログラムが実質 38 回反復するのに対し、このプログラムは 75 回の反復が必要です。つまり、動的には先のプログラムがコンパクトです。

ここで使用した実装では、simd 構文を使用せず -O3 オプションと OpenMP の「parallel for」を使用すれば、並列化とベクトル化の恩恵を受け取ることができるようです。ただ、これは使用したバージョンの g++ の結果であって、将来を保証したものではありません。コンパイラの開発速度やハードウェアの開発速度を考えると、姑息な手段は用いず、仕様に沿った最速と思われるコードで記述するのが良いでしょう。とはいえ、研究者でもないエンジニアは、「現在使用できる環境」で「最適な結果」を求めるのも 1 つの才能です。開発の現場では綺麗ごとは通用しません。多少、泥臭く近視眼的な感覚も必要です。ということで、自身の目的、将来の方向、予算の範囲などを考慮し最適な方法を選択してください。

5-3 target 関連の構文

ここで説明する構文は、デバイス（≒ アクセラレータ ≒ GPU）へオフロードするものです。アクセラレータを利用した並列処理を勉強したい人は、まず CUDA や OpenCL、そして OpenACC を学習すると良いでしょう。ここでは、簡単に OpenMP におけるオフロードの方法について説明します。

■ 5-3-1 target data 構文

ホストからターゲットデバイスへ変数をマッピングして、デバイスのデータ環境を作成します。

```
#pragma omp target data [指示句[[,] 指示句] ...]
    structured-block
```

指示句に指定できるのは、device（整数値）、map（[map-type:] list）、if（スカラ値）です。

ホスト上のデータからデバイス上のデータへマッピングを定義します。device 指示句が指定されない場合、デフォルトデバイスは default-device-var（内部制御変数：ICV、Internal Control Variables）によって決定されます。if 指示句が存在し、if 指示句の式が false（= 0）と評価されると、デバイスはホストになります。マッピングは、1 つまたは複数の map 指示句で定義されます。map 指示句に指定する map-type は次のいずれかです。

- alloc 　　各リスト項目に対応する未定義の値の新しい変数をデバイス上で作成します。
- to 　　　各リスト項目に対応する新しい変数がデバイス上で作成され、ホスト上のそのリスト項目で初期化されます。
- from 　　デバイス上の各リスト項目の値がホストにコピーされます。
- tofrom 　各リスト項目に対応する変数がデバイス上で作成され、ホスト上の変数で初期化されます。ターゲット領域の最後に、デバイス上の変数はホスト上の変数にコピーされます。

5-3-2　target 構文

デバイスデータ環境を作成し、同じデバイス上で構文を実行します。

```
#pragma omp target [指示句[[,]指示句] ...]
    structured-block
```

　指示句に指定できるのは、device（整数値）、map（[map-type:] リスト）、if（スカラ値）、depend（dependence-type: リスト）です。
　デバイスのデータ環境を作成し、デバイス側で構造化ブロックの処理を行います。この構文に到達したら、デバイス側の処理が完了するまで、ホストは待機します。if 指示句が false（= 0）と評価された場合、またはターゲットデバイスが利用できない場合、構造化ブロックはホストで実行されます。ホストはオフロード部分が完了するまで待機します。nowait 指示句を指定すると、オフロード部分の完了を待たずにホストは処理を継続します。depend 指示句は、以前のタスクへの依存性を作成します。詳細は OpenMP のドキュメントを参照してください。
　簡単な使用法を示します。

```
    ︙
int a = 2, b = 4, c;

#pragma omp target map(to:a,b) map(from:c)
{
    c = a + b;
}
    ︙
```

5-3-3　target update 構文

　指定されている指示句に応じて、デバイスとホスト間で対応するリスト項目を、指定された指示句に従って、元のリスト項目と一致させます。

```
#pragma omp target update [指示句[[,]指示句] ...]
```

　指示句に指定できるのは、device（整数値）、if（スカラ値）、from（リスト）、to（リスト）、nowait、depend（dependence-type: リスト）です。

to または from 指示句の各リスト項目には、対応するリスト項目と元のリスト項目があります。対応するリスト項目がデバイス環境に存在しない場合、その動作は不定です。対応するリスト項目が存在するなら、デバイス環境内の対応する各リスト項目は、ホストとデバイス間でデータがコピーされます

　from 指示句は、デバイスからホストへデータをコピーします。to 指示句は、ホストからデバイスへデータをコピーします。to 指示句または from 指示句に表示されるリスト項目には、配列が含まれる場合があります。デバイスは device 指示句に指定されます。device 指示句が存在しない場合、デバイスは内部制御変数 default-device-var によって決定されます。if 指示句が存在し、if 指示句の式が false（= 0）と評価されると、コピーは行われません。ホストはオフロード部分が完了するまで待機します。nowait 指示句を指定すると、オフロード部分の完了を待たずにホストは継続処理します。depend 指示句は、以前のタスクへの依存性を作成します。詳細は OpenMP のドキュメントを参照してください。

　簡単な update の使用例を示します。

```
#pragma omp target update to(a,b) from(c)
```

　この例は、a と b の値をホストからデバイスへコピーし、c の値をデバイスからホストへコピーします。

```
#pragma omp target update to(a,b) from(c) nowait
```

　この例では、非同期に実行されるため、いずれデータの値は一致しますが時期は未定です。ホストはデータの一致を待たず、次の処理を実行します。

　簡単な使用法を示します。

```
#include <stdio.h>
#include <omp.h>

#define N    16

// initialize array
//   a = 0 10 20 30 40 ... 150
//   b = 0  1  2  3  4 ...  15
void
init(float *a, float *b)
{
    for (int i = 0; i < N; i++)
```

```c
        {
            a[i] = (float)(i * 10);
            b[i] = (float)i;
        }
    }

    // initialize array - 2
    //   a = 1 2 3 4 ... 16
    //   b = 2 3 4 5 ... 17
    void
    init_2(float *a, float *b)
    {
        for (int i = 0; i < N; i++)
        {
            a[i] = (float)(i + 1.0f);
            b[i] = (float)(i + 2.0f);
        }
    }

    // main
    int
    main()
    {
        float a[N], b[N], c[N];
        int i;

        init(a, b);

        #pragma omp target data map(to: a[:N], b[:N]) map(from: c[0:N])
        {
            #pragma omp target
            #pragma omp parallel for
            for (i = 0; i < N; i++)
            {
                c[i] = a[i] + b[i];
            }

            init_2(a, b);
            #pragma omp target update to(a[:N], b[:N])
            #pragma omp target
            #pragma omp parallel for
            for (i = 0; i < N; i++)
            {
                c[i] = c[i] + a[i] + b[i];
```

```
        }
    }

    // list results
    for (i = 0; i < N; i++)
        printf("c[%i] = %f\n", i, c[i]);

    return 0;
}
```

このプログラムの実行結果を示します。

```
c[0] = 3.000000
c[1] = 16.000000
c[2] = 29.000000
c[3] = 42.000000
c[4] = 55.000000
c[5] = 68.000000
c[6] = 81.000000
c[7] = 94.000000
c[8] = 107.000000
c[9] = 120.000000
c[10] = 133.000000
c[11] = 146.000000
c[12] = 159.000000
c[13] = 172.000000
c[14] = 185.000000
c[15] = 198.000000
```

　target data 構文は、配列 a と b をデバイスデータ環境にマッピングします。ホストで実行されているタスクは、最初の target 構文に遭遇し、オフロードした処理の完了を待ちます。最初の target 構文の実行後、ホスト上で実行しているタスクは、配列 a と b の値を、init_2 関数を呼び出して更新します。その後、ホストは target update 構文に遭遇し、ホストの新しい a と b の値をデバイス上のデータと一致させます。この例では配列全体をコピーしていますが、一部のみを一致させることもできます。ホストで実行しているタスクは、target 構文に遭遇し、オフロードした処理の完了を待ちます。このとき、デバイスは、更新された配列 a と b の値を使用します。

5-3-4　declare target 構文

declare target 構文は、変数や関数がデバイスにマップされることを指定します。declare target 構文は、宣言構文です。

```
#pragma omp declare target
    declarations-definition-seq
#pragma omp end declare target
```

declare target 構文と end declare target 構文の変数宣言と関数宣言は、各リスト項目が変数または関数名である暗黙のリストを形成します。

リストが関数の場合、ターゲット領域から呼び出せるデバイス固有のバージョンの関数が作成されます。リストが変数である場合、元の変数は、すべてのデバイスの初期デバイスデータ環境内の対応する変数にマップされます。元の変数が初期化されている場合、デバイスデータ環境内の対応する変数は同じ値で初期化されます。

簡単な使用法を示します。

```
     ︙
#pragma omp declare target
int mul(int a, int b)
{
    return a * b;
}
#pragma omp end declare target

     ︙
    #pragma omp target map(to:a,b) map(from:c)
    {
        c = mul(a, b);
    }
     ︙
```

■ 5-3-5　teams 構文

スレッドチームを複数作成し、各チームのマスタースレッドの構造化ブロックを実行します。

```
#pragma omp teams [ 指示句[[,] 指示句] ...]
structured-block
```

指示句に指定できるのは、num_teams（整数式）、thread_limit（整数式）、default (shared | none)、private（リスト）、firstprivate（リスト）、shared（リスト）、reduction (reduction-identifier: リスト) のいずれかです。

ホストが teams 構文に出会うと、スレッドチームのリーグが作成されます。num_teams 指示句で構築するスレッドチーム数を指定し、thread_limit 指示句は各チームで開始するグループの最大スレッド数を指定します。thread_limit 指示句は 1 つのみ使用できます。num_teams 指示句を指定しない場合、1 が指定されたのと同じです。各チームには、一意のチーム番号（0 〜チーム数 − 1）が割り当てられます。この番号は、omp_get_team_num 関数で取得できます。omp_get_thread_num 関数を使用すると、チーム内の各スレッドの ID を取得できます。スレッド ID は 0 〜スレッド数 − 1 の値を持ち、マスタースレッドは 0 です。この構文は少々複雑ですので、詳細は OpenMP のドキュメントを参照してください。

■ 5-3-6　distribute 構文

この構文は、1 つ以上のループの反復をすべてのスレッドチームのマスタースレッド間で共有するかどうかを指定します。

```
#pragma omp distribute [ 指示句[[,] 指示句] ...]
for-loops
```

指示句に指定できるのは、private（リスト）、firstprivate（リスト）、collapse (n)、dist_schedule (kind[, chunk_size]) のいずれかです。

この構文は、teams 構文内の緊密な入れ子構造の 1 つ以上のループに関連付けられます。collapse 指示句を使用すると、omp for 構文で collapse 指示句を指定した場合と同様に、複数のループを 1 つの反復シーケンスに結合できます。collapse 指示句を指定しない場合、この構文は直後のループにのみ適用されます。詳細は OpenMP のドキュメントを参照してください。

5-3-7 distribute simd 構文

この構文は、チーム領域のマスタースレッド間で分散され、SIMD 命令を使用して同時に実行されるループを指定します。

```
#pragma omp distribute simd [ 指示句[[,] 指示句] ...]
for-loops
```

指示句に指定できるのは、`distribute` 構文または `simd` 構文で使用できる指示句のいずれかです。指示句の意味と制限は、それぞれの構文における場合と同じです。

`distribute simd` 構文は、チーム領域のマスタースレッド間で分散されるループを指定します。SIMD 命令を使用して同時に実行します。詳細は OpenMP のドキュメントを参照してください。

5-3-8 Distribute Parallel Loop 構文

`distribute parallel for` 構文は、複数のチームのメンバーである複数のスレッドによって並列に実行できるループを指定します。

```
#pragma omp distribute parallel for [ 指示句[[,] 指示句] ...]
for-loops
```

指示句に指定できるのは、同じ意味と制限を持つ `distribute` または `parallel loop` で受け入れられる指示句のいずれかになります。

この構文は、複数のチームのメンバーである複数のスレッドによって並列に実行できるループを指定します。詳細は OpenMP のドキュメントを参照してください。

5-3-9 Distribute Parallel Loop SIMD 構文

`distribute parallel for simd` 構文は、複数のチームのメンバーである複数のスレッドによって、SIMD 命令を使用して同時に実行されるループを指定します。

```
#pragma omp distribute parallel for simd [ 指示句 [[,] 指示句] ...]
for-loops
```

指示句に指定できるのは、distribute 構文または parallel for simd 構文で使用できる指示句のいずれかです。指示句の意味と制限は、それぞれの構文における場合と同じです。

この構文は、複数のチームのメンバーである複数のスレッドによって並列に実行されるループを指定します。ループは、SIMD 命令を使用して同時に実行されます。詳細は OpenMP のドキュメントを参照してください。

5-4 指示句

OpenMP の主要な指示文をひと通り説明しましたので、今度は指示句を説明します。説明だけで分かりにくいものは、簡単なサンプルプログラムと実行例を追加し、理解が容易になるように努めます。

■ 5-4-1 default 指示句

default 指示句は、並列リージョン内で参照される変数のデータ共有属性を指定します。以降に default 指示句の構文を示します。

```
default (shared | none)
```

shared が指定された場合、並列リージョン内のすべての変数を shared 指示句が指定されているかのように処理します。none は、並列リージョン内のすべての変数が private、shared、reduction、firstprivate あるいは lastprivate のいずれかの指示句でスコープが設定されていない場合、エラーとなります。

エラーになる例を示します。default 指示句に none を指定したのに、private、shared、reduction、firstprivate あるいは lastprivate のいずれの指示句も指定しません。このような場合、コンパイル時にエラーとなります。

5 指示文と実行時ライブラリ

```
#include <omp.h>
#include <stdio.h>

int main()
{
    int a, b, c;

    // エラーになる
    a=1;b=2;c=3;
    #pragma omp parallel default(none)
    {
        printf("a=%2d, b=%2d, c=%2d¥n",a,b,c);
    }
    return 0;
}
```

もう1つ不適切な例を示します。これはdefault指示句による間違いというより、プライベート変数の使用法が不適切な例です。このような場合、コンパイル時にはエラーとなりません。

```
#include <omp.h>
#include <stdio.h>

int main()
{
    int a, b, c;

    // エラーになる
    a=1;b=2;c=3;
    #pragma omp parallel default(none) private(a) shared(b,c)
    {
        printf("a=%2d, b=%2d, c=%2d¥n",a,b,c);
    }
    return 0;
}
```

変数aをprivate指示句に指定したのに、値を設定せずに参照しています。実行はできますが、aの値は不定です。

次に、default指示句にsharedを指定し、何も指定しない変数が共有変数として認識される例を示します。

```c
#include <omp.h>
#include <stdio.h>

int main()
{
    int a, b, c;

    a=1;b=2;c=3;
    #pragma omp parallel default(shared)
    {
        printf("a=%2d, b=%2d, c=%2d\n",a,b,c);
    }
    return 0;
}
```

以降に実行例を示します。並列リージョンから参照する変数は、共有変数として認識されます。何行出力されるかは、CPUのコア数に依存します。

```
a= 1, b= 2, c= 3
a= 1, b= 2, c= 3
a= 1, b= 2, c= 3
a= 1, b= 2, c= 3
```

5-4-2　shared 指示句

shared 指示句は、並列リージョンで使用される変数を共有変数にすることを宣言します。以降に shared 指示句の構文を示します。

```
shared ( リスト )
```

リストに指定された変数は、共有変数と扱われ、すべてのスレッドは同一記憶域を使用します。通常、何も指定せず並列リージョンから変数を参照すると、共有変数として扱われます。

簡単な使用法を示します。

```c
#include <omp.h>
#include <stdio.h>
```

```
int main()
{
    int i, j;

    //j を共有変数と明示宣言する，無くても良い
    j=0;
    #pragma omp parallel for shared(j)
    for(i=0;i<10000;i++)
    {
        j++;
    }
    printf("\nj=%3d\n",j);

    return 0;
}
```

変数jを共有変数として宣言します。この例では、宣言しなくても変数jは共有変数として認識されますが、明示的に宣言すると分かりやすいでしょう。以降に実行例を示します。

```
j=2529
```

結果は必ず同じ値を示すとは限りません。

5-4-3　private 指示句

private指示句は、並列リージョンで使用される変数をプライベート変数とすることを宣言します。以降にprivate指示句の構文を示します。

```
private (リスト)
```

リストに指定された変数は、プライベート変数となり、すべてのスレッドへ別々の記憶域が割り当てられます。各スレッドの変数は初期化されず、初期値は不定です。また、並列リージョンを抜けてきたときも、変数の値は引き継がれません。
簡単な使用法を示します。

```c
#include <omp.h>
#include <stdio.h>

int main()
{
    int i, j;

    //jをプライベートとする,並列リージョンだけで有効
    // 初期値も不定，結果も引き継がれない
    j=0;
    printf("j=%3d¥n",j);
    #pragma omp parallel for private(j)
    for(i=0;i<10;i++)
    {
        printf("forループ中の j=%3d¥n",j);
        j++;
    }
    printf("j=%3d¥n",j);

    return 0;
}
```

変数 j をプライベート変数として宣言します。この例では、変数 j は並列リージョン内でインスタンスが作られます。j は初期化もされず、結果が逐次リージョンへ引き継がれることもありません。以降に実行例を示します。

```
j=  0
forループ中の j=  4
forループ中の j=  9
forループ中の j=  5
forループ中の j= 10
forループ中の j=  6
forループ中の j= 11
forループ中の j=  7
forループ中の j= 12
forループ中の j=  8
forループ中の j= 13
j=  0
```

プログラム中で日本語を使用していると、文字化けする場合があります。なるべくソースファイルは UTF-8 形式で保存してください。ほかにもコードページなど気をつけなければならないこ

ともあります。特に日本語である必要がない場合、メッセージは英文にすると面倒が起きないでしょう。

5-4-4　firstprivate 指示句

`firstprivate` 指示句は、並列リージョンで使用される変数をプライベート宣言し、並列リージョンへ入る前の値で初期化します。以降に `firstprivate` 指示句の構文を示します。

```
firstprivate（リスト）
```

リストに指定された変数は、プライベート数となり、すべてのスレッドへ別々の記憶域が割り当てられるのは、`private` 指示句と同じです。`firstprivate` 指示句は、`private` 指示句のスーパーセットです。`firstprivate` 指示句のリストに指定されたすべての変数は、並列リージョンへ入る前のオリジナルの値を、各インスタンスにコピーします。

簡単な使用法を示します。

```c
#include <omp.h>
#include <stdio.h>

int main()
{
    int i;

    //jをプライベートとする,並行リージョンだけで有効
    // 初期値が設定される，結果は引き継がれない
    i=10;
    printf("並列リージョンに入る前, i=%3d\n",i);
    #pragma omp parallel firstprivate(i)
    {
        i++;
        printf("i=%3d\n",i);
    }
    printf("並列リージョンを出た後, i=%3d\n",i);

    return 0;
}
```

変数 i を `firstprivate` 指示句へ指定します。i はプライベート変数として扱われますが、

並列処理に先立ち、直前の値がすべてのインスタンスへコピーされます。以降に実行例を示します。

```
並列リージョンに入る前, i= 10
i= 11
i= 11
i= 11
i= 11
並列リージョンを出た後, i= 10
```

並列リージョン内で、iへ1加算し表示します。逐次リージョンの値が、並列リージョンの各インスタンスへ引き継がれていることが分かります。並列リージョン内の値は、以降の逐次リージョンへは引き継がれません。最後の表示では、以前の逐次リージョンの値が表示されます。

5-4-5 lastprivate 指示句

lastprivate 指示句は、並列リージョンで使用される変数をプライベート宣言し、最後の値をオリジナルへコピーします。以降に lastprivate 指示句の構文を示します。

```
lastprivate (リスト)
```

リストに指定された変数は、プライベート数となり、すべてのスレッドへ別々の記憶域が割り当てられるのは、private 指示句と同じです。lastprivate 指示句は、private 指示句のスーパーセットです。lastprivate 指示句のリストに指定されたすべての変数は、並列リージョンの最後の値が、オリジナルの変数へコピーされます。

private 指示句は、各スレッドの変数は初期値も不定、オリジナルの変数も不定でしたが、firstprivate 指示句を指定すると、各スレッドの変数は初期化できます。さらに lastprivate 指示句を指定すると、オリジナルの変数に並列リージョンの最後の値を引き継ぎます。firstprivate 指示句と lastprivate 指示句に同じ変数を指定することも可能です。

簡単な使用法を示します。

```
#include <omp.h>
#include <stdio.h>
```

```c
int main()
{
    int i,j=0;

    //j をプライベートとする，並行リージョンだけで有効
    // 初期値は不定，最後の値が逐次リージョンに引き継がれる
    #pragma omp parallel for lastprivate(j)
    for(i=0;i<10;i++)
    {
        printf("forループ中の j=%3d\n",j);
        j=10;
    }
    printf("並列リージョンを出た後, j=%3d\n",j);

    return 0;
}
```

変数 j を lastprivate 指示句へ指定します。j はプライベート変数として扱われ、並行リージョンの最後の値が、オリジナルの変数へコピーされます。以降に実行例を示します。

```
forループ中の j=  4
forループ中の j=  9
forループ中の j= 10
forループ中の j= 10
forループ中の j= 10
forループ中の j= 10
forループ中の j= 10
forループ中の j= 10
forループ中の j= 10
forループ中の j= 10
並列リージョンを出た後, j= 10
```

firstprivate 指示句と lastprivate 指示句に同じ変数を指定した例を示します。

```c
#include <omp.h>
#include <stdio.h>

int main()
{
    int i,j=0;
```

```
    //j をプライベートとする , 並行リージョンだけで有効
    // 初期化され，最終値が，オリジナルへコピー
    #pragma omp parallel for firstprivate(j) lastprivate(j)
    for(i=0;i<10;i++)
    {
        printf("for ループ中の j=%3d¥n",j);
        j=10;
    }
    printf(" 並列リージョンを出た後, j=%3d¥n",j);

    return 0;
}
```

変数 j を firstprivate 指示句と lastprivate 指示句へ指定します。j はプライベート変数として扱われますが、並列処理に先立ち、逐次リージョンの値がすべてのインスタンスへコピーされます。また、並列リージョンの最後の値が、オリジナルの変数へコピーされます。以降に実行例を示します。

```
for ループ中の j=  0
for ループ中の j=  0
for ループ中の j= 10
for ループ中の j= 10
for ループ中の j= 10
for ループ中の j= 10
for ループ中の j= 10
for ループ中の j= 10
for ループ中の j= 10
for ループ中の j= 10
並列リージョンを出た後, j= 10
```

5-4-6 reduction 指示句

reduction 指示句は、1 つの演算子とリストを指定します。リストに指定したプライベート変数が、各スレッドインスタンスとして生成され、演算子に従って初期化されます。並列リージョンの終了後、オリジナル変数は指定された演算子に従って更新されます。以降に reduction 指示句の構文を示します。

```
reduction (operator: リスト )
```

reduction 指示句は、漸化計算のいくつかの形式を並列に実行するために使用します。リストに指定した変数は、あたかも private 指示句が使用されたかのように、スレッドごとにインスタンスが生成されます。これらは、演算子に従って初期化されます。reduction 指示句に対応するブロックの終わりで、指定した演算子を使用してそれぞれのインスタンスと最終値の組み合わせによって更新されます。

表5.1●指定した変数の演算子による初期値

operator	初期値
+	0
*	1
-	0
&	~0
|	0
^	0
&&	1
||	0

簡単な使用法を示します。

```
#include <omp.h>
#include <stdio.h>

int main()
{
    int a[10]={1,2,3,4,5,6,7,8,9,10};
    int i, sum;

    sum=0;
    #pragma omp parallel for reduction(+:sum)
    for(i=0;i<10;i++)
    {
        sum+=a[i];
    }

    printf("sum=%d¥n",sum);
```

```
        return 0;
}
```

　sum は各スレッドで加算されます。このため、reduction 指示句がないと配列 a の総和にはなりません。このように総和を求めるような処理には reduction 指示句が必要です。

```
sum=55
```

　reduction 指示句がなくても、結果が 55 になることも少なくありません。それはプログラムが単純であることと、CPU コア数が少ないと変数へのアクセス競合が起きにくいためです。試しに、以下のようなプログラムを作って実行させたところ、結果が乱れることを確認できました。

```
#include <omp.h>
#include <stdio.h>

int main()
{
    int a[10]={1,2,3,4,5,6,7,8,9,10};
    int i, sum;

    for(int j=0;j<1000000;j++)
    {

        sum=0;
        #pragma omp parallel for num_threads(10)
        for(i=0;i<10;i++)
        {
            sum+=a[i];
        }

        if(sum!=55)
            printf("sum=%d¥n",sum);
    }

    return 0;
}
```

　実行結果を示します。CPU コアが 2 つのマシンで実行した結果です。100 万回実行し、8 回の競合が起きたようです。

```
sum=53
sum=48
sum=50
sum=50
sum=50
sum=54
sum=52
sum=54
```

このように処理が単純で CPU コアが少ないと不具合に気付きにくいですので、並列化するときは気をつけましょう。ただし、コア数が増えるに伴い、大量のエラーが発生します。8 CPU コアのパソコンで実行してみたところ、大量のエラーが発生しました。

5-4-7 copyin 指示句

copyin 指示句は、マスタースレッドの threadprivate に指定した変数の値を、並列リージョンへ入る前にプライベート変数にコピーします。以降に copyin 指示句の構文を示します。

```
copyin（リスト）
```

変数へのコピーは、関連付けられた構造化ブロックの実行開始前に行われます。
簡単な使用法を示します。

```c
#include <omp.h>
#include <stdio.h>

int main()
{
    static int a, b, c;
    #pragma omp threadprivate(a, b, c)

    //copyinなし，不定
    a=1;b=2;c=3;
    #pragma omp parallel num_threads(5)
    {
        printf("a=%2d, b=%2d, c=%2d¥n",a,b,c);
    }
```

```
    printf("¥n");

    //copyinあり,すべてのスレッドにコピーされる
    a=4;b=5;c=6;
    #pragma omp parallel copyin(a, b, c) num_threads(5)
    {
        printf("a=%2d, b=%2d, c=%2d¥n",a,b,c);
    }
    return 0;
}
```

threadprivate指示文に指定した項目は、並列リージョンのスレッドに対してプライベート変数として扱われます。この指示文に指定する項目は、グローバル変数、または静的変数でなければなりません。この例では、静的変数を指定します。最初のparallel指示文には、copyin指示句を指定しません。このため、プライベート変数の初期値は不定です。次の、parallel指示文には、copyin指示句を指定します。このため、プライベート変数へは並列リージョンへ入る前の値がコピーされます。以降に実行例を示します。

```
a= 0, b= 0, c= 0
a= 0, b= 0, c= 0
a= 0, b= 0, c= 0
a= 0, b= 0, c= 0
a= 1, b= 2, c= 3

a= 4, b= 5, c= 6
a= 4, b= 5, c= 6
a= 4, b= 5, c= 6
a= 4, b= 5, c= 6
a= 4, b= 5, c= 6
```

■ 5-4-8　copyprivate指示句

copyprivate指示句は、あるスレッドが取得した値を、ほかのすべてのスレッドのプライベート変数に設定します。以降にcopyprivate指示句の構文を示します。

```
copyprivate (リスト)
```

copyprivate 指示句は、プライベート変数の値を他スレッドのインスタンスにブロードキャストする仕組みを提供します。これは、簡単に共有変数を使用できないときに利用します。たとえば、再帰呼び出しなどで有効です。共有変数で処理を完結できない場合、この指示句を使用します。copyprivate 指示句は、single 指示文にのみ指定することが可能です。

簡単な使用法を示します。

```
#include <omp.h>
#include <stdio.h>


int main()
{
    static int i,j;
    #pragma omp threadprivate(i,j)

    // 同期を完全にしていないので，表示順序は一定とは限らない
    // 但し，single 実行後はプライベート変数
    // の各スレッドのインスタンスは同じ値となる．
    // 同期していないので，print 順は不定
    i=1;
    j=2;
    #pragma omp parallel copyin(i,j) num_threads(5)
    {
        printf("parallel1: i=%2d, j=%2d, thread#=%d/%d\n",
            i,j,omp_get_thread_num(), omp_get_num_threads());

        #pragma omp single copyprivate(i,j)
        {
            i=11;
            j=12;
            printf("single: i=%2d, j=%2d, thread#=%d/%d\n",
                i,j,omp_get_thread_num(), omp_get_num_threads());
        }
        printf("parallel2: i=%2d, j=%2d, thread#=%d/%d\n",
            i,j,omp_get_thread_num(), omp_get_num_threads());
    }
    printf(" 最後の , i=%2d, j=%2d\n",i,j);

    return 0;
}
```

ちょっと分かりづらい例ですが、プライベート変数の値が他スレッドのインスタンスにブロー

ドキャストされていることが分かります。copyprivate 指示句に指定したプライベート変数の値を、あるスレッドで変更し、その値を全スレッドにブロードキャストします。以降に実行例を示します。

```
parallel1: i= 1, j= 2, thread#=4/5
parallel1: i= 1, j= 2, thread#=3/5
parallel1: i= 1, j= 2, thread#=1/5
parallel1: i= 1, j= 2, thread#=2/5
parallel1: i= 1, j= 2, thread#=0/5
single: i=11, j=12, thread#=4/5
parallel2: i=11, j=12, thread#=2/5
parallel2: i=11, j=12, thread#=0/5
parallel2: i=11, j=12, thread#=3/5
parallel2: i=11, j=12, thread#=1/5
parallel2: i=11, j=12, thread#=4/5
最後の , i=11, j=12
```

同期処理を完全に行っていないので、表示順序が一定とは限らず前後するときもあります。ただし、copyprivate 指示句に指定したプライベート変数の値が、すべてのスレッドにブロードキャストされるのに変わりありません。

5-4-9 if 指示句

if 指示句は、ループを並列実行するか逐次実行するかを指定します。以降に if 指示句の構文を示します。

```
if (式)
```

式の評価が true（0 以外の値）の場合、並列リージョン内が並列実行されます。式の評価が false（0）の場合、並列リージョンは逐次処理されます。逐次処理されることは、言い換えるとシングルスレッドで実行されることを意味します。

簡単な使用法を示します。

```
#include <omp.h>
#include <stdio.h>
```

```
int main()
{
    int i=1;

    // 並列実行される
    #pragma omp parallel if(i==1) num_threads(5)
    {
        printf("if1.\n");
    }

    // 並列実行されない
    i=2;
    #pragma omp parallel if(i==1) num_threads(5)
    {
        printf("if2.\n");
    }

    return 0;
}
```

変数 i の値が 1 のときだけ、並列化を行います。以降に実行例を示します。

```
if1.
if1.
if1.
if1.
if1.
if2.
```

5-4-10 nowait 指示句

nowait 指示句は、並列リージョンにある暗黙のバリアを無効にします。以降に nowait 指示句の構文を示します。

```
nowait
```

for 指示文などで、スレッドが並列動作している場合、対応するブロックの最後には暗黙のバ

リアが存在します。言い換えると、すべてのスレッドが終了するまで、ブロックの最後で待ちます（同期処理）。このようなとき、CPU 時間を無駄にするときがあります。そのようなときには、nowait 指示句を指定します。nowait 指示句は、for、sections、および single 指示文に指定できます。

この指示句については、実際のアプリケーションで使用例が出てきますので、サンプルプログラムは示しません。

5-4-11　num_threads 指示句

num_threads 指示句は、対応する並列ブロックのスレッド数を設定します。以降に num_threads 指示句の構文を示します。

```
num_threads（整数）
```

整数に指定した数がスレッドの数です。num_threads 指示句は、parallel、for、および sections 指示文に指定できます。この指示句については、多数の使用例が出てきますので、サンプルプログラムは示しません。

5-4-12　schedule 指示句

schedule 指示句は、ループをどのように分散するか指定します。

```
schedule (type[,size])
```

schedule 指示句は、for 指示文に指定できます。type にはスケジュールの種類を指定します。ここで指定できるのは、dynamic、guided、runtime、あるいは static です。size は、割り当てたスレッドが連続で処理する反復回数を整数で指定します。この値は、type に runtime を指定した場合、無視されます。

type の意味を表で説明します。schedule 指示句が明示的に指定されなかった場合、既定の schedule は実装で定義されます。

表5.2 ● typeの意味

type	意味
static	size が指定されている場合、各スレッドに静的に反復回数が割り当てられます。割り当ては、スレッド番号順にラウンドロビン方式で割り当てられます。size が指定されていない場合、各スレッドに均等に反復回数が割り当てられるのが通常です。
dynamic	このtypeが指定された場合、動的なスケジュールがなされます。sizeが指定されている場合、指定された size に分割されます。size が省略されている場合、既定値は 1 です。static と異なり、割り当てを待機しているスレッドは、制御を受け取り、size に達するまで反復処理します。スレッドは、割り当てられた処理を実行し、完了したら、次の割り当てを待機します。static に比べ、スレッドが効率的に割り当てられますが、オーバーヘッドは大きくなります。
guided	dynamic よりさらに複雑なスケジュールがなされます。size が指定されている場合、size が徐々に小さくなりながらスレッドに割り当てられます。負荷は、よりバランス良く配分されますが、オーバーヘッドは大きくなります。size が 1 の場合、残りの反復処理をスレッド数で割ったおよその値が反復回数になります。sizeは 1 に向かって指数的に小さくなります。size が指定されていない場合、既定値は 1 です。
runtime	runtime が指定されている場合、スケジュール方法は実行時に決定されます。runtime を指定した場合、size は指定できません。

簡単な static の使用法を示します。schedule 指示句の使用方法としては単純ですが、結果を正確に表示するために少し複雑なことを行っています。表示部分は、ここで説明したい内容ではありませんので、あまり深く考えないでください。

```
#include <omp.h>
#include <stdio.h>

#define LOOP_CNT    10

int main()
{
    int i,s[LOOP_CNT];

    // 並列実行される
    #pragma omp parallel num_threads(4)
    {
        // 表示 ----------------------------------------
        #pragma omp single
        printf("\nschedule(static, 1)\n");

        //schedule, ここでprintしてはいけない
        //printがスレッド間で競合する.
        #pragma omp for schedule(static, 1)
        for(i=0;i<LOOP_CNT;i++)
```

```
            {
                s[i]=omp_get_thread_num();
            }

            //まとめて表示
            #pragma omp single
            for(i=0;i<LOOP_CNT;i++)
                printf(" thread_num=%d¥n",s[i]);


            //表示 ---------------------------------------
            #pragma omp single
            printf("¥nschedule(static, 3)¥n");

            //schedule，ここでprintしてはいけない
            //printがスレッド間で競合する．
            #pragma omp for schedule(static, 3)
            for(i=0;i<LOOP_CNT;i++)
            {
                s[i]=omp_get_thread_num();
            }

            //まとめて表示
            #pragma omp single
            for(i=0;i<LOOP_CNT;i++)
                printf(" thread_num=%d¥n",s[i]);
        }


        return 0;
    }
```

指定した size に従って、静的にスレッドがラウンドロビンで繰り返されています。以降に実行例を示します。

```
schedule(static, 1)
 thread_num=0
 thread_num=1
 thread_num=2
 thread_num=3
 thread_num=0
 thread_num=1
```

```
 thread_num=2
 thread_num=3
 thread_num=0
 thread_num=1

schedule(static, 3)
 thread_num=0
 thread_num=0
 thread_num=0
 thread_num=1
 thread_num=1
 thread_num=1
 thread_num=2
 thread_num=2
 thread_num=2
 thread_num=3
```

簡単な dynamic の使用法を示します。表示部分は直前と同様です。

```
#include <omp.h>
#include <stdio.h>

#define LOOP_CNT    10

int main()
{
    int i,s[LOOP_CNT];

    // 並列実行される
    #pragma omp parallel num_threads(4)
    {
        // 表示 ----------------------------------------
        #pragma omp single
        printf("\nschedule(dynamic, 1)\n");

        //schedule，ここでprintしてはいけない
        //printがスレッド間で競合する．
        #pragma omp for schedule(dynamic, 1)
        for(i=0;i<LOOP_CNT;i++)
        {
            s[i]=omp_get_thread_num();
        }
```

```c
        // まとめて表示
        #pragma omp single
        for(i=0;i<LOOP_CNT;i++)
            printf(" thread_num=%d\n",s[i]);


        // 表示 ----------------------------------------
        #pragma omp single
        printf("\nschedule(dynamic, 3)\n");

        //schedule, ここで print してはいけない
        //print がスレッド間で競合する.
        #pragma omp for schedule(dynamic, 3)
        for(i=0;i<LOOP_CNT;i++)
        {
            s[i]=omp_get_thread_num();
        }

        // まとめて表示
        #pragma omp single
        for(i=0;i<LOOP_CNT;i++)
            printf(" thread_num=%d\n",s[i]);
    }

    return 0;
}
```

dynamicは、処理結果は毎回異なります。最初の例はsizeが1ですので、1回だけ処理してスレッドが切り替わることがあります。2番目の例は、sizeが3ですので、最低3回処理しないとスレッドは切り替わりません。以降に実行例を示します。

```
schedule(dynamic, 1)
 thread_num=3
 thread_num=3
 thread_num=3
 thread_num=3
 thread_num=3
 thread_num=3
 thread_num=0
 thread_num=3
```

```
  thread_num=3
  thread_num=0

schedule(dynamic, 3)
  thread_num=1
  thread_num=1
  thread_num=1
  thread_num=2
  thread_num=2
  thread_num=2
  thread_num=1
  thread_num=1
  thread_num=1
  thread_num=2
```

5-4-13　map 指示句

map 指示句は、現在のホスト環境の変数を、関連付けられたデバイス環境にマップします。

```
map( [map-type : ] リスト )
```

map 指示句に指定されたリスト項目は、デバイス環境に同様の項目が作成されます。map 指示句に指定されるリスト項目には、部分配列が含まれる場合があります。リスト項目に対応するものがデバイス環境に存在する場合、そのデータを使用します。

作成される新しい項目は、新しいデバイス環境のリスト項目に対応します。初期化と割り当ては、map-type で指定されている内容に従います。

map-type は to、from、tofrom、または alloc のいずれかです。リストの項目がデバイスのデータ環境に存在しない場合は、新しい項目が装置データ環境に作成されます。map-type が to または tofrom の場合は、この新しい項目が、ホスト環境内のリストにある元のリスト項目の値で初期化されます。map-type が from または alloc の場合、装置データ環境内のリスト項目の初期値は未定義です。

target 領域の終了時、この構文が最初に検出されたときにリスト項目がデバイス環境に作成された場合、リスト項目がデバイス環境から解放されます。さらに、map-type が from または tofrom の場合、デバイス環境内のリスト項目が解放される前に、ホストの項目が、デバイス内の対応するリスト項目の値で更新されます。

リスト項目が、すでにデバイス環境に存在する場合、デバイス内の項目の割り付けカウントは、構文の始まりで1つ増加、構文の終わりで1つ減少されます。

`map-type` が `to` または `tofrom` の場合、元のリスト項目値が、必ずデバイス環境にコピーされます。これは、リスト項目に関してデバイス環境内に新しい項目が作成されたかどうかとは無関係に行われます。`map-type` が `from` または `tofrom` の場合、リスト項目値が、必ずデバイス環境から元のリスト項目にコピーされます。これは、構文の終了時に、デバイス環境から解放されるかされないかとは無関係に行われます。

5-5 実行時ライブラリ

OpenMP の主要な実行時関数を説明します。

5-5-1 omp_get_num_procs

`omp_get_num_procs` 関数は、関数の呼び出し時点で使用できるプロセッサ数を返します。この関数のプロトタイプ宣言を次に示します。

```
int omp_get_num_procs (void);
```

特に説明の必要はないでしょう。簡単な使用法を次に示します。

```
#include <omp.h>
#include <stdio.h>

int main()
{
    printf("利用可能なプロセッサ数 =%d\n", omp_get_num_procs( ));

    return 0;
}
```

使用できるプロセッサ数を表示します。以降に CPU コア数が 2 つのコンピュータで実行した結果を示します。

```
利用可能なプロセッサ数 =2
```

以降に、同様のプログラムを CPU コア数が 4 つのコンピュータで実行した結果も示します。

```
利用可能なプロセッサ数 =4
```

5-5-2　omp_set_dynamic

omp_set_dynamic 関数は、内部制御変数 dyn-var の値を設定することによって、後続の並列リージョンで使用できるスレッド数の動的調整を有効または無効にします。この関数のプロトタイプ宣言を次に示します。

```
void omp_set_dynamic (int dynamic_threads);
```

dynamic_threads に、以降の並列リージョンで使用できるスレッド数を実行時に調整できるかどうかを示す値を指定します。値が 0 以外の場合、スレッド数を動的に調整します。値が 0 の場合、スレッド数を動的に調整しません。スレッド数の動的調整をサポートしない処理系では、この関数を実行しても何の効果もありません。

簡単な使用法を示します。

```c
#include <omp.h>
#include <stdio.h>

int main()
{
    omp_set_dynamic(5);

    #pragma omp parallel
    {
        printf("omp_set_dynamic(5)\n");
    }
    return 0;
}
```

実行例は省略します。

5-5-3 omp_get_dynamic

omp_get_dynamic 関数は、スレッド数の動的調整が有効か無効かを決定する内部制御変数 dyn-var の値を返します。この関数のプロトタイプ宣言を次に示します。

```
int omp_get_dynamic (void);
```

スレッド数の動的調整が有効である場合、この関数は true（0 以外の値）を返します。それ以外の場合は false（0）を返します。実装がスレッド数の動的調整をサポートしていなければ、この関数は常に false を返します。

簡単な使用法を示します。

```c
#include <omp.h>
#include <stdio.h>

int main()
{
    printf(" 初期値 :\n");
    printf("   動的調整 =%d.\n",omp_get_dynamic());


    omp_set_dynamic(5);
    printf("after omp_set_dynamic(5):\n");
    printf("   動的調整 =%d.\n",omp_get_dynamic());


    omp_set_dynamic(0);
    printf("after omp_set_dynamic(0):\n");
    printf("   動的調整 =%d.\n",omp_get_dynamic());

    return 0;
}
```

以降に実行例を示します。

```
初期値：
   動的調整 =0.
after omp_set_dynamic(5):
   動的調整 =1.
after omp_set_dynamic(0):
   動的調整 =0.
```

5-5-4 omp_set_num_threads

　omp_set_num_threads 関数は、指定した値を内部制御変数 nthreads-var に設定し、num_threads 指示句の指定されていない parallel 指示文が生成するスレッド数に影響を与えます。この関数のプロトタイプ宣言を次に示します。

```
void omp_set_num_threads (int num_threads);
```

　num_threads に渡す値は正の整数でなければなりません。それ以外の場合、動作は実装依存となります。この関数は、スレッド数の動的調整が有効になっていないと効果はありません。この関数の呼び出しは OMP_NUM_THREADS 環境変数より優先されます。この関数の呼び出し、または OMP_NUM_THREADS 環境変数の設定によって指定されるスレッド数の既定値は、num_threads 指示句を指定することにより明示的にオーバーライドされます。

　簡単な使用法を示します。

```
#include <omp.h>
#include <stdio.h>

int main()
{
    omp_set_num_threads(7);

    #pragma omp parallel
    {
        printf("hello openMP!\n");
    }

    #pragma omp parallel num_threads(2)
    {
```

```
        printf("omp parallel num_threads(2)¥n");
    }
    return 0;
}
```

omp_set_num_threads 関数の引数に 7 を指定したので、「hello openMP!」が 7 回表示されます。次の、parallel 指示文には、明示的に num_threads 指示句でスレッド数に 2 を指定したので、「omp parallel num_threads(2)」が 2 回表示されます。以降に実行例を示します。

```
hello openMP!
hello openMP!
hello openMP!
hello openMP!
hello openMP!
hello openMP!
hello openMP!
omp parallel num_threads(2)
omp parallel num_threads(2)
```

5-5-5 omp_get_num_threads

omp_get_num_threads 関数は、並列リージョン内の現チームのスレッド数を返します。プロトタイプ宣言を次に示します。

```
int omp_get_num_threads (void);
```

この関数は、並列リージョンを実行しているスレッド数を返します。プログラムの逐次リージョンから呼び出すと、1 が返ります。

簡単な使用法を示します。

```
#include <omp.h>
#include <stdio.h>

int main()
{
    omp_set_num_threads(7);
```

```
    #pragma omp parallel
    {
        #pragma omp single
            printf("スレッド数 =%d\n", omp_get_num_threads( ));
    }

    #pragma omp parallel num_threads(2)
    {
        #pragma omp single
            printf("スレッド数 =%d\n", omp_get_num_threads( ));
    }

    omp_set_num_threads(5);
    #pragma omp parallel
    {
        #pragma omp single
            printf("スレッド数 =%d\n", omp_get_num_threads( ));
    }

    return 0;
}
```

特に説明の必要はないでしょう。指定された値を取得できています。

```
スレッド数 =7
スレッド数 =2
スレッド数 =5
```

5-5-6　omp_get_max_threads

omp_get_max_threads 関数は、num_threads 指示句のない並列リージョンで使用できるスレッド数の上限値を返します。この関数のプロトタイプ宣言を次に示します。

```
int omp_get_max_threads (void);
```

後続の並列処理リージョンが num_threads 指示句を使用し、特定のスレッド数を要求すると、スレッド数の下限に対する保証は破棄されます。この関数を使用すると、後続の並列処理で使用

するメモリなどを効率的に割り付けることが可能です。
簡単な使用法を示します。

```
#include <omp.h>
#include <stdio.h>

int main()
{
    printf("max threads=%d\n", omp_get_max_threads( ));

    omp_set_num_threads(7);

    printf("max threads=%d\n", omp_get_max_threads( ));

    #pragma omp parallel
    {
        #pragma omp single
            printf("max threads=%d\n", omp_get_max_threads( ));
    }

    #pragma omp parallel num_threads(2)
    {
        #pragma omp single
            printf("max threads=%d\n", omp_get_max_threads( ));
    }

    return 0;
}
```

特に説明の必要はないでしょう。指定された値を取得できています。以降にCPUコア数が2つのコンピュータで実行した例を示します。

```
max threads=2
max threads=7
max threads=7
max threads=7
```

5-5-7 omp_get_thread_num

omp_get_thread_num 関数は、この関数を呼び出したスレッドのスレッド番号を返します。プロトタイプ宣言を次に示します。

```
int omp_get_thread_num (void);
```

omp_get_thread_num 関数は、この関数が結合している並列リージョンを実行するスレッドの、スレッド番号を返します。スレッド番号は、0 から omp_get_num_threads により返される値より 1 小さい値までの連続した整数です。マスタースレッドのスレッド番号は必ず 0 です。この関数を並列リージョン以外から呼んだ場合、返却値は 0 になります。

簡単な使用法を示します。

```
#include <omp.h>
#include <stdio.h>

int main()
{
    int i;

    #pragma omp parallel num_threads(2)
    {
        #pragma omp for
        for(i=0;i<10;i++)
        {
            printf("i=%d, スレッド番号 =%d\n",i, omp_get_thread_num());
        }
    }

    printf("逐次部分： スレッド番号 =%d\n", omp_get_thread_num());
    return 0;
}
```

特に説明の必要はないでしょう。指定された値を取得できています。

```
i=0, スレッド番号 =0
i=5, スレッド番号 =1
i=1, スレッド番号 =0
i=6, スレッド番号 =1
```

```
i=2, スレッド番号 =0
i=7, スレッド番号 =1
i=3, スレッド番号 =0
i=8, スレッド番号 =1
i=4, スレッド番号 =0
i=9, スレッド番号 =1
逐次部分： スレッド番号 =0
```

5-5-8　omp_in_parallel

omp_in_parallel 関数は、並列処理リージョン内から呼ばれた場合に true（0 以外の値）を返します。それ以外の場合には false（0）を返します。この関数のプロトタイプ宣言を次に示します。

```
int omp_in_parallel (void);
```

簡単な使用法を示します。

```c
#include <omp.h>
#include <stdio.h>

int main()
{
    printf("逐次部分： omp_in_parallel()=%d\n", omp_in_parallel());

    #pragma omp parallel num_threads(2)
    {
        #pragma omp master
        printf(" 並列リージョン： omp_in_parallel()=%d\n", omp_in_parallel());
    }

    printf("逐次部分： omp_in_parallel()=%d\n", omp_in_parallel());
    return 0;
}
```

特に説明の必要はないでしょう。指定された値を取得できています。以降に実行例を示します。

```
逐次部分：omp_in_parallel()=0
並列リージョン：omp_in_parallel()=1
逐次部分：omp_in_parallel()=0
```

5-5-9　omp_set_nested

omp_set_nested 関数は、ネスト並列を有効または無効にします。この値は、内部制御変数 nest-var に設定されます。

```
void omp_set_nested (int nested);
```

ネスト並列をサポートする環境で omp_set_nested の引数に 0 を指定するとネスト並列が無効になります。それ以外の値を指定するとネスト並列は有効になります。環境がネスト並列をサポートしていない場合、この呼び出しに意味はありません。

5-5-10　omp_get_nested

omp_get_nested 関数は、ネスト並列が有効か無効かを調べます。細かく説明すると、ネスト並列が有効か無効かを決定する nest-var 内部制御変数の値を返します。

```
int omp_get_nested (void);
```

ネスト並列が有効である場合、この関数は 0 以外を返します。それ以外の場合は 0 を返します。実装がネスト並列をサポートしていなければ、この関数は常に 0 を返します。

簡単な使用法を示します。

```c
#include <omp.h>
#include <stdio.h>
int main()
{
    omp_set_nested(0);
```

```
    printf("omp_get_nested() = %d¥n", omp_get_nested());

    omp_set_nested(1);

    printf("omp_get_nested() = %d¥n", omp_get_nested());

    return 0;
}
```

以降に実行例を示します。

```
omp_get_nested() = 0
omp_get_nested() = 1
```

5-5-11 omp_set_schedule

omp_set_schedule 関数は、スケジュールの元として使用する内部制御変数 run-sched-var の値を設定します。この値を変更すると適用されるスケジュールに影響します。

```
void omp_set_schedule(omp_sched_t kind, int modifier);
```

この関数に渡される最初の引数は、有効なスケジュール種別（runtime を除く）か、実装固有のスケジュールです。有効な値はヘッダファイルに定数を定義しています（以下の enum 参照）。これは、標準的なスケジュールタイプのいずれか、または、ほかの実装特有のものであっても構いません。static、dynamic、および guided のスケジュールタイプの場合、chunk_size は第2引数の値に設定され、第2引数の値が1未満の場合はデフォルトの chunk_size に設定されます。スケジュール型 auto の場合、2番目の引数は意味を持ちません。実装固有のスケジュール型の場合、2番目の引数の値と関連する意味は実装定義です。

```
typedef enum omp_sched_t {
    omp_sched_static = 1,
    omp_sched_dynamic = 2,
    omp_sched_guided = 3,
    omp_sched_auto = 4
} omp_sched_t;
```

5-5-12　omp_get_schedule

omp_get_schedule 関数は runtime スケジュールが指定されたときに適用されるスケジュールを返します。

```
void omp_get_schedule (omp_sched_t * kind, int * modifier);
```

この関数は、関数と結合されている並列リージョンを実行するチームの、内部制御変数 run-sched-var の値を返します。第 1 引数 kind は使用されるスケジュールです。これは、標準のスケジュールタイプ、あるいは実装固有のスケジュールタイプです。第 2 引数の説明は omp_set_schedule 関数と同様です。

簡単な使用法を示します。

```c
#include <omp.h>
#include <stdio.h>
int main()
{
    int modifier = 1;
    omp_sched_t kind = omp_sched_static;

    omp_set_schedule(kind, modifier);

    printf(" modifier = %d\n", modifier);

    modifier = 0;
    printf(" modifier = %d\n", modifier);

    omp_get_schedule(&kind, &modifier);

    printf(" modifier = %d\n", modifier);

    return 0;
}
```

以降に実行例を示します。

```
modifier = 1
modifier = 0
modifier = 1
```

5-5-13　omp_get_thread_limit

omp_get_thread_limit 関数は、デバイスで使用可能な OpenMP スレッドの最大数を返します。

```
int omp_get_thread_limit (void);
```

この関数は、内部制御変数 thread-limit-var に格納されているデバイス上で使用可能な OpenMP スレッドの最大数を返します。この関数が返すのは、デバイス上のすべてのスレッドです。この関数が返す値は、任意の構成、または関数に対応する特定の領域には関係しません。

簡単な使用法を示します。

```
#include <omp.h>
#include <stdio.h>
int main()
{
    printf(" omp_get_thread_limit() = %d¥n", omp_get_thread_limit());

    return 0;
}
```

以降に実行例を示します。

```
omp_get_thread_limit() = 2147483647
```

5-5-14 omp_set_max_active_levels

`omp_set_max_active_levels` 関数は、内部制御変数 `max-active-levels-var` を設定することによってデバイス上のネストされたアクティブな並列領域の数を制限します。

```
void omp_set_max_active_levels (int max_levels);
```

サポートする並列レベルの数より多い値を引数に指定した場合、`max-active-levels-var` 内部制御変数の値には実装がサポートする並列レベルが設定されます。この関数は、プログラムの逐次部分から呼び出された場合にだけ上記の効果があります。明示的な並列リージョン内から呼び出された場合、この関数の効果は実装依存です。

この引数に渡される引数の値は負でない整数でなければなりません。負の整数である場合の引数の振舞いは実装依存となります。

5-5-15 omp_get_max_active_levels

デバイス上のネストされたアクティブな並列リージョンの最大数を返します。

```
int omp_get_max_active_levels(void);
```

この関数は、デバイス上のネストされたアクティブな並列リージョンの最大数を決定する内部制御変数 `max-activelevels-var` の値を返します。

5-5-16 omp_get_level

`omp_get_level` 関数は、内部制御変数 `levels-var` の値を返します。

```
int omp_get_level (void);
```

この関数は、すべての並列リージョンが現在のデバイス上の最も外側の初期タスク領域によって囲まれるように、現在のタスクを囲む入れ子にされた並列リージョンの数（アクティブか非アクティブか）を返します。

5-5-17　omp_get_ancestor_thread_num

omp_get_ancestor_thread_num 関数は、現在のスレッドのネストされたレベルについて、現在のスレッドの祖先のスレッド番号を返します。

```
int omp_get_ancestor_thread_num(int level);
```

この関数は、現在のスレッドの与えられたネストレベル、または現在のスレッドのスレッド番号にある祖先のスレッド番号を返します。要求されたネストレベルが 0 の範囲外で、現在のスレッドのネストレベルが omp_get_level 関数から返された場合、この関数は–1 を返します。引数に 0 を指定すると、関数は常に 0 を返します。level へ omp_get_level() を指定すると、関数は omp_get_thread_num 関数と同じ動作を行います。詳細については OpenMP のドキュメントを参照してください。

5-5-18　omp_get_team_size

omp_get_team_size 関数は、現在のスレッドの与えられたネストされたレベルに対して、先祖または現在のスレッドが属するスレッドチームのサイズを返します。

```
int omp_get_team_size(int level);
```

この関数は、祖先または現在のスレッドが属するスレッドチームのサイズを返します。level = 0 の値でこの関数を呼び出すと、関数は常に 1 を返します。level = omp_get_level() の場合、この関数は omp_get_num_threads 関数と同等です。詳細については OpenMP のドキュメントを参照してください。

5-5-19　omp_get_active_level

omp_get_active_level 関数は、内部制御変数 active-level-vars の値を返します。

```
int omp_get_active_level(void);
```

この関数は、すべての並列リージョンが現在のデバイス上の最も外側の初期タスク領域によって囲まれるように、現在のタスクを囲む入れ子にされたアクティブな並列リージョンの数を返します。詳細については OpenMP のドキュメントを参照してください。

5-5-20　omp_in_final

`omp_in_final` 関数は、最終的なタスク領域で実行されると true（0 以外の値）を返します。それ以外の場合は false（0）を返します。

```
int omp_in_final(void);
```

この関数は、囲むタスク領域が final である場合に true（0 以外の値）を返します。それ以外の場合は false（0）を返します。詳細については OpenMP のドキュメントを参照してください。

5-5-21　omp_get_proc_bind

`omp_get_proc_bind` 関数は、`proc_bind` 指示句を指定しない後続のネストされた並列リージョンに使用されるスレッドアフィニティ（スレッド類縁性）ポリシーを返します。スレッド類縁性ポリシーは、omp.h で定義されています。

```
omp_proc_bind_t omp_get_proc_bind(void);
```

この関数が返す値は、有効なアフィニティ（類縁性）ポリシーの種類の 1 つでなければなりません。以降に、omp.h で定義されているものを示します。

```
typedef enum omp_proc_bind_t {
    omp_proc_bind_false = 0,
    omp_proc_bind_true = 1,
    omp_proc_bind_master = 2,
    omp_proc_bind_close = 3,
    omp_proc_bind_spread = 4
} omp_proc_bind_t;
```

この関数は、内部制御変数 bind-var の最初の要素の値を返します。詳細については OpenMP のドキュメントを参照してください。

■ 5-5-22　omp_set_default_device

omp_set_default_device 関数は、内部制御変数 default-device-var の値を割り当てることによって、デフォルトのターゲットデバイスを制御します。

```
void omp_set_default_device(int device_num );
```

この関数は、現在のタスクの内部制御変数 default-device-var の値を引数で指定された値に設定します。ターゲット領域内から呼び出された場合、この関数の効果は指定されていません。

■ 5-5-23　omp_get_default_device

omp_get_default_device 関数は、デフォルトのターゲットデバイスを返します。

```
int omp_get_default_device(void);
```

この関数は、現在のタスクの内部制御変数 default-device-var の値を返します。ターゲット領域内から呼び出された場合、この関数の効果は指定されていません。

■ 5-5-24　omp_get_num_devices

omp_get_num_devices 関数は、ターゲットデバイスの数を返します。

```
int omp_get_num_devices(void);
```

ターゲット領域内から呼び出された場合、この関数の効果は指定されていません。

5-5-25　omp_get_num_teams

omp_get_num_teams 関数は、現在のチームリージョンのチーム数を返します。

```
int omp_get_num_teams(void);
```

この関数は、チームリージョン以外から呼び出された場合 1 を返します。

5-5-26　omp_get_team_num

omp_get_team_num 関数は、呼び出しスレッドのチーム番号を返します。

```
int omp_get_num_teams(void);
```

チーム番号は、0 ～ (この関数が返す値 − 1) の間の整数です。この関数は、チームリージョン以外から呼び出された場合 0 を返します。

5-5-27　omp_is_initial_device

omp_is_initial_device 関数は、現在のタスクがホストデバイス上で実行されている場合は true（0 以外の値）を返し、それ以外の場合は false（0）を返します。

```
int omp_is_initial_device(void);
```

5-5-28　omp_init_lock と omp_init_nest_lock

これらの関数は、ロック変数を初期化する唯一の手段を提供します。

```
void omp_init_lock (omp_lock_t *lock);
void omp_init_nest_lock (omp_nest_lock_t *lock);
```

これらの関数は、どのタスクもロック変数を所有していない状態で、ロック変数をアンロック状態へ初期化します。さらに、ネスト可能なロック変数のネスト数はゼロに設定します。

■ 5-5-29　omp_destroy_lock と omp_destroy_nest_lock

これらの関数は、ロック変数が未初期化であることを保証します。

```
void omp_destroy_lock(omp_lock_t *lock);
void omp_destroy_nest_lock(omp_nest_lock_t *lock);
```

詳細については OpenMP のドキュメントを参照してください。

■ 5-5-30　omp_set_lock と omp_set_nest_lock

これらの関数は、ロック変数の状態を設定します。これらの関数を呼び出したタスクのリージョンは、ロック変数の状態が設定されるまでサスペンドされます。

```
void omp_destroy_lock (omp_lock_t *lock);
void omp_destroy_nest_lock (omp_nest_lock_t *lock);
```

どちらの関数も初期化されていない状態の、ロック変数にアクセスするプログラムは不適合です。これらの関数は、指定されたロック変数が使用可能になるまで関数を実行しているタスクを中断させ、使用可能になったらロック変数を設定します。ロック変数が解除されていれば、単純なロックを利用できます。ロック変数の所有権は、関数を実行するタスクに付与されます。

ネスト可能なロック変数の設定は、ロックされていない場合、または関数を実行しているタスクがすでに所有している場合に設定できます。詳細については OpenMP のドキュメントを参照してください。

5-5-31　omp_unset_lock と omp_unset_nest_lock

これらの関数は、ロックを解除する手段を提供します。

```
void omp_unset_lock (omp_lock_t *lock);
void omp_unset_nest_lock (omp_nest_lock_t *lock);
```

単純なロックの場合、omp_unset_lock 関数はロックを解除します。ネスト可能なロックの場合、omp_unset_nest_lock 関数はネストカウントをデクリメントし、結果のネストカウントがゼロであればロックを解除します。どちらの関数でも、ロックが解除された場合、およびロックが使用できずタスクが中断された場合、別のタスクが選択され、ロックの所有権が与えられます。

5-5-32　omp_test_lock と omp_test_nest_lock

これらの関数は、ロック変数を設定しようとしますが、関数を実行しているタスクの実行を中断しません。

```
int omp_test_lock (omp_lock_t *lock);
int omp_test_nest_lock (omp_nest_lock_t *lock);
```

これらの関数は、omp_set_lock および omp_set_nest_lock と同じ方法でロックを設定しようとしますが、関数を実行しているタスクの実行を中断しません。単純なロックの場合、ロックが正常に設定された場合、omp_test_lock 関数は true（0 以外の値）を返します。それ以外の場合は false（0）を返します。

5-5-33　omp_get_wtime

omp_get_wtime 関数は、経過時間を秒単位で返します。

```
double omp_get_wtime (void);
```

この関数は、「過去の時間」から経過したウォールクロック時間（秒）に等しい値を返します。実際の「過去の時間」は任意ですが、アプリケーションプログラムの実行中は変更されないことが保証されています。返される時間は「スレッドごとの時間」なので、アプリケーションに参加するすべてのスレッドでグローバルに一貫性がある必要はありません。

■ 5-5-34　omp_get_wtick

omp_get_wtick 関数は、omp_get_wtime が使用するタイマーの精度を返します。

```
double omp_get_wtick (void);
```

この関数は、omp_get_wtime が使用するタイマーの連続するクロック・ティック間の秒数に等しい値を返します。

5-6　環境変数

　OpenMP で使用される環境変数を説明します。環境変数の名前は大文字でなければなりません。環境変数に指定する値は、大文字小文字の区別はありません。また、前後に空白があってもかまいません。プログラムが開始した後に、環境変数の値が変更されても、それは無視されます。

■ 5-6-1　OMP_SCHEDULE

　OMP_SCHEDULE はランタイムスケジュールタイプとチャンクサイズを設定します。OMP_SCHEDULE は、スケジュールタイプがランタイムの for 指示文、parallel for 指示文のみに適用されます。ランタイム以外のスケジュールタイプを持つ for 指示文、parallel for 指示文については、この環境変数は無視されます。チャンクサイズを設定する場合、値は正の整数でなければなりません。チャンクサイズが指定されていない場合、static 以外は 1 とされます。static の場合、ループ反復領域が、そのループに適用されるスレッド数で分割された値に設定されます。

5-6-2　OMP_NUM_THREADS

OMP_NUM_THREADS は実行中に使用できるスレッド数を設定します。この変数は、実行中に使用されるスレッド数の既定値を設定します。ただし、omp_set_num_threads 関数を呼び出すか、num_threads 指示句で明示的に指定した場合、その値が優先されます。OMP_NUM_THREADS へ指定する値は、正の整数でなければなりません。OMP_NUM_THREADS に値が指定されていない場合、指定されている値が正の整数でない場合、あるいはシステムがサポートしている最大スレッド数を超えている場合、結果は実装に依存します。

```
export OMP_NUM_THREADS=value
```

この構文例は bash を使用したときの例です。Windows では、環境変数の設定は set を利用してください。以降も同じです。

5-6-3　OMP_DYNAMIC

OMP_DYNAMIC は、スレッド数の動的調整を有効または無効にします。ただし、omp_set_dynamic 関数を使用して、スレッド数の動的調整を有効または無効に指定している場合、そちらが優先されます。設定する値は、TRUE、または FALSE です。TRUE の場合、最適なスレッド数が実行時に選ばれます。FALSE の場合、動的調整は無効になり、既定値が使用されます。

```
export OMP_DYNAMIC=value
```

使用例を次に示します。

```
$ echo $OMP_DYNAMIC
FALSE
$ export OMP_DYNAMIC=TRUE
$ echo $OMP_DYNAMIC
TRUE
```

■ 5-6-4　OMP_NESTED

　OMP_NESTED 環境変数は、内部制御変数 nest-var の初期値にその値を設定することにより、ネスト並列を制御します。この環境変数の値は true または false でなければなりません。この環境変数が true に設定された場合にネスト並列は有効になります。この環境変数が false に設定された場合、ネスト並列は使用できません。OMP_NESTED の値が true でも false でもない場合のプログラムの振舞いは実装依存です。

■ 5-6-5　OMP_STACKSIZE

　OMP_STACKSIZE 環境変数は、内部制御変数 stacksize-var に値を設定することにより、OpenMP の実装が生成したスレッドのスタックサイズを制御します。この環境変数は、初期スレッドのスタックサイズは制御できません。この環境変数の値は以下の形式です。

```
size | sizeB | sizeK |sizeM | sizeG
```

　size は、OpenMP の実装が生成するスレッドのスタックサイズを指定する正の整数です。
　B、K、M、および G は、それぞれ、バイト、キロバイト、メガバイト、およびギガバイトを指定する文字です。このうちの 1 つを指定する場合、size との間に空白があってもかまいません。
　size だけが指定され、B、K、M、G のどれも指定されなかった場合、size はキロバイトと見なされます。OMP_STACKSIZE が上記の形式に合っていない、または実装が要求サイズのスタックを提供できない場合のプログラムの振舞いは、実装依存です。

```
export OMP_STACKSIZE=value
```

■ 5-6-6　OMP_WAIT_POLICY

　OMP_WAITPOLICY 環境変数は、内部制御変数 wait-policy-var に値を設定することにより、待機しているスレッドの期待する振舞いについて OpenMP の実装にヒントを提供します。OpenMP に準拠している実装では、この環境変数の設定に従わなくてもかまいません。この環境変数の値は以下の形式です。

```
ACTIVE | PASSIVE
```

　ACTIVEは、スレッドが待機しているときに、主にアクティブでプロセッササイクルを消費して待機していることを指定します。たとえば、OpenMPの実装は待機しているスレッドをスピンさせておくことができます。PASSIVEは、スレッドが待機しているときに、主に非活動状態で、プロセッササイクルを消費しないで待機していることを指定します。たとえば、OpenMPの実装は待機しているスレッドから、ほかのスレッドにプロセッサの実行スレッドを切り替えたり、待機スレッドをスリープさせたりすることができます。ACTIVEとPASSIVEの振舞いの詳細は実装依存です。

■ 5-6-7　OMP_MAX_ACTIVE_LEVELS

　OMP_MAX_ACTIVE_LEVELS環境変数は、内部制御変数max-active-levels-varに値を設定することにより、ネストしている活動状態の並列リージョンの最大数を制御します。この環境変数の値は、負でない整数でなければなりません。OMP_MAX_ACTIVE_LEVELSの値が実装でサポートしているネストした活動状態の並列レベルの最大値より大きい場合や、負の整数であった場合のプログラムの振舞いは実装依存です。

■ 5-6-8　OMP_THREAD_LIMIT

　OMP_THREAD_LIMIT環境変数は、内部制御変数thread-limit-varに値を設定することにより、OpenMPプログラムを実行するOpenMPスレッドの数を設定します。この環境変数の値は、正の整数でなければなりません。OMP_THREAD_LIMITで指定した値が実装でサポートしているスレッド数より大きい場合や、正の整数でない場合のプログラムの振舞いは実装依存です。

```
export OMP_THREAD_LIMIT=value
```

■ 5-6-9　OMP_CANCELLATION

　OMP_CANCELLATION環境変数は、内部制御変数cancel-varに値を設定することにより、OpenMPの取り消しを制御します。この環境変数の値はtrueまたはfalseでなければなりません。trueに設定すると、CANCEL構文と取り消しポイントが有効になり、取り消しが要求され

ます。false に設定すると、取り消しは無効になり、CANCEL 構文と取り消しポイントは実質的に無視されます。

■ 5-6-10　OMP_DISPLAY_ENV

OMP_DISPLAY_ENV 環境変数は、ランタイムに、OpenMP のバージョン番号と環境変数に関連付けられた内部制御変数の値を name = value のペアとして表示するように指示します。ランタイムは、環境変数を処理した後、およびユーザーが呼び出す前に、この情報を一度表示します。環境変数 OMP_DISPLAY_ENV の値は、次のいずれかの値に設定できます。

```
TRUE | FALSE | VERBOSE
```

TRUE は、ランタイムに、_OPENMP バージョンマクロ（または openmp_version Fortran パラメータ）の値と環境変数の初期内部制御変数値で定義された OpenMP バージョン番号を表示するように指示します。VERBOSE は、ランタイム変数の値は、ベンダー固有の環境変数によって変更される可能性があります。環境変数 OMP_DISPLAY_ENV が FALSE、未定義、または TRUE または VERBOSE 以外の値の場合、ランタイムは情報を表示しません。

表示は "OPENMP DISPLAY ENVIRONMENT BEGIN" で始まり、_OPENMP バージョンマクロの値、内部制御変数値が NAME '=' VALUE の形式で続きます。NAME はマクロまたは環境変数名に対応し、オプションとしてブラケット付きのデバイスタイプが前に付いています。VALUE は、この環境変数に関連付けられたマクロまたは内部制御変数の値に対応します。値は一重引用符で囲む必要があります。表示は「OPENMP DISPLAY ENVIRONMENT END」で終了します。

■ 5-6-11　OMP_DEFAULT_DEVICE

OMP_DEFAULT_DEVICE 環境変数は、内部制御変数 default-device-var の初期値を設定することによって、デバイス構成で使用するデバイス番号を設定します。この環境変数の値は、負でない整数値でなければなりません。

第6章

1次元配列の処理
―音響処理

OpenMPを利用した簡単な具体例を紹介します。これまでの章で、基本的なOpenMPの解説が終わりました。本章と次章で、より具体的な例を解説します。本章では、1次元の長大なデータを加工する例を紹介します。手短にある長大な1次元データとして、WAVファイルをダンプして利用しますが、特に音響に限った例ではありません。このためOpenMPのプログラムから音響ファイルを直接操作せず、WAVファイルをハンドリングするユーティリティをいくつか開発し、それでWAVファイルをいったんテキストファイル化します。本章のプログラムの入出力は、テキストファイルです。

　OpenMPというと、数値計算の例が多く存在しますが、音響や画像処理もループの塊ですので、OpenMPを応用するには手短な題材といえるでしょう。まず、いくつかの単純な音響操作を行うプログラムを、そして、ローパスフィルタやバンドストップフィルタなど実施するプログラムを紹介します。フィルタプログラムは、波形だけの処理ではなく、株価チャートなどの移動平均を求める処理へ応用することも可能です。

6　1次元配列の処理――音響処理

6-1　1次元データの偶数番の値をクリア

　本節で開発するプログラムは、1次元データの偶数番の値をクリアします。以降に処理の概要を図で示します。

図6.1●処理の概要

　本節のプログラムは、WAVファイルをテキスト形式へ変換したものを入力に使用し、ステレオ音源の左チャンネルをクリアするのに応用できます。WAVファイルをテキスト形式へ変換するには、WAV用のユーティリティで紹介するプログラムを使用できます。単なる1次元データの加工を行うプログラムの説明を行いたかったのですが、ランダムなデータを使用しても正常に動作しているのか分かりにくいです。また、意味のある長大な1次元データの入手も容易ではなかったため、WAVファイルをダンプし、それを加工することにします。このプログラムは、WAVファイルをテキストファイルへ変換するユーティリティで生成したテキストファイルを読み込み、その長大な1次元配列の偶数番の要素を0クリアします。大きなループがあるため、OpenMPを利用するには最適な題材と考えられます。以降に、ソースリストを示します。

リスト 6.1 ●ソースリスト（060sound/eraseL.cpp）

```
#include <stdio.h>
#include <stdlib.h>
#include <time.h>

//------------------------------------------------------------------
//countLines
size_t
countLines(const char* fname)
{
    FILE    *fp;
    float data;

    if ((fp = fopen(fname, "rt")) == NULL)
```

```c
        return 0;

    int count = 0;
    while (fscanf(fp, "%f", &data) == 1)
        count++;

    fclose(fp);

    if (count <= 0)
        return 0;

    return count;
}

//------------------------------------------------------------
//readData
void
readData(const char* fname, float * buf, const size_t length)
{
    FILE *fp;

    if ((fp = fopen(fname, "rt")) == NULL)
    {
        fprintf(stderr, "open failed: %s!", fname);
        return;
    }

    for (int i = 0; i < length; i++)
    {
        if (fscanf(fp, "%f", &buf[i]) != 1)
        {
            fprintf(stderr, "read failed: %s!", fname);
            break;
        }
    }
    fclose(fp);
}

//------------------------------------------------------------
// main
int
main(int argc, char *argv[])
{
    float *d = NULL;
```

6 1次元配列の処理―音響処理

```c
    int dLength, i;
    clock_t start, stop;

    if (argc != 2)
    {
        fprintf(stderr, "missing input file name.\n");
        return -1;
    }

    dLength = (int)countLines(argv[1]);
    if (dLength <= 0)
    {
        fprintf(stderr, "read failed:%s.\n", argv[2]);
        return -1;
    }

    d = (float *)malloc(sizeof(float) * dLength );

    readData(argv[1], d, dLength);          // read data

    start = clock();

    #pragma omp parallel for private(i)
    for (i = 0; i < dLength / 2 ; i++)
    {
        d[i * 2]=0;
    }

    stop = clock();

    fprintf(stderr, "elapsed time = %.20f [sec]\n",
        (float)(stop - start) / CLOCKS_PER_SEC);

    // print result
    for (int n = 0; n < dLength; n++)
    {
        fprintf(stdout, "%12.4f\n", d[n]);
    }

    free(d);

    return 0;
}
```

countLines 関数は、引数で渡されたファイル名を使用し、そのファイルをオープンし行数を数えます。その値を呼び出し元に返します。ファイルには、1 行に 1 つの数値（浮動小数点表記、整数表記どちらでも構わない）が格納されています。

readData 関数は、引数の fname で指定されたファイルをオープンし、そのファイルから浮動小数点として数値を読み込み、引数で渡された buf へ格納します。読み込むデータ数は、引数 length で渡されます。指定されたデータ数の読み込み中にエラーが発生した場合、エラーメッセージを表示して関数を抜けます。

main 関数を頭から順に説明します。このプログラムは、コマンドラインで処理対象ファイル名を受け取ります。argc をチェックし、引数が 1 つ指定されているか検査します。対象ファイル名が指定されていない場合、および余計な引数が指定された場合、エラーを表示してプログラムを終了させます。

次に、countLines 関数を呼び出し、指定されたファイルに含まれる行数をカウントし、その結果を length へ格納します。この値を利用し、入力データを格納する float 型配列 d を malloc 関数で割り付けます。readData 関数を呼び出し、値を d へ読み込みます。

これで準備が整いましたので、for ループを使用し偶数番の要素を 0 クリアします。この for ループへ OpenMP の pragma を指定します。「#pragma omp parallel for …」で、for ループを並列化します。スレッド数などは指定していないので、通常は CPU コアの数だけ並列化されるはずです。OpenMP を使用するかしないかは、コンパイラのオプションで指定するため、同じソースファイルを逐次型、および OpenMP を使用したプログラムの両方に使用できます。変数 i を private 指示句に指定していますが、これは明示的に指定する必要はありません。ここでは、分かりやすいように明示的にプライベート変数として指定しました。private 指示句を省略しても、i はプライベート変数として扱われます。

OpenMP のオプションを指定してビルドしたプログラムと、指定しないでビルドしたプログラムを実行すると、OpenMP が性能に、どのような影響を与えるか観察できます。for ループの前後で clock 関数を呼び出し、処理に費やした時間を表示します。示される時間は、OpenMP を使用したときの値と、逐次処理したときの値を比較するための指標であり、絶対値に意味はありません。

このプログラムを実行すると、ステレオの左チャンネルの音が消えたファイルが生成されます。ただし、出力はテキストファイルですので、付録 A「WAV ユーティリティーズ」で紹介するプログラムで、テキストファイルを WAV ファイルへ変換する必要があります。

インテル社 Core i5-6600 プロセッサを搭載したパソコンで実行した様子を示します。

```
C:¥>eraseL ihou_s.txt > ihou_s_EraseL.txt
elapsed time = 0.01999999955296516418 [sec]

C:¥>eraseLOmp ihou_s.txt > ihou_s_EraseLOmp.txt
elapsed time = 0.00800000037997961044 [sec]
```

OpenMPを使用したときと、逐次処理したときの処理時間をグラフで示します。

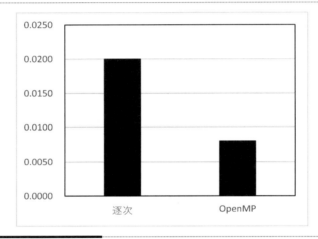

図6.2●OpenMPと逐次処理の処理時間

　OpenMPを使用すると、逐次処理したときに比べ約2.5倍高速化しました。Core i5-6600プロセッサはCPUコアが4つありますので、理想的には4倍高速化するはずですが、処理の負荷が軽いため、オーバーヘッドなどの比重が相対的に大きくなったのか2.5倍の高速化に留まりました。

　以降に実行の一連の手順を示します。

```
$ g++ -o dumpWav dumpWav.cpp Cwav.cpp      # WAVをテキストへ変換するプログラムをビルド

$ ./dumpWav ihou_s.wav > ihou_s.txt        # WAVをテキストへ変換
```

```
$ g++ -fopenmp -o eraseLOmp eraseL.cpp      # 本節のプログラムをビルド

$ ./eraseLOmp ihou_s.txt > out.txt          # 本節のプログラムを実行
elapsed time = 0.013845000041604042053 [sec]

$ g++ -o text2Wav text2Wav.cpp Cwav.cpp     # テキストをWAVへ変換するプログラムをビルド

$ ./text2Wav out.txt out.wav s              # テキストをWAVへ変換
input: stereo.
convert [out.txt] to [out.wav].
```

最後に得た out.wav を再生すると、左チャンネルの音が消えています。

参考に PGI コンパイラを Ubuntu で使用した例も示します。このプログラムは、ソースコードが C++ 言語を使用していますので、pgcc ではなく pgc++ を使用します。

```
$ pgc++ -mp -O3 -o eraseLOmp eraseL.cpp

$ ./eraseLOmp ihou_s.txt > eraseLOmp.txt
elapsed time = 0.015612999908626607956 [sec]

$ ./text2Wav eraseLOmp.txt eraseLOmp.wav s
input: stereo.
convert [eraseL.txt] to [eraseL.wav].
```

最後に得た eraseLOmp.wav を再生すると、左チャンネルの音が消えています。

6-2 1次元データの加工（ステレオをモノラル化）

　本節で開発するプログラムは、隣り合うペアの要素を加算し、その結果を2で除算した結果を格納するプログラムです。このため、このプログラムの出力データ量は、入力データ量の半分になります。本節で開発するプログラムの概要を、図で示します。

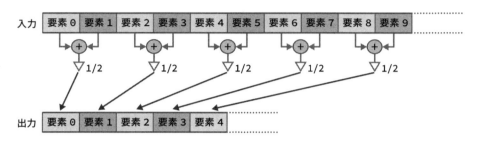

図6.3●プログラムの概要

　本節のプログラムは、WAVファイルをテキスト形式へ変換したものを入力に使用すると、ステレオ音源のモノラル変換に応用できます。WAVファイルをテキスト形式へ変換する方法は、付録A「WAVユーティリティーズ」を参照してください。単なる1次元データの加工を行うプログラムの説明を行いたかったのですが、WAVをテキスト化したものを使用すると、より処理が分かりやすくなるため音に対する処理へ応用して説明します。

　前節のプログラムは、入力と出力に同じメモリを使用します。このプログラムでは、入力用のメモリと出力用のメモリを分離します。逐次処理を採用する場合、先のプログラムと同様に、入出力に同じメモリを採用しても問題ありません。ところがOpenMPを使用するときは注意が必要です。逐次プログラムであれば、参照するデータと更新するデータが同じであっても、参照するメモリが参照前に更新されることはありません。ところがOpenMPを用いると、反復が順序良く処理されるとは限りません。たとえば、上記の例では、要素2、3を処理し要素1を更新する処理が行われ、次に要素0、1を処理し要素0を更新する処理が実行されたとしましょう。その場合、要素0、1を参照した時点で、すでに要素1は書き換えられています。このようなことから、よほど処理内容を理解していない限り、入力メモリと出力メモリは分離するのが賢明でしょう。OpenMPや並列処理に詳しくなり、かつリソースに制限がある場合は、入出力メモリを共用するのも悪くないでしょうが、将来の拡張などを考えると障害の元となる可能性が高いです。

以降に、ソースリストの一部を示します。

リスト 6.2 ●ソースリスト（060sound/mono.cpp）

```cpp
    ⋮
int
main(int argc, char *argv[])
{
    float *d = NULL, *z = NULL;
    int dLength, i;
    float L, R;
    short mix;
    const int Lch = 0, Rch = 1;
    clock_t start, stop;

    if (argc != 2)
    {
        fprintf(stderr, "missing input file name.\n");
        return -1;
    }

    dLength = (int)countLines(argv[1]);
    if (dLength <= 0)
    {
        fprintf(stderr, "read failed:%s.\n", argv[2]);
        return -1;
    }

    d = (float *)malloc(sizeof(float) * dLength);
    z = (float *)malloc(sizeof(float) * ( dLength >> 1));

    readData(argv[1], d, dLength);            // read data

    start = clock();

    #pragma omp parallel for private(i, L, R, mix)
    for (i = 0; i < ( dLength >> 1) ; i++)
    {
        L = d[(i*2)+Lch] / 2.0;
        R = d[(i*2)+Rch] / 2.0;
        mix = (short)(L + R);
        z[i] = mix;
    }
```

```
    stop = clock();

    fprintf(stderr, "elapsed time = %.20f [sec]¥n",
        (float)(stop - start) / CLOCKS_PER_SEC);

    // print result
    for (int n = 0; n < ( dLength >> 1); n++)
    {
        fprintf(stdout, "%12.4f¥n", z[n]);
    }

    free(d);
    free(z);

    return 0;
}
```

countLines 関数と readData 関数は、前節と同様のため省略します。

main 関数のコマンドラインのエラーチェックや countLines 関数を呼び出すところまでも、先のプログラムと同様です。countLines 関数を呼び出し、返された length を使用しメモリを割り付けます。入力メモリは length の値を使って float 型配列 d を malloc 関数で割り付けます。処理結果を格納する出力メモリは、ステレオからモノラルに変換するため、メモリ量は半分になります。float 型配列 z を「length / 2」分だけ、malloc 関数で割り付けます。

次に、readData 関数を呼び出し、値を d へ読み込みます。これで準備が整います。

for ループを使用し、2 つの要素の平均値を出力メモリに格納します。この for ループへ OpenMP の pragma を指定し、並列化します。いくつかの変数を private 指示句に指定します。for ループ以降の処理は、前節と同様です。

先ほどと同様、インテル社 Core i5-6600 プロセッサを搭載したパソコンで実行した様子を示します。

```
C:¥>cl /Fe:mono.exe mono.cpp
C:¥>cl /openmp /Fe:monoOmp.exe mono.cpp

C:¥>mono ihou_s.txt > ihou_mono.txt
elapsed time = 0.18700000643730163574 [sec]

C:¥>monoOmp ihou_s.txt > ihou_monoOmp.txt
```

```
elapsed time = 0.05099999904632568359 [sec]
```

OpenMPを使用したときと、逐次処理したときの処理時間をグラフで示します。

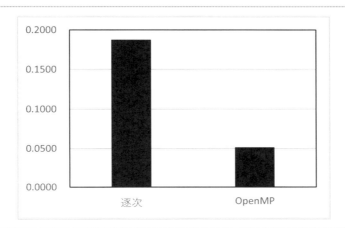

図6.4●OpenMPと逐次処理の処理時間

　OpenMPを使用すると、逐次処理したときに比べ約3.66倍高速化しました。Core i5-6600プロセッサはCPUコアが4つありますので、理想的には4倍ほど高速に処理されるはずです。前節と違い、処理が若干複雑になったため、ほぼ理想の値に近い性能向上を観察できました。

6-3　1次元データの加工（カラオケ化）

　本節で開発するプログラムは、隣り合うペアの要素を減算し、その結果を格納します。本節で開発するプログラムを、図で示します。

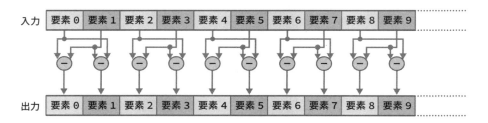

図6.5●プログラムの概要

　出力の要素0へ入力の「要素0－要素1」を、出力の要素1へ入力の「要素1－要素0」を格納します。これを、全要素を完了するまで繰り返します。以降にソースリストの一部を示します。

リスト 6.3●ソースリスト（060sound/karaoke.cpp）

```cpp
#include <stdio.h>
#include <stdlib.h>
#include <time.h>

#ifndef min
#define min(a,b) (((a)<(b))?(a):(b))
#endif
#ifndef max
#define max(a,b) (((a)>(b))?(a):(b))
#endif
//--------------------------------------------------------------
// main
int
main(int argc, char *argv[])
{
    :
    d = (float *)malloc(sizeof(float) * dLength);
```

```
    z = (float *)malloc(sizeof(float) * dLength);

    readData(argv[1], d, dLength);          // read data

    start = clock();

    #pragma omp parallel for private(L, R)
    for (i = 0; i < ( dLength >> 1) ; i++)
    {
        L = d[(i*2)+Lch]-d[(i*2)+Rch];
        R = d[(i*2)+Rch]-d[(i*2)+Lch];
        L = max(-32768,min(32767,L));
        R = max(-32768,min(32767,R));
        z[(i*2)+Lch] = L;
        z[(i*2)+Rch] = R;
    }

    stop = clock();

    fprintf(stderr, "elapsed time = %.20f [sec]¥n",
        (float)(stop - start) / CLOCKS_PER_SEC);

    // print result
    for (int n = 0; n < dLength; n++)
    {
        fprintf(stdout, "%12.4f¥n", z[n]);
    }

    free(d);
    free(z);

    return 0;
}
```

　countLines関数とreadData関数は、前節と同様のため省略します。
　main関数のコマンドラインのエラーチェックやcountLines関数を呼び出すところまでも、先のプログラムと同様です。countLines関数を呼び出し、返されたlengthを使用し入出力用のメモリを割り付けます。次に、readData関数を呼び出し、値をdへ読み込みます。これで準備が整います。
　forループを使用し、各要素間で減算処理を行い、結果を出力メモリに格納します。このfor

ループへOpenMPのpragmaを指定し、並列化します。変数LとRをOpenMPのprivate指示句に指定します。これを忘れると、これらの変数は共有変数となり結果は保証されなくなります。forループ内で、単純に偶数要素から奇数要素を減算し、出力メモリの偶数要素に格納します。次に、奇数要素から偶数要素を減算し、出力メモリの奇数要素に格納します。これを、wavファイルをテキスト化したものに当てはめると、左チャンネルから右チャンネルを減算して、出力メモリの左チャンネルへ格納したことになります。同様に、出力メモリの右チャンネルは、右チャンネルから左チャンネルを減算した結果を格納します。つまり、右チャンネルと左チャンネルが対称である部分の音が消えます。バックの楽器や、バックコーラスは左右対称でないため残ります。このような単純な方法でボーカルを消すことが可能です。副作用として、バックの音が左右に振り分けられるため、オリジナルに比較してサウンドが広がったような効果や音圧が低下する効果も現れます。以降に、処理の概要を図で示します。

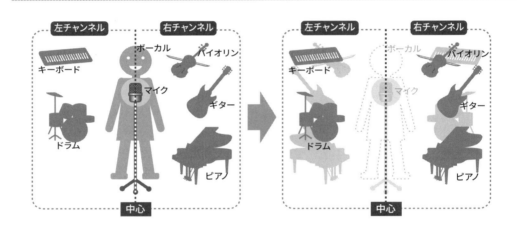

図6.6●処理の概要

インテル社 Core i5-6600 プロセッサを搭載したパソコンで実行した様子を示します。

```
C:\>karaoke ihou_s.txt > ihou_s_karaoke.txt
elapsed time = 0.10599999874830245972 [sec]

C:\>karaokeOmp ihou_s.txt > ihou_s_karaokeOmp.txt
elapsed time = 0.02999999932944774628 [sec]
```

OpenMPを使用したときと、逐次処理したときの処理時間をグラフで示します。

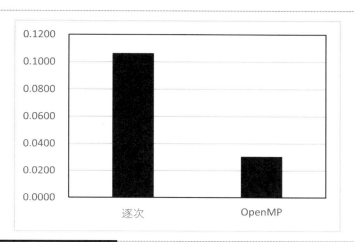

図6.7●OpenMPと逐次処理の処理時間

OpenMPを使用すると、逐次処理したときに比べ約3.53倍高速化しました。Core i5-6600プロセッサはCPUコアが4つありますので、理想的には4倍高速化するのが理想です。

参考にPGIコンパイラをUbuntuで使用した例も示します。このプログラムは、ソースコードがC++言語を使用していますので、pgccではなくpgc++を使用します。

```
$ pgc++ -mp -o karaokeOmp karaoke.cpp

$ ./karaokeOmp ihou_s.txt > karaOmp.txt
elapsed time = 0.05433399975299835205 [sec]

$ ./text2Wav kara.txt kara.wav s
input: stereo.
convert [kara.txt] to [kara.wav].
```

■ 6-3-1　sections 指示文で並列化

先のプログラムは for 指示文で並列化を行いましたが、ここでは sections 指示文で並列化してみましょう。このプログラムに sections 指示文を使用するメリットはないのですが、コードへ影響や性能がどのような影響を受けるか観測してみましょう。以降に、ソースリストの一部

6 1次元配列の処理—音響処理

を示します。

リスト6.4 ●ソースリスト (060sound/karaokeSections.cpp)

```
    ⋮
int
main(int argc, char *argv[])
{
    float *d = NULL;
    int dLength, i;
    float L, R;
    const int Lch = 0, Rch = 1;
    clock_t start, stop;

    if (argc != 2)
    {
        fprintf(stderr, "missing input file name.¥n");
        return -1;
    }

    dLength = (int)countLines(argv[1]);
    if (dLength <= 0)
    {
        fprintf(stderr, "read failed:%s.¥n", argv[2]);
        return -1;
    }

    d = (float *)malloc(sizeof(float) * dLength);

    readData(argv[1], d, dLength);            // read data

    int length = dLength >> 1;

    start = clock();

    #pragma omp parallel private(i,L,R) firstprivate(length)
    {
        #pragma omp sections
        {
            #pragma omp section
            {
                for (i = 0; i < length / 2 ; i++)
                {
                    L = d[(i*2)+Lch]-d[(i*2)+Rch];
```

```
                R = d[(i*2)+Rch]-d[(i*2)+Lch];
                L = max(-32768,min(32767,L));
                R = max(-32768,min(32767,R));
                d[(i*2)+Lch] = L;
                d[(i*2)+Rch] = R;
            }
        }

        #pragma omp section
        {
            for (i = length / 2; i < length ; i++)
            {
                L = d[(i*2)+Lch]-d[(i*2)+Rch];
                R = d[(i*2)+Rch]-d[(i*2)+Lch];
                L = max(-32768,min(32767,L));
                R = max(-32768,min(32767,R));
                d[(i*2)+Lch] = L;
                d[(i*2)+Rch] = R;
            }
        }
    }
}

    stop = clock();

    fprintf(stderr, "elapsed time = %.20f [sec]\n",
        (float)(stop - start) / CLOCKS_PER_SEC);

    // print result
    for (int n = 0; n < dLength; n++)
    {
        fprintf(stdout, "%12.4f\n", d[n]);
    }

    free(d);

    return 0;
}
```

countLines 関数と readData 関数は、前節と同様のため省略します。main 関数の前半部分もこれまでと同様です。

このプログラムは、sections 指示文を使用して全体を 2 つのスレッドで処理します。2 つ

のsection指示文で、前半と後半を分けて並列処理します。どのように分担するかを図で示します。

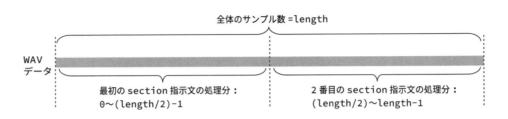

図6.8●2つのスレッドの処理の分担

for指示文を使用する場合、どのように分担されるか知る必要もなくコードも分担を意識しません。また、for指示文を使用していると、CPUコア数が増えると自動的に並列化数は増加します。ここで示すように、sections指示文を使用して全体を2つに分割した場合、CPUコア数の多いCPUを搭載したパソコンで実行しても並列化数は変化しません。

「#pragma omp parallel」で、並列リージョンの開始を指定します。private指示句で変数i、L、およびRをプライベート変数として宣言します。iはforループで使用されていますが、for指示文で並列化している訳でないため、プライベート変数として宣言しなければ正常に処理できなくなります。firstprivate指示句にlengthを指定します。これは並列リージョンの入口の値を、各スレッドに引き継ぐためです。もし、この変数をprivate指示句に指定すると、初期値が不定となり正常に処理できなくなります。ここではlengthをfirstprivateへ指定しましたが、各スレッドでは参照するだけなので共有変数としても良いでしょう。

最初のsection指示文で1次元配列の前半を、後のsection指示文で後半を処理します。forループ内の処理は前節と同様に、左チャンネルは、左チャンネルから右チャンネルを減算した値、右チャンネルは、右チャンネルから左チャンネルを減算した値を格納します。

インテル社 Core i5-6600 プロセッサを搭載したパソコンで実行した様子を示します。

```
C:¥>karaokeSections ihou_s.txt > ihou_s_k.txt
elapsed time = 0.08900000154972076416 [sec]

C:¥>karaokeSectionsOmp ihou_s.txt > ihou_s_kOnp.txt
elapsed time = 0.04899999871850013733 [sec]
```

OpenMPを使用したときと、逐次処理したときの処理時間をグラフで示します。

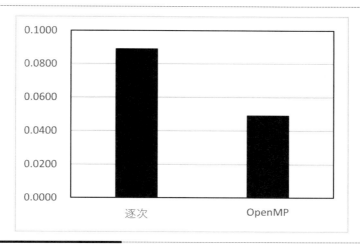

図6.9●OpenMPと逐次処理の処理時間

OpenMPを使用すると、逐次処理したときに比べ約1.81倍の高速化に留まりました。Core i5-6600プロセッサはCPUコアが4つありますので、理想的には4倍高速化するのが理想ですが、sections指示文を使用して並列化を2つに制限したため、CPUコア数が2を超えても性能は2倍以上には向上しないことが想像できます。

■ 6-3-2　スレッドで並列化

sections指示文を使用したプログラムと、同様のプログラムをスレッドで記述してみます。for指示文で並列化した場合に加え、sections指示文で並列化した場合と比較してみましょう。プログラム構造は、ほぼ前節のsections指示文を使用したプログラムと同様です。スレッドプログラムがOpenMPと比較して、どの程度コードへ影響を与えるか、また実行速度がどのような影響を受けるか観測してみましょう。このプログラムは、スレッドの生成などにWindows APIを使用していますのでWindowsのVisual Studioでしかビルドできません。Linux環境で試したかったら、すでにPthreadを使用したプログラムを紹介していますので、それを参考に書き換えてください。

以降に、sections指示文をWindowsのスレッドに書き換えたソースリストを示します。

リスト 6.5 ●ソースリスト（060sound/karaokeThread.cpp）

```cpp
#include <stdio.h>
#include <stdlib.h>
#include <time.h>
#include <windows.h>

#ifndef min
#define min(a,b) (((a)<(b))?(a):(b))
#endif
#ifndef max
#define max(a,b) (((a)>(b))?(a):(b))
#endif

static float *d = NULL;

//----------------------------------------------------------------
//countLines
size_t
countLines(const char* fname)
{
    FILE  *fp;
    float data;

    if ((fp = fopen(fname, "rt")) == NULL)
        return 0;

    int count = 0;
    while (fscanf(fp, "%f", &data) == 1)
        count++;

    fclose(fp);

    if (count <= 0)
        return 0;

    return count;
}

//----------------------------------------------------------------
//readData
void
readData(const char* fname, float * buf, const size_t length)
{
```

```c
    FILE *fp;

    if ((fp = fopen(fname, "rt")) == NULL)
    {
        fprintf(stderr, "open failed: %s!", fname);
        return;
    }

    for (int i = 0; i < length; i++)
    {
        if (fscanf(fp, "%f", &buf[i]) != 1)
        {
            fprintf(stderr, "read failed: %s!", fname);
            break;
        }
    }
    fclose(fp);
}

//-----------------------------------------------------------------
// thread
void effectThread(int length)
{
    const int Lch = 0, Rch = 1;
    int i, L, R;

    for (i = 0; i < length / 2 ; i++)
    {
        L = d[(i*2)+Lch]-d[(i*2)+Rch];
        R = d[(i*2)+Rch]-d[(i*2)+Lch];
        L = max(-32768,min(32767,L));
        R = max(-32768,min(32767,R));
        d[(i*2)+Lch] = L;
        d[(i*2)+Rch] = R;
    }
}

//-----------------------------------------------------------------
// main
int
main(int argc, char *argv[])
{
    int dLength, i;
    float L, R;
```

```c
    const int Lch = 0, Rch = 1;
    clock_t start, stop;
    HANDLE hThread;

    if (argc != 2)
    {
        fprintf(stderr, "missing input file name.\n");
        return -1;
    }

    dLength = (int)countLines(argv[1]);
    if (dLength <= 0)
    {
        fprintf(stderr, "read failed:%s.\n", argv[2]);
        return -1;
    }

    d = (float *)malloc(sizeof(float) * dLength);

    readData(argv[1], d, dLength);          // read data

    int length = dLength >> 1;

    start = clock();

    hThread=CreateThread(0, 0,   //スレッドの起動
                         (LPTHREAD_START_ROUTINE)effectThread,
                            (VOID *)length, 0, NULL);

    for (i = length / 2; i < length ; i++)
    {
        L = d[(i*2)+Lch]-d[(i*2)+Rch];
        R = d[(i*2)+Rch]-d[(i*2)+Lch];
        L = max(-32768,min(32767,L));
        R = max(-32768,min(32767,R));
        d[(i*2)+Lch] = L;
        d[(i*2)+Rch] = R;
    }

    WaitForSingleObject(hThread, INFINITE);      // join

    stop = clock();

    fprintf(stderr, "elapsed time = %.20f [sec]\n",
```

```
        (float)(stop - start) / CLOCKS_PER_SEC);

    // print result
    for (int n = 0; n < dLength; n++)
    {
        fprintf(stdout, "%12.4f\n", d[n]);
    }

    free(d);

    return 0;
}
```

このプログラムは OpenMP を使用しません。スレッドは Windows API を利用しました。

これまでと同様、1 次元配列 d にデータを読み込みます。OpenMP のプロジェクトと違い、WAV データにメインスレッド（マスタースレッド）と、ワーカスレッド（スレーブスレッド）がアクセスするため、この 1 次元配列を管理するポインタは、ソースファイルに対しグローバルな変数とします。このため、これはソースファイルの先頭で宣言します。

このプログラムは、2 つのスレッドで WAV データの前半と後半を、それぞれのスレッドで分担し、並列処理します。どのように分担するかを図で示します。

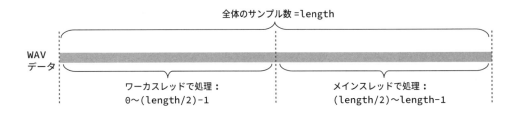

図6.10●各スレッドの処理の分担

前節のプログラムと同様に処理しますが、プログラムはかなり異なります。CreateThread API でワーカスレッド（スレーブスレッド）を 1 つ起動します。起動される effectThread は、ワーカスレッドとしてメインスレッドと並列動作します。length を引数で渡し、ワーカスレッドは、この値からループ数を決定します。スレッド関数 effectThread については後述します。

OpenMP では、ほとんど逐次プログラムと同じコードを使用できる代わりに、共有変数とプライベート変数を意識して管理しなければなりません。ところがスレッドプログラミングでは、ス

レッド関数がメイン関数と明確に分離されるため変数のスコープが分かりやすく、ケアレスミスを犯す可能性が低くなります。このため、普通にプログラミングすれば、自ずと共有変数とプライベート変数を混同する可能性は多くありません。今回はワーカスレッド（スレーブスレッド）を1つしか起動しませんが、スレッド（関数）自体が、インスタンスの生成と同様に考えられます。このため、たくさんのスレッドを起動しても共有変数とプライベート変数の管理は、今回のプログラムと変わりありません。

　ワーカスレッド（スレーブスレッド）を起動したら、メインスレッドは、すぐに`for`文で自身の処理対象のWAVデータを処理します。`for`文を観察すると分かりますが、前節の2番目の`section`指示文に処理する範囲と同じです。後半のWAVデータは、メインスレッド（マスタースレッド）で並列処理されます。メインスレッドの`for`ループが終わったら、`WaitForSingleObject` APIでワーカスレッド（スレーブスレッド）の終了を待ちます。これはOpenMPのバリアに相当します。OpenMPでは並列処理の同期を明示的に意識する必要は、ほとんど必要ありません。これに比べ、スレッドプログラミングでは同期処理はプログラマに委ねられます。

　CPUから考えると、このプログラムと`sections`指示文を使用した先のOpenMP対応のプログラムは、ほとんど同じ動作をするでしょう。ただ、`for`指示文を使用したOpenMP対応のプログラムと比べると、あらかじめ並列化数が決められるためプログラムとして優れているとは言えません。

　インテル社Core i5-6600プロセッサを搭載したパソコンで実行した様子を示します。

```
C:\>karaokeThread ihou_s.txt >ihou_s_karaokeThread.txt
elapsed time = 0.04600000008940696716 [sec]
```

　このプログラムと、`section`指示文を使用したOpenMPのプログラムと、ほぼ同様の性能を示します。以降に、逐次処理、`section`指示文を使用したOpenMPプログラム、そしてスレッドを用いたプログラムの処理時間をグラフで示します。

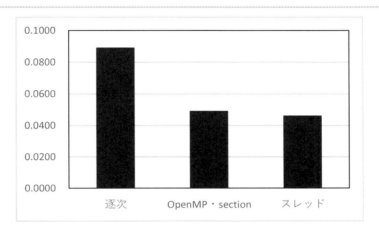

図6.11●処理時間の比較

　section 指示文を使用した OpenMP プログラムとスレッドを用いたプログラムの処理時間は、ほぼ同じです。これらはスレッドを 2 つ用いていますので、逐次処理したときに比べ約 2.0 倍弱であり、ほぼ予想通りの結果です。

API の説明

　使用した API の概要を説明します。

CreateThread API

　スレッドを作成します。

```
HANDLE CreateThread(
    LPSECURITY_ATTRIBUTES    lpThreadAttributes,  // SECURITY_ATTRIBUTES 構造体
                                                  //                     へのポインタ
    DWORD                    dwStackSize,         // スタックのサイズ
    LPTHREAD_START_ROUTINE   lpStartAddress,      // 開始アドレス
    LPVOID                   lpParameter,         // スレッドに渡す値
    DWORD                    dwCreationFlags,     // スレッド作成に関するフラグ
    LPDWORD                  lpThreadId           // スレッド ID 変数へのポインタ
);
```

引数

lpThreadAttributes	SECURITY_ATTRIBUTES 構造体へのポインタです。NULL を指定すると、既定のセキュリティ記述子がこのスレッドに適用されます。
dwStackSize	スタックの初期のコミットサイズを、バイト単位で指定します。0 または既定のコミットサイズより小さい値を指定すると、呼び出し側スレッドのコミットサイズと同じサイズが割り当てられます。
lpStartAddress	LPTHREAD_START_ROUTINE 型の関数ポインタです。この関数は新しいスレッドで実行されます。そして、新しいスレッドの開始アドレスとなります。
lpParameter	スレッドに渡す DWORD 値です。
dwCreationFlags	スレッド作成に関する制御フラグです。CREATE_SUSPENDED を指定すると、新しいスレッドは中断された状態で作成されます。0 を指定すると、作成と同時に新しいスレッドが起動します。
lpThreadId	DWORD へのポインタです。この変数にスレッド ID が格納されます。NULL を指定すると、スレッド ID は格納されません。

戻り値

成功すると、新しいスレッドのハンドルが返ります。

WaitForSingleObject API

指定したオブジェクトがシグナル状態になるか、または、タイムアウトが発生するまで待ちます。

```
DWORD WaitForSingleObject(
    HANDLE hHandle,          // オブジェクトのハンドル
    DWORD  dwMilliseconds    // タイムアウト時間（ミリ秒）
);
```

引数

hHandle	オブジェクトのハンドルです。
dwMilliseconds	タイムアウト時間をミリ秒で指定します。INFINITE を指定すると、オブジェクトがシグナル状態になるまで待機し続けます。INFINITE はデッドロックのもととなりますので、注意して使用しましょう。

戻り値

成功すると、関数が制御を返した原因が返ります。以降の表に値と意味を示します。

値	意味
WAIT_ABANDONED	指定されたオブジェクトが、放棄されたミューテックスオブジェクトだった。この関数を呼び出した結果、その所有権は呼び出し側スレッドに移り、そのミューテックスは非シグナル状態になった。
WAIT_OBJECT_0	オブジェクトがシグナル状態になった。
WAIT_TIMEOUT	タイムアウト時間が経過しても、オブジェクトが非シグナル状態であった。

関数が失敗すると、WAIT_FAILED が返ります。

6-3-3　SIMD 命令で高速化

　前節で、スレッド化したプログラムと OpenMP を使用したプログラムを比較しました。ここでは、処理を並列化するのではなく、データ並列の一種である SIMD 命令を使用したプログラムと、OpenMP を使用したプログラムの違いを比較してみましょう。OpenMP には SIMD 構文がありますので、それを使用して SIMD 命令を使用する方法もありますが、コンパイラが SIMD 構文を十分にサポートできていない場合もあります。そこで、ここでは SIMD 命令を直接記述することとします。SIMD 命令を直接記述するとしましたが、C/C++ 言語内にアセンブリコードを直接記述できないことも多いため、イントリンシックを使用します。

　考えるまでもなく、SIMD イントリンシックを使用したプログラムコードは、通常のプログラムとまったく異なり、開発もはるかに面倒になります。本節で紹介するプログラムは SSE3 の命令を使用します。現在の CPU はたいてい AVX 命令までサポートしています。かなり古い CPU ですと SSE までしかサポートしていない CPU もあります。そのような場合、このプログラムは正常に動作しません。相当古いパソコンを使用している場合、搭載されている CPU の種別を調べ、SSE3 命令がサポートされているか確認してください。以降に、ソースリストを示します。

リスト 6.6 ●ソースリスト（060sound/karaokeSse.cpp）

```
#include <stdio.h>
#include <stdlib.h>
#include <time.h>

#include <math.h>
#include <immintrin.h>
```

```c
//-----------------------------------------------------------------
//countLines
size_t
countLines(const char* fname)
{
    FILE  *fp;
    float data;

    if ((fp = fopen(fname, "rt")) == NULL)
        return 0;

    int count = 0;
    while (fscanf(fp, "%f", &data) == 1)
        count++;

    fclose(fp);

    if (count <= 0)
        return 0;

    return count;
}

//-----------------------------------------------------------------
//readData
void
readData(const char* fname, float * buf, const size_t length)
{
    FILE *fp;

    if ((fp = fopen(fname, "rt")) == NULL)
    {
        fprintf(stderr, "open failed: %s!", fname);
        return;
    }

    for (int i = 0; i < length; i++)
    {
        if (fscanf(fp, "%f", &buf[i]) != 1)
        {
            fprintf(stderr, "read failed: %s!", fname);
            break;
        }
    }
```

```
        fclose(fp);
}

//------------------------------------------------------------------------
// allocate AVX aligned memory
float*
simdFloatAlloc(size_t *length, int align)
{
    float *fData = NULL;

    int simdFloatAlign = align / sizeof(float);
    size_t alignedLength = *length;

    alignedLength = (alignedLength % align == 0) ?    // alignment
        alignedLength :
                    ((int)((alignedLength / simdFloatAlign) + 1)*simdFloatAlign);

    if ((fData = (float*)_mm_malloc(alignedLength*sizeof(float), align)) == NULL)
        throw "_mm_malloc失敗.";

    for (int i = *length - 1; i < alignedLength; i++)
        fData[i] = 0.0f;

    *length = alignedLength;

    return fData;
}

//------------------------------------------------------------------------
// main
int
main(int argc, char *argv[])
{
    float *d = NULL, *z = NULL;
    int dLength, i;
    clock_t start, stop;
    const int SIMD_ALIGN = 16;

    if (argc != 2)
    {
        fprintf(stderr, "missing input file name.\n");
        return -1;
    }
```

```c
    dLength = (int)countLines(argv[1]);
    if (dLength <= 0)
    {
        fprintf(stderr, "read failed:%s.¥n", argv[2]);
        return -1;
    }

    size_t alignedLength = dLength;
    d = simdFloatAlloc(&alignedLength, SIMD_ALIGN);
    z = simdFloatAlloc(&alignedLength, SIMD_ALIGN);

    readData(argv[1], d, dLength);            // read data

    start = clock();

    const float   fMax = powf(2.0f, 15.0f) - 1.0f;    // + (2^15 - 1)
    const float   fMin = -powf(2.0f, 15.0f);          // -   2^15
    __m128 psMax = _mm_load1_ps(&fMax);
    __m128 psMin = _mm_load1_ps(&fMin);

    #pragma omp parallel for
    for (i = 0; i < dLength; i+=(SIMD_ALIGN / sizeof(float)))
    {
        __m128 a = _mm_load_ps(&d[i]);
        __m128 b = _mm_shuffle_ps(a, a, 0xb1);

        __m128 c = _mm_sub_ps(a, b);

        c = _mm_min_ps(c, psMax);
        c = _mm_max_ps(c, psMin);

        _mm_store_ps(&z[i], c);
    }

    stop = clock();

    fprintf(stderr, "elapsed time = %.20f [sec]¥n",
        (float)(stop - start) / CLOCKS_PER_SEC);

    // print result
    for (int n = 0; n < dLength; n++)
    {
        fprintf(stdout, "%12.4f¥n", z[n]);
    }
```

```
        _mm_free(d);
        _mm_free(z);

        return 0;
}
```

　このプログラムで行うことは、6-3節「1次元データの加工・カラオケ化」と同じです。このプログラムは、処理を並列化するのではなく、データを並列化します。countLines関数とreadData関数は前節と同様のため、説明は省略します。

　C/C++ソースコードでSIMD命令のイントリンシックを使用したい場合、特有のヘッダをインクルードしなければなりません。このプログラムでは、immintrin.hをインクルードします。SIMD命令に対応したヘッダの表を次に示します。

表6.1●SIMD命令とヘッダファイルの対応

SIMD命令	ヘッダファイル名
MMX	mmintrin.h
SSE	xmmintrin.h
SSE2	emmintrin.h
SSE3	pmmintrin.h
AVX、AVX2、FMA	immintrin.h
AVX-512	zmmintrin.h

　simdFloatAlloc関数は、C言語が標準でサポートしているmalloc関数と同様な機能を提供します。malloc関数と異なるのは、境界および長さを渡されたalignに整列することです。alignには、使用するSIMD命令で扱うデータの長さ、および先頭アドレスが揃えなければならない境界値が格納されています。引数で渡されたlength長のメモリを割り付けますが、この値がalignの整数倍に満たない場合、整数倍になるまで切り上げて割り付けます。切り上げた値はlengthへ返しますので、呼び出し元は実際の割り付け長を知ることができます。余分に割り付けた部分には0.0を代入して初期化します。

　main関数のコマンドラインのエラーチェックやcountLines関数を呼び出すところまでも、先のプログラムと同様です。countLines関数を呼び出し、返されたlengthの値をalignedLengthへ設定し、これを引数にsimdFloatAlloc関数を呼び出し、第2引数で与えた値へ適合するようにメモリを割り付けます。ここでは第2引数に16を指定します。この値は

SSE命令が要求するバイト境界です。次に、readData関数を呼び出し、値をdへ読み込みます。

forループに入る前に、_mm_load1_psイントリンシックなどを使用し、__m128型変数のpsMaxとpsMinにパックされた単精度浮動小数点値の最大値と最小値を設定します。このプログラムで使用するデータの最大値と最小値は、「$+2^{15}-1$」と「-2^{15}」です。この値はforループ内で使用します。以降にforループ内の処理を図で示します。

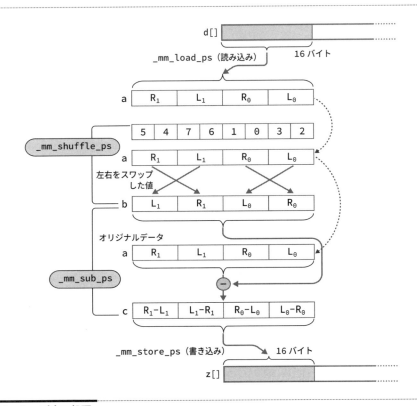

図6.12●forループ内の処理

図のLは左チャンネルを、Rは右チャンネルを、それに続く数値はデータの順序を表します。

1回のループで2サンプルデータ（4データ）を処理します。まず、_mm_load_psイントリンシックで4データをaへ読み込みます。次に_mm_shuffle_psイントリンシックでaの、隣り合う要素の内容をスワップし、それをbへ格納します。スワップの動作は図を参照してください。次に、_mm_sub_psイントリンシックでaからbの4要素を独立して減算し、結果をcへ格納します。複雑になるため図からは省きましたが、減算後の値を_mm_min_psと_mm_max_psイントリンシックで「$+2^{15}-1$」〜「-2^{15}」の範囲に飽和させます。最後に、その結果を

_mm_store_ps イントリンシックで 1 次元配列 z に格納します。以上を全データが終わるまで繰り返しますが、その回数は SIMD 命令を使用しなかったときの 1/4 回に減ります。浮動小数点ではなく整数を使用すると、減算処理などに飽和を含んだ、飽和減算の命令もありますので、プログラムは単純化されます。ここでは応用範囲の広い浮動小数点を採用します。

　どのように性能へ影響が現れるか、インテル社 Core i5-6600 プロセッサを搭載したパソコンで実行した様子を示します。まず、6-3 節「1 次元データの加工・カラオケ化」で開発したプログラムと、本節で開発したプログラムを OpenMP なしでビルドし実行時間を観察してみましょう。

```
C:\>karaoke ihou_s.txt > ihou_s_karaoke.txt
elapsed time = 0.10599999874830245972 [sec]

C:\>karaokeSse ihou_s.txt >ihou_s_karaokeSse.txt
elapsed time = 0.05099999904632568359 [sec]
```

　両方とも逐次処理ですが、片方はベクトル化しないもの、片方はベクトル化したプログラムです。以降に、プログラムの処理時間をグラフで示します。

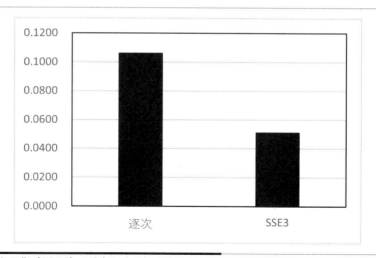

図6.13●ベクトル化（SSE3）の有無による処理時間の比較

　ベクトル化したプログラムでは、SSE3 命令を採用したため、ベクトル化しないプログラムに比べ for ループの回数は 1/4 へ減ります。このため速度向上を期待しましたが、約 2.0 倍の性

6 1次元配列の処理—音響処理

能向上に留まりました。思ったより命令数が減らなかった可能性が高いです。

次に、6-3節「1次元データの加工・カラオケ化」で開発したプログラムと、SSE3命令でベクトル化したプログラムをOpenMPへ対応させ、それぞれの実行時間を観察してみます。環境は、直前と同じ、インテル社Core i5-6600プロセッサを搭載したパソコンです。

```
C:¥>karaoke ihou_s.txt > ihou_s_karaoke.txt
elapsed time = 0.10599999874830245972 [sec]

C:¥>karaokeSseOmp ihou_s.txt >ihou_s_karaokeSseOmp.txt
elapsed time = 0.01700000092387199402 [sec]
```

以降に、プログラムの処理時間をグラフで示します。

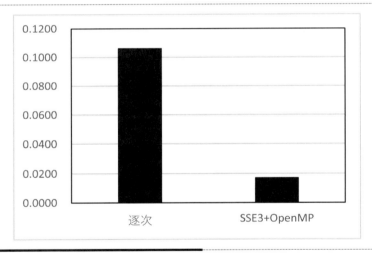

図6.14●逐次処理とSSE3+OpenMPの処理時間の比較

ベクトル化とOpenMPは同時に使用することが可能です。この例では、逐次プログラムに比べ、約6.2倍の速度向上を観察できます。

AVX 化

先のプログラムを AVX 命令へ変更してみましょう。AVX 命令を使用すると、SSE3 命令を使用したときに比べ、1 回で倍のデータを処理できます。現在の CPU はたいてい AVX 命令までサポートしていますが、少し古い CPU では、先の SSE3 までしかサポートしていない場合もあります。以降に、ソースリストの一部を示します。

リスト 6.7 ●ソースリストの一部（060sound/karaokeAvx.cpp）

```
        ⋮
size_t
countLines(const char* fname)
{
        ⋮
}

//-----------------------------------------------------------------
//readData
void
readData(const char* fname, float * buf, const size_t length)
{
        ⋮
}

//-----------------------------------------------------------------
// allocate AVX aligned memory
float*
simdFloatAlloc(size_t *length, int align)
{
        ⋮
}

//-----------------------------------------------------------------
// main
int
main(int argc, char *argv[])
{
    float *d = NULL, *z = NULL;
    int dLength, i;
    float L, R;
    const int Lch = 0, Rch = 1;
    clock_t start, stop;
    const int SIMD_ALIGN = 32;
```

```
    if (argc != 2)
    {
        fprintf(stderr, "missing input file name.\n");
        return -1;
    }

    dLength = (int)countLines(argv[1]);
    if (dLength <= 0)
    {
        fprintf(stderr, "read failed:%s.\n", argv[2]);
        return -1;
    }

    size_t alignedLength = dLength;
    d = simdFloatAlloc(&alignedLength, SIMD_ALIGN);
    z = simdFloatAlloc(&alignedLength, SIMD_ALIGN);

    readData(argv[1], d, dLength);          // read data

    start = clock();

    const float  fMax = powf(2.0f, 15.0f) - 1.0f;   // + (2^15 - 1)
    const float  fMin = -powf(2.0f, 15.0f);         // -  2^15
    __m256 psMax = _mm256_broadcast_ss(&fMax);
    __m256 psMin = _mm256_broadcast_ss(&fMin);

    #pragma omp parallel for
    for (i = 0; i < dLength; i+=(SIMD_ALIGN / sizeof(float)))
    {
        __m256 a = _mm256_load_ps(&d[i]);
        __m256 b = _mm256_shuffle_ps(a, a, 0xb1);

        __m256 c = _mm256_sub_ps(a, b);

        c = _mm256_min_ps(c, psMax);
        c = _mm256_max_ps(c, psMin);

        _mm256_store_ps(&z[i], c);
    }

    stop = clock();

    fprintf(stderr, "elapsed time = %.20f [sec]\n",
```

```
            (float)(stop - start) / CLOCKS_PER_SEC);

    // print result
    for (int n = 0; n < dLength; n++)
    {
        fprintf(stdout, "%12.4f¥n", z[n]);
    }

    _mm_free(d);
    _mm_free(z);

    return 0;
}
```

ほとんど前のプログラムと同様ですので、異なる部分のみ説明します。

まず、`SIMD_ALIGN`へ設定する値を 16 から 32 へ変更します。これは SSE3 命令が 1 回で 16 バイト処理するのに対し、AVX 命令は 32 バイトを処理するためです。

for ループに入る前に、`_mm256_broadcast_ss` イントリンシックを使用し、`__m256`型変数の `psMax` と `psMin` にパックされた単精度浮動小数点値の最大値と最小値を設定します。このプログラムで使用するデータの最大値と最小値は、「$+2^{15}-1$」と「-2^{15}」です。この値は for ループ内で使用します。以降に for ループ内の処理を図で示します。

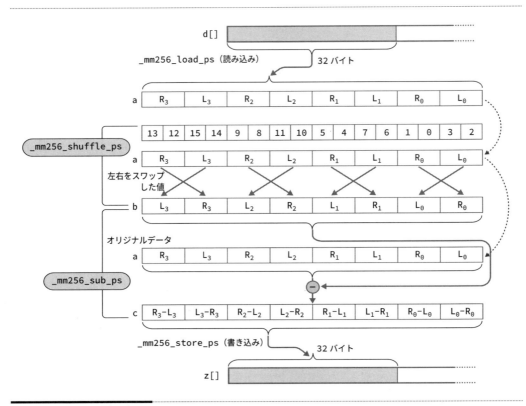

図6.15●forループ内の処理

　1回のループで4サンプルデータ（8データ）を処理します。まず、_mm256_load_ps イントリンシックで8データをaへ読み込みます。次に _mm256_shuffle_ps イントリンシックでaの、隣り合う要素の内容をスワップし、それをbへ格納します。スワップの動作は図を参照してください。次に、_mm256_sub_ps イントリンシックでaからbの8要素を独立して減算し、結果をcへ格納します。複雑になるため図からは省きましたが、減算後の値を _mm256_min_ps と _mm256_max_ps イントリンシックで「$+2^{15}-1$」〜「-2^{15}」の範囲に飽和させます。最後に、その結果を _mm256_store_ps イントリンシックで1次元配列zに格納します。以上を全データが終わるまで繰り返しますが、その回数はSIMD命令を使用しなかったときの1/8回に減ります。

　どのように性能へ影響が現れるか、インテル社 Core i5-6600 プロセッサを搭載したパソコンで実行した様子を示します。まず、6-3節「1次元データの加工・カラオケ化」で開発した

プログラムと、本節で開発したプログラムを OpenMP なしでビルドし実行時間を観察してみましょう。

```
C:\>karaoke ihou_s.txt > ihou_s_karaoke.txt
elapsed time = 0.10599999874830245972 [sec]

C:\>karaokeAvx ihou_s.txt > ihou_s_karaokeAvx.txt
elapsed time = 0.03599999845027923584 [sec]
```

両方とも逐次処理ですが、片方はベクトル化しないもの、片方は AVX 命令でベクトル化したプログラムです。以降に、プログラムの処理時間をグラフで示します。

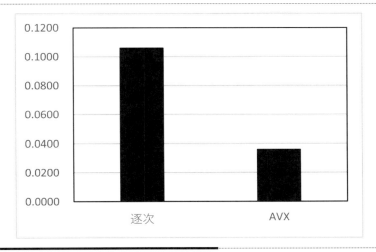

図6.16●ベクトル化（AVX）の有無による処理時間の比較

ベクトル化したプログラムでは、AVX 命令を採用したため、ベクトル化しないプログラムに比べ for ループの回数は 1/8 へ減ります。このため速度向上を期待しましたが、約 3.0 倍の性能向上に留まりました。思ったより命令数が減らなった可能性が高いです。

次に、6-3 節「1 次元データの加工・カラオケ化」で開発したプログラムと、AVX 命令でベクトル化したプログラムを OpenMP へ対応させ、それぞれの実行時間を観察してみます。環境は、直前と同じ、インテル社 Core i5-6600 プロセッサを搭載したパソコンです。

```
C:¥>karaoke ihou_s.txt > ihou_s_karaoke.txt
elapsed time = 0.10599999874830245972 [sec]

C:¥>karaokeAvxOmp ihou_s.txt > ihou_s_karaokeAvxOmp.txt
elapsed time = 0.01300000026822090149 [sec]
```

以降に、プログラムの処理時間をグラフで示します。

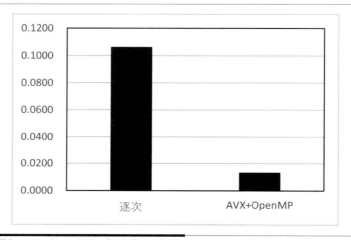

図6.17●逐次処理とAVX+OpenMPの処理時間の比較

　ベクトル化とOpenMPは同時に使用することが可能です。この例では、約8.2倍の速度向上を観察できました。

SIMDを使う際のメモリ割り付け

　SIMD命令を使用する場合、アライメントが揃っていなければ割り込むもの、あるいは性能が低下するものがあります。すでに、以前のプログラムで解説した部分もありますが、あらためてメモリ配置やメモリ割り付けについてまとめて説明します。このプログラムでは、_mm_mallocを使用しましたが、ほかの方法もありますので、簡単にまとめて解説します。

_aligned_mallocを使う方法

　__mで始まる名前で変数の宣言を行う方法はシンプルで便利ですが、現実のプログラムでは変数を動的に確保することが少なくありません。AVX命令などを使用するプログラムでは、大量の

メモリ要求するときも多く、動的にメモリを確保することがほとんどです。このような場合、アライメントされたメモリを割り当てられると性能が向上します。

以降に _aligned_malloc 関数を説明します。

_aligned_malloc 関数（指定したアライメント境界にメモリを割り当てる）

関数定義

```
void * _aligned_malloc(
    size_t size,
    size_t alignment
);
```

引数

size　　　　割り当てようとするメモリのサイズを指定します。

alignment　アライメントの値を指定します。2の累乗値を指定する必要があります。

戻り値

割り当てられたメモリブロックへのポインタです。割り当てに失敗したら NULL が返ります。

以降にサンプルプログラムを示します。

リスト 6.8 ●ソースリスト

```
#include <stdio.h>
#include <immintrin.h>

//----------------------------------------------------------------
//main
int
main(void)
{
    float* a=(float*)_aligned_malloc(sizeof(float)*1024, 32);

    _aligned_free(a);

    return 0;
}
```

ここで示す、_aligned_malloc関数は、32バイト境界に整列されたメモリを確保します。よって、float型のポインタaは、32バイト境界に整列されたアドレスを指します。

プログラムに示すように、_aligned_malloc関数で割り当てたメモリブロックは_aligned_free関数で解放します。アライメントを意識したメモリ割り当て関数には、以下のような関数が存在します。

表6.2●アライメントを意識したメモリ関数

関数名	説明
_aligned_free	_aligned_malloc、または_aligned_offset_mallocで割り当てたメモリブロックを解放します。
_aligned_malloc	指定したアライメント境界にメモリを割り当てます。
_aligned_offset_malloc	指定したアライメント境界にメモリを割り当てます。
_aligned_offset_realloc	_aligned_malloc、または_aligned_offset_mallocで割り当てたメモリブロックのサイズを変更します。
_aligned_realloc	_aligned_malloc、または_aligned_offset_mallocで割り当てたメモリブロックのサイズを変更します。

_mm_malloc を使う方法

_aligned_malloc関数と同様な_mm_malloc関数を使う方法も紹介します。_mm_malloc関数は、_aligned_malloc関数と異なりgcc/g++と互換性があります。

以降にサンプルプログラムを示します。

リスト 6.9●ソースリスト

```
#include <stdio.h>
#include <immintrin.h>

//--------------------------------------------------------------
//main
int
main(void)
{
    float* a=(float*)_mm_malloc(sizeof(float)*1024, 32);

    a[1]=10.0f;

    _mm_free(a);
```

```
        return 0;
}
```

用法は、`_aligned_malloc` 関数と同様ですので、説明は省略します。メモリを解放するときも `_mm` で始まる `_mm_free` 関数を使用します。

6-4 単純移動平均

単純移動平均を 1 次元配列へ実施するものを紹介します。移動平均は、時系列データを平滑化します。音声や画像などのデジタル信号処理に留まらず、金融分野や気象計測分野などで使われます。単純移動平均は、有限インパルス応答に対するローパスフィルタ（デジタルフィルタ）の一種です。ここでは、音声に対し、移動平均を行いローパスフィルタへ応用します。ただ、プログラムは単純に移動平均を行うだけですので、応用は扱うデータに依存します。

単純移動平均（Simple Moving Average、略して SMA）は、直近の n 個のデータに、重み付けをせず単純に平均を求めます。たとえば、100 データの単純移動平均とは、直近の 100 データの平均を求めるだけです。以降に、m 番目で、n 個分の単純移動平均を求める式を一般式で示します。

$$\mathrm{SMA}_m = \frac{P_m + P_{m+1} + P_{m+2} + \cdots + P_{m+n-1}}{n} \tag{6.1}$$

単純移動平均であるため加重がありません、このため、毎回上式を実施する必要はなく、追加されるデータを加算し、範囲から外れる値を外すだけで以降の値を求めることができます。その様子を、一般式で以降に示します。

$$\mathrm{SMA}_{m+1} = \mathrm{SMA}_m - \frac{P_m}{n} + \frac{P_{m+n}}{n}$$

ただし、2 番目の式を用いると加重平均へ応用できないことと、OpenMP の評価に適切でないため、最初の式を使ってプログラムを作成します。最初の式を、ごく素直に一般のフィルタ図で記述したものを示します。

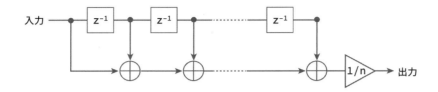

図6.18●式(6.1)のフィルタ図

以降に、ソースリストの一部を示します。

リスト 6.10●ソースリストの一部（061sma/sma.c）

```
        :
//-----------------------------------------------------------------
// main
int
main(int argc, char *argv[])
{
    float *d = NULL, *z = NULL;
    int n, dLength, smaLength;
    clock_t start, stop;

    if (argc != 3)
    {
        fprintf(stderr, "missing: <data> or <n>.\n");
        return -1;
    }

    smaLength = atoi(argv[2]);
    if (smaLength <= 0)
    {
        fprintf(stderr, "[n] must be greater than 0.\n");
        return -1;
    }
    dLength = (int)countLines(argv[1]);
    if (dLength <= 0)
    {
        fprintf(stderr, "read failed:%s.\n", argv[1]);
        return -1;
    }
```

```c
    d = (float *)malloc(sizeof(float) * (dLength + smaLength - 1));
    z = (float *)malloc(sizeof(float) * dLength);

    readData(argv[1], d, dLength);          // read data

    for (int i = dLength; i < dLength + smaLength; i++)
        d[i] = (float)0.0;

    start = clock();

    // do sma : simple moving average
    #pragma omp parallel for
    for (n = 0; n < dLength; n++)
    {
        float zz = (float)0.0;
        for (int m = 0; m < smaLength; m++)
        {
            zz += d[n + m];
        }
        z[n] = zz / (float)smaLength;
    }

    stop = clock();

    fprintf(stderr, "elapsed time = %.20f [sec]¥n",
        (float)(stop - start) / CLOCKS_PER_SEC);

    // print result
    for (int n = 0; n < dLength; n++)
    {
        fprintf(stdout, "%12.4f¥n", z[n]);
    }

    free(d);
    free(z);

    return 0;
}
```

　このプログラムは、データを読み込み、指定された個数、あるいはデフォルトの個数で単純移動平均処理を行います。

　countLines 関数と readData 関数は、これまでと同様ですので説明は省きます。

main関数を頭から順に説明します。このプログラムは、コマンドラインで処理対象ファイル名を受け取ります。argcをチェックし、引数が2つ指定されているか検査します。もし、2つ指定されていなかったら、エラーを表示してプログラムを終了させます。1番目の引数は処理対象の1次元データです。2番目の引数には単純移動平均の範囲を指定します。atoiでint型へ変換しsmaLengthへ設定します。smaLengthの値が0以下の場合、エラーを表示してプログラムを終了させます。次に、countLines関数を呼び出し、指定されたファイルに含まれる行数をカウントし、その結果をdLengthへ格納します。このdLengthとsmaLengthを使用し、求めたデータ読み込み用の配列dと、結果を書き込む配列zを割り付けます。以降に、dLengthとsmaLengthと割り付けるサイズを図で示します。

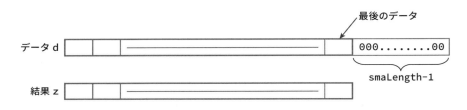

図6.19●dLengthとsmaLengthと割り付けるサイズ

　readData関数を呼び出し、浮動小数点値を配列dへ読み込みます。これで準備が整いましたので単純移動平均処理を行います。単純移動平均とバッファの関係を図に示します。

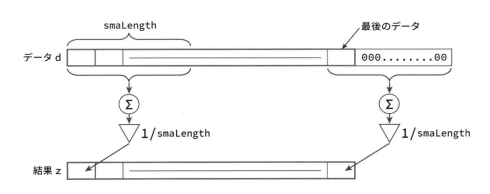

図6.20●単純移動平均とバッファの関係

　配列zに格納されている全データをfprintfで標準出力に出力します。最後に、free関数で

割り付けたメモリを解放します。

インテル社 Core i5-6600 プロセッサを搭載した Windows パソコンでビルド、実行した様子を示します。

```
C:\>cl /Fe:sma.exe sma.c
C:\>cl /openmp /Fe:smaOmp.exe sma.c
C:\>sma ihou_m.txt 4096 > ihou_m_sma.txt
elapsed time = 94.14900207519531250000 [sec]

C:\>smaOmp ihou_m.txt 4096 > ihou_m_smaOmp.txt
elapsed time = 25.39800071716308593750 [sec]

C:\>sma ihou_m.txt 32768 > ihou_m_sma.txt
elapsed time = 758.78497314453125000000 [sec]

C:\>smaOmp ihou_m.txt 32768 > ihou_m_smaOmp.txt
elapsed time = 203.07600402832031250000 [sec]
```

以降に、単純移動平均の範囲の変化に対する処理時間を示します。

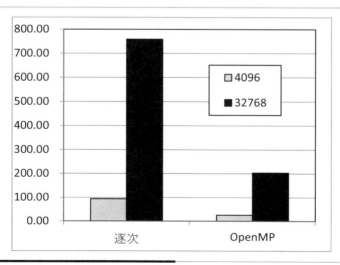

図6.21●単純移動平均の範囲の変化に対する処理時間

移動平均の範囲に 4096 と 32768 を指定しましたが、両方とも理想的な 4 倍の性能向上に近

い値を観察できます。

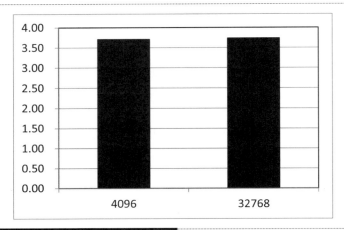

図6.22●単純移動平均の範囲の変化に対する性能比較

　ここでは、使用した1次元データは、音の格納されているWAVファイルをWAVユーティリティでテキストへ変換したものを使用しました。以降に、移動平均の範囲を4096と32768を指定し、変換した結果の周波数スペクトルを示します。移動平均の範囲を広くするほど、まろやかな波形になります。つまり、元の波形から高周波成分が除去されます。このようなグラフは株価チャートの移動平均線で観察したこともあるでしょう。

　ここでは音源に対して対象データ数が4096と32768の単純移動平均処理を行いました。これは、タップ数が4096と32768の平滑化フィルタと考えることもできます。そこで、入力データと処理後の周波数スペクトルを観察してみましょう。周波数スペクトルの軸は20 kHzまでのため、対数表示とします。

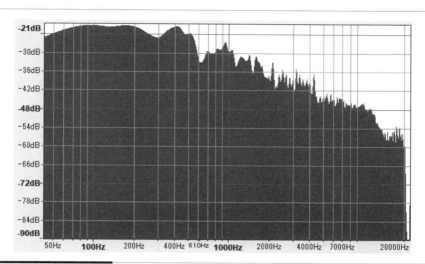

図6.23●入力波形のスペクトル

次に移動平均範囲に4096を指定して処理した結果の周波数スペクトルを示します。

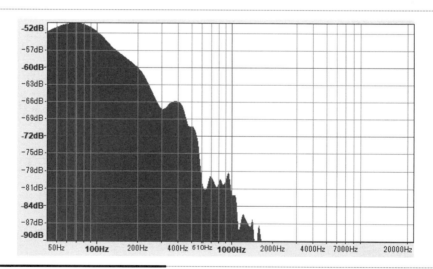

図6.24●移動平均範囲4096のスペクトル

同様に、移動平均範囲に 32768 を指定して処理した結果の周波数スペクトルを示します。

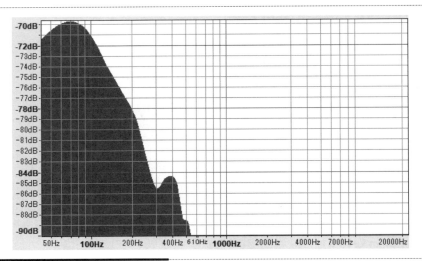

図6.25●移動平均範囲32768のスペクトル

高域が減衰しているのが分かります。移動平均の範囲（タップ数）が多くなるほど、高域が大きく減衰します。

以降に、Ubuntu 上の g++ でビルドし、そして実行した一連の手順を示します。

```
$ g++ -o dumpWav2M dumpWav2M.cpp Cwav.cpp      # WAV をテキストへ変換するプログラムをビルド

$ ./dumpWav2M ihou_s.wav > ihou_m.txt          # WAV をテキストへ変換

$ gcc -fopenmp -o smaOmp sma.c                 # 本節のプログラムをビルド

$ ./smaOmp ihou_m.txt 16 > ihou_m_smaOmp.txt   # 本節のプログラムを実行
elapsed time = 0.36575800180435180664 [sec]

$ g++ -o text2Wav text2Wav.cpp Cwav.cpp        # テキストを WAV へ変換するプログラムをビルド

$ ./text2Wav ihou_m_sma.txt ihou_m_sma.wav m   # テキストを WAV へ変換
input: monaural.
convert [ihou_m_sma.txt] to [ihou_m_sma.wav].
```

同様に、Ubuntu 上の pgcc でビルドし、そして実行した一連の手順を示します。

```
$ pgcc -mp -Minfo=all -o smaOmp sma.c            # 本節のプログラムをビルド
main:
    118, Parallel region activated
         Parallel loop activated with static block schedule
    128, Barrier
         Parallel region terminated

$ ./smaOmp ihou_m.txt 16 > ihou_m_smaOmp.txt     # 本節のプログラムを実行
elapsed time = 0.122831001877784729000 [sec]
```

移動平均範囲に 16 や 256 を指定して処理した結果の周波数スペクトルを示します。

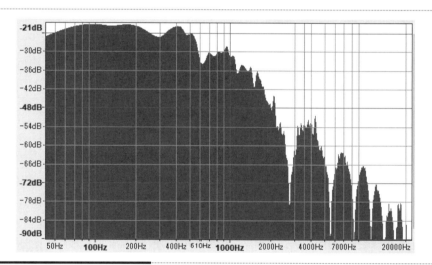

図6.26●移動平均範囲16のスペクトル

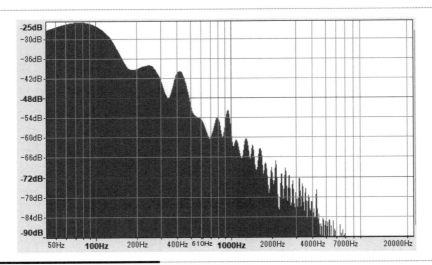

図6.27●移動平均範囲256のスペクトル

6-5 積和でフィルタ

　先ほどのプログラムを拡張して加重移動平均を行わせても良いのですが、それでは面白くないためFIRフィルタを開発することとします。プログラム自体は、加重移動平均と違いはなく、与える係数が変わるだけです。与える係数を変更すれば加重移動平均を求めることもできます。
　このプログラムは、一般的なデジタルフィルタ（FIR）を、ごく素直に積和で実現したプログラムです。本節で開発するプログラムを、図で一般のフィルタ形式にしたものを示します。

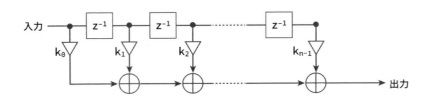

図6.28●プログラムの動作（フィルタ形式）

そもそもFIRは、周波数軸に対するフィルタです。真面目にFIRを時間軸で記述するより、データを周波数軸に変換して処理する方が、演算量を大幅に削減できるはずです。本来ならFFTを使用した例が良いのでしょうが、本節の目的はFIRの高速化ではなくOpenMPの解説です。このため、素直にFIRを記述する例を示します。FFTを使った場合でも、オーバーラップアッド法などを行いますので、その部分で同じようにOpenMPを使うことができるため、FFTを使用する場合でも、本節の解説は無駄にはなりません。

本節で紹介するプログラムは、上図を忠実に記述します。このため、1つの結果を得るために係数の数だけ積和が必要です。このため、処理時間は係数が多くなるに従い非常に長くなります。このプログラムは、フィルタ自体に特定の機能を持たせず、データも係数も外部からテキスト形式で受け取ります。以降に、ソースリストの一部を示します。

リスト6.11 ●ソースリストの一部（062fir/fir.c）

```
        ⋮
int
main(int argc, char *argv[])
{
    float *d = NULL, *k = NULL, *z = NULL;
    int n, dLength, kLength;
    clock_t start, stop;

    if (argc != 3)
    {
        fprintf(stderr, "missing: <data> or <parameter>.\n");
        return -1;
    }

    dLength = (int)countLines(argv[1]);
    kLength = (int)countLines(argv[2]);
    if (dLength <= 0 || kLength <= 0)
    {
        fprintf(stderr, "read failed:%s or %s.\n", argv[1], argv[2]);
        return -1;
    }

    d = (float *)malloc(sizeof(float) * (dLength + kLength - 1));
    k = (float *)malloc(sizeof(float) * kLength);
    z = (float *)malloc(sizeof(float) * dLength);

    readData(argv[1], d, dLength);          // read data
    readData(argv[2], k, kLength);          // read param
```

```
        for (int i = dLength; i < dLength + kLength; i++)
            d[i] = (float)0.0;

        start = clock();

        // do fir
        #pragma omp parallel for
        for (n = 0; n < dLength; n++)
        {
            float zz = (float)0.0;
            for (int m = 0; m < kLength; m++)
            {
                zz += (k[m] * d[n + m]);
            }
            z[n] = zz;
        }

        stop = clock();

        fprintf(stderr, "elapsed time = %.20f [sec]\n",
            (float)(stop - start) / CLOCKS_PER_SEC);

        // print result
        for (int n = 0; n < dLength; n++)
        {
            fprintf(stdout, "%12.4f\n", z[n]);
        }

        free(d);
        free(k);
        free(z);

        return 0;
    }
```

このプログラムは、係数とデータを読み込み、FIR処理を行います。countLines関数とreadData関数は前節と同じです。

このプログラムには、2つの引数を与えます。それぞれのファイルには、1行に1つの浮動小数点表記の数値が格納されています。最初の引数は、加工したいデータが格納されている波形のデータです。2番目の引数は、1番目の波形にFIR処理を行うための係数です。以降に、処理の

概要を図で示します。

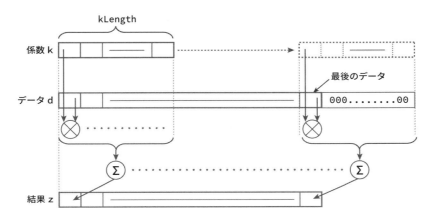

図6.29●処理の概要

　main 関数は、最初に引数の数をチェックします。適切な引数が与えられていない場合、エラーを表示してプログラムを終了させます。countLines メソッドで、データファイルと係数ファイルをカウントします。この値を使用し、データ用、係数用、処理結果用の float 配列を割り付けます。データ用の配列長は、本来の要素数に「係数長 − 1」を足した要素数を割り付けます。そして、readData 関数でデータと係数を割り付けた配列に読み込みます。データ用配列の末尾に余計に割り付けていますので、その部分へ 0 を設定します。

　続く for ループは、最初に示したデジタルフィルタの図そのものです。短い行数ですが、1 つの解を求めるのに、係数分の積和を行わなければなりません。係数の長さが多くなるほど、飛躍的に演算量が増加します。ここまでの処理について、以降に図で示します。

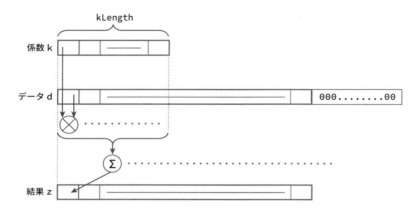

図6.30●最初のデータ

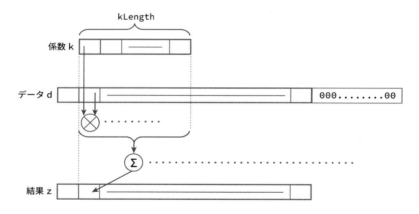

図6.31●2番目のデータ

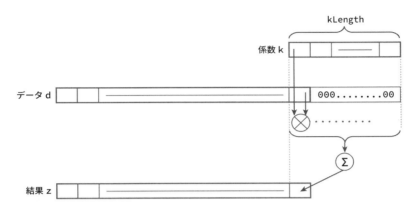

図6.32●最後のデータ

　処理が終わったら、結果を stdout へ出力します。データをファイルに保存したい場合、リダイレクトしてください。最後に、確保したメモリを破棄します。以降に、対象データの一部を示します。

```
       ⋮
    -953.0000
    -888.0000
    -645.0000
    -437.0000
    -215.0000
    -130.0000
    -142.0000
    -165.0000
    -357.0000
    -538.0000
    -677.0000
    -916.0000
   -1041.0000
   -1081.0000
   -1019.0000
       ⋮
```

6　1次元配列の処理—音響処理

　以降に，カットオフ周波数 200 Hz と 1500 Hz を指定したバンドストップフィルタの係数を示します．タップ数は 4095 です．

```
    2.105886610083220e-05
    1.908833115478183e-05
    1.679461989931984e-05
    1.428462211760454e-05
    1.167473305117646e-05
    9.085573185034580e-06
    6.636510910340696e-06
    4.440236391870517e-06
    2.597632916083213e-06
    1.193178780777285e-06
    2.910889946266993e-07
   -6.762724995877926e-08
    1.329413130598979e-07
    8.828535012690737e-07
    2.146734437816413e-06
    3.865350103387505e-06
    5.958267764677660e-06
    8.327483014003316e-06
    1.086185014964115e-05
    1.344211596113675e-05
              :
```

　インテル社 Core i5-6600 プロセッサを搭載したパソコンでビルド，実行した様子を示します．

```
C:\>cl /Fe:fir.exe fir.c
C:\>cl /openmp /Fe:firOmp.exe fir.c

C:\>fir ihou_m.txt BEF_200-1500Hz_4095_k.txt > ihou_m_fir.txt
elapsed time = 98.22699737548828125000 [sec]

C:\>firOmp ihou_m.txt BEF_200-1500Hz_4095_k.txt > ihou_m_firOmp.txt
elapsed time = 25.45800018310546875000 [sec]
```

以降に、逐次処理と OpenMP を使用した際の処理時間を示します。

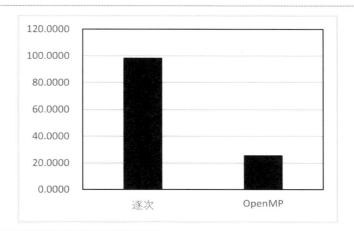

図6.33●逐次処理とOpenMPの処理時間の比較

　OpenMP を利用した場合、逐次処理の約 3.85 倍の性能向上を観察できます。使用したパソコンの、CPU コア数が 4 つですので、ほぼ理想的な性能向上が見られます。

　ここでは、使用した 1 次元データも前節と同じ WAV ファイルを WAV ユーティリティでテキストへ変換したものです。先ほどと同様にスペクトルを表示してみましょう。このプログラムは周波数軸に対するプログラムですので、前節よりスペクトルは明確に指定した範囲の減衰が観察できるはずです。まず、入力波形と処理後の波形の周波数スペクトルを観察してみましょう。バンドストップの帯域に低い周波数の狭い範囲を指定したため、横軸（周波数軸）をリニアにすると見にくくなるため対数で表示します。まず、入力の周波数スペクトルを示します。

 時間軸
　本節のプログラムは簡単にするため時間軸を厳密に考慮していません。たとえば、普通に再生された音を、順に配列に格納した場合、要素 d[n] から考えると要素 d[n+1] は、未来のデータです。ただし、この関係はデータの格納順と時間軸を明確に規定しておかないと逆になる場合もあります。現実のプログラムを開発する場合、データの並びと時間軸に十分注意してください。係数の並びも同様の注意が必要です。

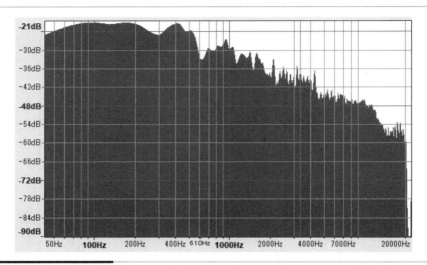

図6.34●入力波形のスペクトル

200 〜 1500 Hz を阻止するバンドストップフィルタ[1]の係数を与えた処理結果を示します。最初に逐次処理で得られた結果を示します。

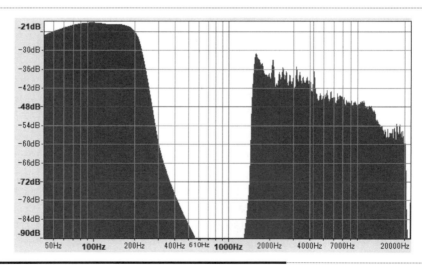

図6.35●200〜1500 Hzを阻止するバンドストップフィルタ・逐次

同様に、OpenMP で得られた結果の周波数スペクトルを示します。

※1　band-stop filter。帯域除去フィルタ（band-rejection filter）と呼ぶ場合もある。

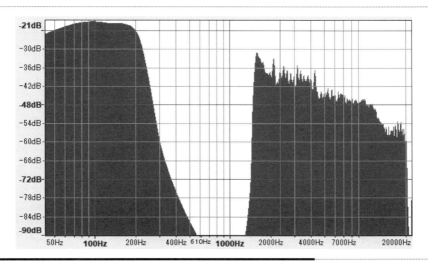

図6.36●200〜1500 Hzを阻止するバンドストップフィルタ・OpenMP

逐次であれ OpenMP であれ、200 〜 1500 Hz の帯域が阻止されています。

以降に、Ubuntu 上で実行した一連の手順を示します。

```
$ g++ -o dumpWav2M dumpWav2M.cpp Cwav.cpp    # WAV をテキストへ変換するプログラムをビルド

$ ./dumpWav2M ihou_s.wav > ihou_m.txt         # WAV をテキストへ変換

$ gcc -fopenmp -o firOmp fir.c                # 本節のプログラムをビルド

$ ./firOmp ihou_m.txt k.txt > out.txt         # 本節のプログラムを実行
elapsed time = 102.78399658203125000000 [sec]

$ g++ -o text2Wav text2Wav.cpp Cwav.cpp       # テキストを WAV へ変換するプログラムをビルド

$ ./text2Wav out.txt out.wav m                # テキストを WAV へ変換
input: monaural.
convert [out.txt] to [out.wav].
```

最後に得た out.wav を再生すると、200 〜 1500 Hz の領域が阻止されています。ボーカルの入った音源であれば、ボーカルの低音部が弱くなります。

第7章

2次元の具体例

● ● ●

前章で1次元の具体例を紹介しました。本章では、2次元配列を扱う具体例を紹介します。画像フィルタや幾何変換なども紹介します。

7-1 2次元行列生成

2次元行列を生成するプログラムを紹介します。このプログラムは、行列のサイズを引数で受け取り、中心を0としたcosカーブの値を書く要素に格納します。各要素の値は0.0～255.0へ正規化されます。これは生成された行列を視覚化したときに、人間に正常に生成されたことを観察しやすくしたためです。

このプログラムは、画像の中心が高い値で、周辺に向かうほど、ある法則に従い値が小さくなる行列を生成します。四角形に外接する円を想定し、半径をπと規定します。画素の中心からの距離を求め、(π - 中心からの距離)をcosへ与えることによって、行列位置の値を決定します。中心からの処理対象画素の距離は、行列の位置を[y, x]、中心座標を[centerY, centerX]とした場合、$\sqrt{(centerX-x)^2+(centerY-y)^2}$で求めることができます。この値を$distance$と定義すると、cosへ与える値は、$(\sqrt{(X_c-X)^2+(Y_c-Y)^2}/distance)\times\pi$で求めることができます。この値を$\theta'$と定義します。このままでは、$\cos(\theta')$は-1.0～1.0を返しますので、これを0.0～1.0へ正規化し、さらに255.0を乗算します。最終的に各要素は0.0～255.0の値を保持します。このような値を保持する`float`の`tbl[y][x]`を生成します。以降に、生成される`tbl`配列を可視化したものと、行列の中心部を横方向に移動した際の、値の変化を図で示します。

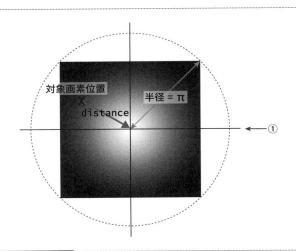

図7.1●中心からの距離で値を求める

以降に、行列の中心部①を横方向に移動した際の、値の変化を図で示します。

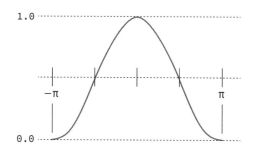

図7.2●中心部の値の変化

以降に、ソースリストを示します。

リスト 7.1 ●ソースリスト （070creTable/creCosTbl.c）

```c
#include <stdio.h>
#include <math.h>
#include <time.h>

#define PI   3.14159265358979323846

//-----------------------------------------------------------------
// main
int
main(int argc, char *argv[])
{
    double **tbl;
    int size = 4096, i, x, y, centerX, centerY;

    clock_t start, stop;

    if (argc > 1)
    {
        size = atoi(argv[1]);
    }

    tbl = (double **)malloc(sizeof(double *) * size);
    for (i = 0; i < size; i++)
    {
```

7 2次元の具体例

```c
        tbl[i] = (double *)malloc(sizeof(double) * size);
}

centerX = centerY = size / 2;



start = clock();

double radius = sqrt(pow(centerX, 2) + pow(centerY, 2));

#pragma omp parallel for private(x)
for (y = 0; y < size; y++)
{
    for (x = 0; x < size; x++)
    {
        // distance from center
        double distance = sqrt(pow(centerY - y, 2) + pow(centerX - x, 2));
        // radius=π, current radian
        double radian = (distance / radius) * (double)PI;
        // cosθ, normalize -1.0～1.0 to  0～1.0
        double Y = (cos(radian) + 1.0) / 2.0;
        // normalize (Y) 0～1.0 to 0.0～255.0
        tbl[y][x] = Y * 255.0f;
    }
}

stop = clock();



fprintf(stderr, "elapsed time = %.20f [sec]\n",
    (float)(stop - start) / CLOCKS_PER_SEC);


// print result
if (argc < 3)
{
    fprintf(stdout, "%d %d 1\n", size, size);
    for (y = 0; y < size; y++)
    {
        for (x = 0; x < size; x++)
        {
            fprintf(stdout, "%3d\n", (int)tbl[y][x]);
```

```
            }
        }
    }

    for (i = 0; i < size; i++)
    {
        free(tbl[i]);
    }
    free(tbl);

    return 0;
}
```

このプログラムは、何も引数を与えないと 4096 × 4096 の行列を生成します。その結果を stdout へテキストファイルとして出力しますので、結果が必要な場合はファイルへリダイレクトしてください。生成する行列のサイズを外部から与えたい場合は、引数に与えてください。なお、このプログラムはサイズの大きな行列を生成すると、stdout への出力量が大量になるため、第2引数を与えると出力を抑止できます。これは性能評価だけを行いたいときのために用意した機能です。

インテル社 Core i5-6600 プロセッサを搭載したパソコンで実行した様子を示します。

```
C:\>creCosTbl    1024 > creCosTbl.txt
elapsed time = 0.12600000202655792236 [sec]

C:\>creCosTbl    2048 > creCosTbl.txt
elapsed time = 0.50499999523162841797 [sec]

C:\>creCosTbl    4096 > creCosTbl.txt
elapsed time = 2.00999999046325683594 [sec]

C:\>creCosTbl    8192 > creCosTbl.txt
elapsed time = 8.34099960327148437500 [sec]

C:\>creCosTblOmp 1024 > creCosTblOmp.txt
elapsed time = 0.03400000184774398804 [sec]

C:\>creCosTblOmp 2048 > creCosTblOmp.txt
elapsed time = 0.13799999654293060303 [sec]
```

7　2次元の具体例

```
C:¥>creCosTblOmp 4096 > creCosTblOmp.txt
elapsed time = 0.550000011920928955508 [sec]

C:¥>creCosTblOmp 8192 > creCosTblOmp.txt
elapsed time = 2.20199990272521972656 [sec]
```

　行列のサイズを1024〜8192まで変更し、その処理時間と、OpenMPと逐次処理の性能を示します。

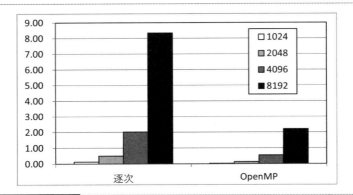

図7.3●行列のサイズと処理時間

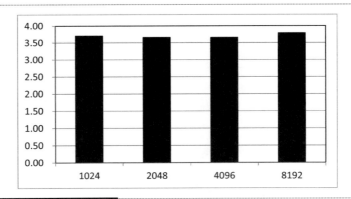

図7.4●OpenMPと逐次処理の性能比較

　OpenMPを使用したときと、逐次処理したときの処理時間には、約3.6倍以上の速度差を観察できます。Core i5-6600プロセッサはCPUコアが4つありますので、ほぼ理想の性能向上を観

察できます。

ほかにもCPUコア数が異なる環境で実験してみましたが、CPUコア数に比例して性能向上を観察できました。なお、このプログラムはWindows上でVisual Studioに付属するclコマンドと、Linux上のg++で確認しました。

以降に、引数に512を与えて実行した例の処理結果を示します。1行目はデータの性質を表します。横幅、縦幅、そしてチャンネル数を表します。ここでは「512 512 1」ですので、512×512で1チャンネルの行列であることを示します。

このデータをBitmapファイルへ変換し、可視化したものを示します。

図7.5●上記データの可視化

中心を$\cos 0$で得た値に255を乗じ、周辺の対角線上の頂点に$\cos \pi$に255を乗じた結果が設定されています。中心から対角線の頂点までの距離をπとしましたが、この値を変更すると以下のような効果を得られます。

中心から対角線の頂点までの距離を変更すると違った結果が得られます。以降に、対象位置と$\cos \pi$に与える角度の関係を図で示します。先の図は、中心から対角線の頂点までの距離をπとしましたが、これを2π、6π、10πとした場合の図を示します。

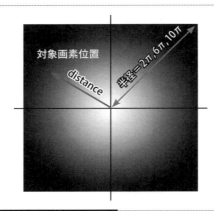

図7.6●中心から対角線の頂点までの距離を変えた場合

以降に、中心から対角線の頂点までの距離を2πへ変更したソースリストを示します。

```
    ︙
    double radius = sqrt(pow(centerX, 2) + pow(centerY, 2));

    #pragma acc data copyout(tbl[:size][:size])
    {
        #pragma acc kernels
        #pragma acc loop independent
        for (y = 0; y < size; y++)
        {
            #pragma acc loop independent
            for (x = 0; x < size; x++)
            {
                // distance from center
                double distance = sqrt(pow(centerY - y, 2) + pow(centerX - x, 2));
                // radius=π, current radian
                double radian = (distance / radius) * (double)PI * 2;
                // cosθ, normalize -1.0~1.0 to  0~1.0
```

```
                    double Y = (cos(radian) + 1.0) / 2.0;
                    // normalize (Y) 0～1.0 to 0.0～255.0
                    tbl[y][x] = Y * 255.0f;
                }
            }
        }
        ⋮
```

以降に、2π、6π、10πへ変更して得られた処理結果を可視化したものを示します。

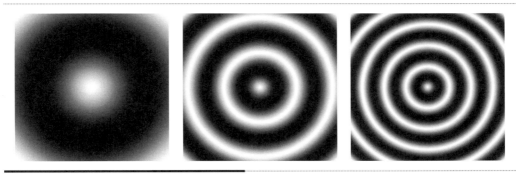

図7.7●2π、6π、10πへ変更した結果の可視化

画像の中心を移動できますが、このプログラムは画像の原点と中心座標を共用しています。それぞれを別の変数で管理すると、原点を移動するだけで、コサインカーブした画像の中心を移動できます。

7-1-1 メモリ割り付け法の変更

さて、このプログラムは多次元配列を使用しています。そもそもC/C++言語は、他言語のような多次元配列を言語としてサポートしていません。C/C++言語では、多次元配列を配列の配列で実現します。このため、今回使用したプログラムは、ポインタの配列で各横方向の要素の配列を確保し、そのポインタをポインタの配列で保持しています。つまり、使用した行列のメモリは連続していません。このプログラムのようにCPUコアに処理を割り振る場合、メモリの不連続性は特に問題とはなりません。しかし、処理をオフロードする場合は、ホストとデバイス（アクセラレータ）間のメモリ転送が細切れになってしまう可能性があります。そこで、デバイスとホスト間のメモリ転送の効率が落ちることがないよう、連続したメモリを確保する例を示します。以降に、先のプログラムと異なる部分のソースリストを示します。

リスト7.2 ●ソースリスト (070creTable/creCosTbl2D1D.c)

```c
#include <stdio.h>
#include <math.h>
#include <time.h>

#define PI   3.14159265358979323846

//------------------------------------------------------------------
// main
int
main(int argc, char *argv[])
{
    double *tbl;
    int size = 4096, x, y, centerX, centerY;

    clock_t start, stop;

    if (argc > 1)
    {
        size = atoi(argv[1]);
    }

    tbl = (double *)malloc(sizeof(double) * size * size);

    centerX = centerY = size / 2;



    start = clock();

    double radius = sqrt(pow(centerX, 2) + pow(centerY, 2));

    #pragma omp parallel for private(x)
    for (y = 0; y < size; y++)
    {
        for (x = 0; x < size; x++)
        {
            // distance from center
            double distance = sqrt(pow(centerY - y, 2) + pow(centerX - x, 2));
            // radius=π, current radian
            double radian = (distance / radius) * (double)PI;
            // cosθ, normalize -1.0～1.0 to  0～1.0
            double Y = (cos(radian) + 1.0) / 2.0;
```

```
            // normalize (Y) 0〜1.0 to 0.0〜255.0
            tbl[y*size+x] = Y * 255.0f;
        }
    }

    stop = clock();



    fprintf(stderr, "elapsed time = %.20f [sec]\n",
        (float)(stop - start) / CLOCKS_PER_SEC);


    // print result
    if (argc < 3)
    {
        fprintf(stdout, "%d %d 1\n", size, size);
        for (y = 0; y < size; y++)
        {
            for (x = 0; x < size; x++)
            {
                fprintf(stdout, "%3d\n", (int)tbl[y*size+x]);
            }
        }
    }

    free(tbl);

    return 0;
}
```

　先のプログラムの **tbl** はポインタのポインタで、各横方向をそれぞれ割り付けました。つまり、メモリは細かく分断されます。先のプログラムは、以降に示すようにメモリは不連続です。

図7.8●不連続に割り付けられたメモリ

このプログラムは、すべての要素を格納できるメモリを確保し、それぞれの要素にアクセスするにはインデックスを工夫します。このプログラムは、全体のメモリを一括して連続して割り付けます。

図7.9●連続して割り付けられたメモリ

このように記述すると、配列の要素にアクセスする場合、先のプログラムは

```
tbl[y][x] = Y * 255.0f;
```

で可能ですが、このプログラムでは

```
tbl[y*size+x] = Y * 255.0f;
```

のように記述しなければなりません。このように連続してメモリを確保すると、処理をオフロードするときに性能向上を期待できます。OpenMPでオフロードする方法については、`target`構文などを参照してください。高速なプログラミングを行うときでない限り、オフロードへの配慮は必要ないでしょう。

GPUなどを有効に使用したければ、実績の多いCUDA、OpenCL、そしてOpenACCなども利

用する方が良いかもしれません。OpenCL などを利用すると、アクセラレータ（GPU やデバイス）をより細かく制御でき、性能の限界まで引き出せます。

■ 7-1-2　OpenACC で書き換え

先のプログラムはオフロードするときの性能について言及しています。また、OpenMP の target 構文の概要なども説明してきましたので、よりアクセラレータ（デバイス）へオフロードするのに適していると思われる OpenACC を使用したプログラムを紹介します。OpenACC は、CUDA や OpenCL より抽象化されており、OpenMP と同様の感覚でプログラムを記述できます。以降に、先のプログラムを OpenACC へ書き換えたソースリストを示します。

リスト 7.3 ● ソースリスト（070creTable/creCosTbl2D1DAcc.c）

```c
#include <stdio.h>
#include <math.h>
#include <time.h>

#define PI   3.14159265358979323846

//------------------------------------------------------------------
// main
int
main(int argc, char *argv[])
{
    double *tbl;
    int size = 4096, x, y, centerX, centerY;

    clock_t start, stop;

    if (argc > 1)
    {
        size = atoi(argv[1]);
    }

    tbl = (double *)malloc(sizeof(double) * size * size);

    centerX = centerY = size / 2;



    start = clock();
```

```
    double radius = sqrt(pow(centerX, 2) + pow(centerY, 2));

    #pragma acc data copyout(tbl[:size*size])
    {
        #pragma acc kernels
        #pragma acc loop independent
        for (y = 0; y < size; y++)
        {
            #pragma acc loop independent
            for (x = 0; x < size; x++)
            {
                // distance from center
                double distance = sqrt(pow(centerY - y, 2) + pow(centerX - x, 2));
                // radius=π, current radian
                double radian = (distance / radius) * (double)PI;
                // cosθ, normalize -1.0～1.0 to  0～1.0
                double Y = (cos(radian) + 1.0) / 2.0;
                // normalize (Y) 0～1.0 to 0.0～255.0
                tbl[y*size+x] = Y * 255.0f;
            }
        }
    }

    stop = clock();



    fprintf(stderr, "elapsed time = %.20f [sec]\n",
        (float)(stop - start) / CLOCKS_PER_SEC);


    // print result
    if (argc < 3)
    {
        fprintf(stdout, "%d %d 1\n", size, size);
        for (y = 0; y < size; y++)
        {
            for (x = 0; x < size; x++)
            {
                fprintf(stdout, "%3d\n", (int)tbl[y*size+x]);
            }
        }
    }
```

```
    free(tbl);

    return 0;
}
```

　網掛けした部分が先のプログラムと異なる部分です。OpenMPの`target data`構文や`target`構文と同様の指示を、異なる構文で与えます。簡単に説明すると、「`#pragma acc data copyout(tbl[:size*size])`」は、続く構造化ブロックの終了時にデバイスからホストへ`tbl`の内容がコピーされることを指示します。「`#pragma acc kernels`」は、続く構造化ブロックがデバイス側へオフロードされるように指示します。「`#pragma acc loop independent`」は、ループの各イテレータ(反復)が独立して動作できる(データ間に相関がない)ことをコンパイラへ伝えます。

　このプログラムをインテル社Core i5-4570プロセッサを搭載したパソコンのpgccでビルドし、実行した様子を紹介します。GPUはGTX 650を搭載しています。まず、ビルドの例を示します。

```
PGI$ pgcc -Minfo=accel -o creCosTbl2D1D creCosTbl2D1DAcc.c

PGI$ pgcc -acc -Minfo=accel -ta=tesla,cc30 -o creCosTbl2D1DAcc creCosTbl2D1DAcc.c
main:
    38, Generating copyout(tbl[:size*size])
    42, Loop is parallelizable
    45, Loop is parallelizable
        Accelerator kernel generated
        Generating Tesla code
        42, #pragma acc loop gang, vector(4) /* blockIdx.y threadIdx.y */
        45, #pragma acc loop gang, vector(32) /* blockIdx.x threadIdx.x */
```

　メッセージから分かるように、-accオプションを指定すると、該当するブロックがカーネルコードとして生成されているのが分かります。かつ、-taオプションを指定したため、対応したコードが生成されています。-accオプションを指定しないでビルドも行います。

　次に、-accオプションを指定してビルドしたプログラムと指定せずにビルドしたプログラムを実行し、性能を比較してみましょう。

```
PGI$ ./creCosTbl2D1D 1024 > 1024.txt
elapsed time = 0.068000000369548797607 [sec]
```

```
PGI$ ./creCosTbl2D1D 2048 >  2048.txt
elapsed time = 0.15099999308586120605 [sec]

PGI$ ./creCosTbl2D1D 4096 >  4096.txt
elapsed time = 0.52499997615814208984 [sec]

PGI$ ./creCosTbl2D1D 8192 >  8192.txt
elapsed time = 2.02800011634826660156 [sec]

PGI$ ./creCosTbl2D1DAcc 1024 >  1024Acc.txt
elapsed time = 0.17900000512599945068 [sec]

PGI$ ./creCosTbl2D1DAcc 2048 >  2048Acc.txt
elapsed time = 0.18199999630451202393 [sec]

PGI$ ./creCosTbl2D1DAcc 4096 >  4096Acc.txt
elapsed time = 0.29899999499320983887 [sec]

PGI$ ./creCosTbl2D1DAcc 8192 >  8192Acc.txt
elapsed time = 0.63300001621246337891 [sec]
```

行列のサイズを1024〜8192まで変更し、その処理時間と、OpenACCと逐次処理の性能を示します。

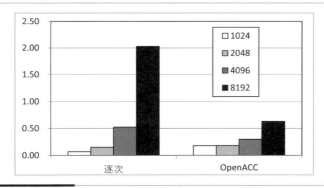

図7.10●行列のサイズと処理時間

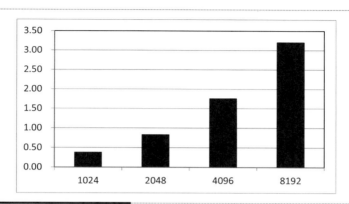

図7.11●OpenACCと逐次処理の性能比較

　処理をオフロードする場合、現在のハードウェアアーキテクチャではメモリコピーを避けるのは困難です。このため、処理量に比較してデータ量が多いと、メモリコピーがボトルネックとなり、思ったほど性能向上しません。この例でも、2048 × 2048 のサイズまではOpenACCを利用せず、普通に逐次処理した方が高性能です。しかし、サイズが大きくなるほどOpenACCを使った方が高速になります。大きなサイズを、最新の GPU で処理すると、より高速化が期待できます。なお、16384 × 16384 も挑戦してみましたがGPUが貧弱なためOut of memory となってしまいます。以降に、16384 × 16384 へ挑戦した様子を示します。

```
PGI$ ./creCosTbl2D1D 16384 >  16384.txt
elapsed time = 8.15999984741210937500 [sec]



PGI$ ./creCosTbl2D1DAcc 16384 >  16384Acc.txt
Out of memory allocating -2147483648 bytes of device memory
total/free CUDA memory: 1073741824/862008115
Present table dump for device[1]: NVIDIA Tesla GPU 0, compute capability 3.0, thread id=1
...empty...
call to cuMemAlloc returned error 2: Out of memory
```

　g++ でも OpenACC のプログラムをビルドできます。以降に、ビルドの様子を示します。

```
$ g++ -o creCosTbl2D1D creCosTbl2D1DAcc.c

$ g++ -fopenacc -o creCosTbl2D1DAcc creCosTbl2D1DAcc.c
```

　OpenMP の target 構文を試す場合、OpenACC、OpenCL、そして CUDA と比較して、どの手法を使った方が良さそうか検討する方が良いでしょう。OpenCL や CUDA は、抽象化が低く、かつカーネルのプログラムも自分で記述しなければなりません。その代わりに細かい制御が可能で、性能を最大化したければ良い選択です。OpenACC は、OpenCL や CUDA よりも抽象化されていて、OpenMP のように #pragma を与えるだけでオフロードできる簡単な記述法です。OpenMP の target 構文は、ほぼ OpenACC と同じことを異なった構文で記述できます。OpenACC や OpenMP は記述が簡単な上に、アクセラレータ（デバイス）の抽象化が進んでいるため、カーネルのプログラムを記述する必要もありません。その代わりに細かい制御ができないため、性能は妥協しなければならない場合もあります。どれが自分の目的に適しているかよく考えて、開発手法を選びましょう。

7-2 ネガティブ

　行列（画像、あるいは 2 次元行列）のネガティブ処理を行うプログラムを紹介します。画像処理で考えるとネガティブ処理ですが、行列で考えると 2 次元行列を操作する OpenMP プログラムです。ネガティブ処理とは、色の明暗を反転させ、ネガフィルムのような画像を得る処理です。具体的には 2 次元配列の各要素値を 255.0 から減算し、結果を当該要素に設定します。ネガティブ処理を一般式で記述すると以下のように表せます。

　　変換後の値 = 最大値 − 変換前の値

　このプログラムは、テキストで格納されているデータを読み込み、輝度が格納されている各要素を次のように変更します。

　　変換後の値 = 255 − 変換前の値

　処理の概念図を次に示します。画像の処理を行いますが、画像データは行列そのものですので、OpenMP のサンプルプログラムに適しているでしょう。

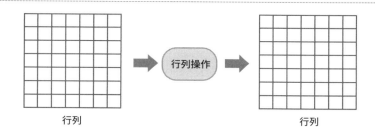

図7.12●処理の概念図

プログラムの入力画像と処理結果を可視化して示します。

図7.13●入力と処理結果の可視化

このプログラムが処理するのは、テキスト形式で格納された行列データですので、可視化するのは付録B「Bitmapユーティリティーズ」のユーティリティで変換が必要です。

以降に、ソースリストを示します。

リスト 7.4●ソースリスト（071negative/neg.c）

```
    ⋮
#include <stdio.h>
#include <stdlib.h>
#include <time.h>

//----------------------------------------------------------------
// read data
float*
```

```c
readImgData(char* fname, int* W, int* H)
{
    FILE *fp;
    int width, height, ch;
    float data;

    if ((fp = fopen(fname, "rt")) == NULL)
    {
        fprintf(stderr, "failed file open %s¥n", fname);
        return NULL;
    }

    if (fscanf(fp, "%d %d %d", &width, &height, &ch) != 3)
    {
        fprintf(stderr, "failed read file %s¥n", fname);
        return NULL;
    }
    *W = width;
    *H = height;

    if (ch != 1)
    {
        fprintf(stderr, "ch != 1.");
        return NULL;
    }
    unsigned int datasize = sizeof(float)*width*height;
    float * in = (float *)malloc(datasize);

    for (int y = 0; y < height; y++)
    {
        for (int x = 0; x < width; x++)
        {
            if (fscanf(fp, "%f", &data) != 1)
            {
                fprintf(stderr, "failed read data %s¥n", fname);
                return NULL;
            }
            in[y*width + x] = data;
        }
    }

    fclose(fp);

    return in;
}
```

```c
//------------------------------------------------------------------
// effect
float*
effect(const float* in, const int width, const int height)
{
    int y, x;
    clock_t start, stop;

    start = clock();

    unsigned int datasize = sizeof(float)*width*height;
    float* out = (float *)malloc(datasize);

    #pragma omp parallel for private(x)
    for (y = 0; y < height; y++)    // dest y coord
    {
        for (x = 0; x < width; x++) // dest x coord
        {
            out[y*width + x] = 255.0f - in[y*width + x];
        }
    }

    stop = clock();

    fprintf(stderr, "elapsed time = %.20f [sec]\n",
        (float)(stop - start) / CLOCKS_PER_SEC);

    return out;
}

//------------------------------------------------------------------
// main
int
main(int argc, char* argv[])
{
    int width, height;
    float* in = NULL;

    if (argc < 2)
    {
        fprintf(stderr, "no <input>");
        return -1;
    }
```

7　2次元の具体例

```
    if ((in = readImgData(argv[1], &width, &height)) == NULL)
    {
        return -1;
    }

    float* out = effect(in, width, height);
    if (out == NULL)
    {
        fprintf(stderr, "error: effect!\n");
        return -1;
    }

    if (argc < 3)
    {
        fprintf(stdout, "%d %d 1\n", width, height);
        for (int y = 0; y < height; y++)
        {
            for (int x = 0; x < width; x++)
            {
                fprintf(stdout, "%d\n", (int)out[y*width + x]);
            }
        }
    }

    if (in != NULL)
        free(in);

    if (out != NULL)
        free(out);

    return 0;
}
```

　readImgData 関数は、テキスト形式で格納されたデータを読み込み、メモリへ2次元で格納します。テキストフォーマットは前節のプログラムが書き込んだものと同様です。先の節では詳しく説明していませんので、あらためて詳細を説明します。最初の行に「横幅 縦幅 チャンネル数」が格納されています。参考のために、具体的な例の先頭と最後の部分を示します。

```
256 256 1
 43
 54
```

　先頭行に続いて、「横幅 × 縦幅」分のデータが 1 行に 1 つずつ格納されています。画像で例えると、単純に左上から右下に向かって順に格納されています。ただ、本節のプログラムは単に各要素の値を変更するだけですので、並びなどについて意識する必要はありません。この関数は、プログラムを単純化するためチャンネル数は 1 のみサポートします。複数チャンネルへ対応するのは難しくありませんが、ここではチャンネル数は 1 のみのグレイスケールの画像を扱うこととします。

　まず、引数で受け取ったファイル名を使用し、ファイルをオープンします。そして、最初の 1 行目を読み込み、2 次元配列のサイズを得ます。読み込んだ横幅と高さを、引数の変数へ格納し呼び出し元へ返します。チャンネル数が 1 以外の場合、エラーメッセージを表示してプログラムは終了へ向かいます。

　読み込む準備ができたので、必要な要素数と `float` のサイズを乗算し、その値を使用して読み込み用のメモリを割り付けます。そして、`for` ループを使用し、ファイルからデータを読み込みます。最後に、データを格納したメモリのアドレスを呼び出し元へ返します。

　`effect` 関数は行列の操作を行います。ここではネガティブ処理を行います。引数で入力行列（配列）のアドレス、横幅、そして縦幅を格納する変数のアドレスを受け取ります。まず、結果を格納するメモリのサイズを引数から求め、それを `malloc` で割り付けます。行列の操作は OpenMP を使用します。全要素に対し「255.0 − 要素の値」を行い、得られた結果を出力用の行列に設定します。これを、全要素が完了するまで繰り返します。

　処理に要した時間を表示したのち、変換結果を呼び出し元へ返します。

　`main` 関数を説明します。このプログラムは、引数に入力ファイルが必要です。入力ファイルが指定されていれば、`readImgData` 関数を呼び出し、`float` 配列 `in` に読み込み、縦横の幅を `width` と `height` に受け取ります。

7 2次元の具体例

　次に、データを読み込んだ in と行列サイズの width と height を引数に、effect 関数を呼び出します。effect 関数は処理結果を返しますので、それを out で受け取ります。最後に、処理結果を stdout へ出力します。なお、このプログラムは、サイズの大きな行列を生成すると stdout への出力量が大量になるため、第 2 引数を与えると出力を抑止できます。これは、性能評価だけを行いたいときのために用意した機能です。このプログラムが出力するデータは入力フォーマットと同じです。

　これまで同様、このプログラムのソースコードは逐次処理と OpenMP の両方に対応しています。それぞれのコンパイル例を示します。まず、Visual Studio の cl コマンドでビルドした例を示します。

```
C:\>cl /Fe:neg.exe neg.c
Microsoft(R) C/C++ Optimizing Compiler Version 19.14.26430 for x86
Copyright (C) Microsoft Corporation.  All rights reserved.

neg.c
Microsoft (R) Incremental Linker Version 14.14.26430.0
Copyright (C) Microsoft Corporation.  All rights reserved.

/out:neg.exe
neg.obj

C:\>cl /openmp /Fe:negOmp.exe neg.c
Microsoft(R) C/C++ Optimizing Compiler Version 19.14.26430 for x86
Copyright (C) Microsoft Corporation.  All rights reserved.

neg.c
Microsoft (R) Incremental Linker Version 14.14.26430.0
Copyright (C) Microsoft Corporation.  All rights reserved.

/out:negOmp.exe
neg.obj
```

　次に、pgcc でビルドした例を示します。

```
PGI$ pgcc -Minfo -o neg.exe neg.c

PGI$ pgcc -mp -Minfo -o negOmp.exe neg.c
```

```
effect:
    86, Parallel region activated
        Parallel loop activated with static block schedule
    94, Barrier
        Parallel region terminated
```

最後に、g++ でビルドした例も示します。g++ を使用しますが、gcc でも構いません。

```
$ g++ -o neg neg.c

$ g++ -fopenmp -o negOmp neg.c
```

インテル社 Core i5-6600 プロセッサを搭載したパソコンで実行した様子を示します。

```
C:¥>neg shouwaGray.txt > shouwa.txt
elapsed time = 0.02999999932944774628 [sec]

C:¥>negOmp shouwaGray.txt > shouwaOmp.txt
elapsed time = 0.00999999977648258209 [sec]
```

OpenMP を使用したときと、逐次処理したときの処理時間をグラフで示します。

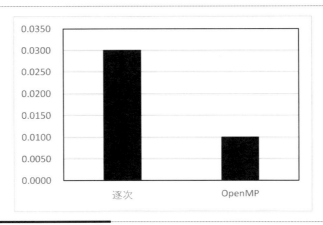

図7.14●OpenMPと逐次処理の性能比較

OpenMPを使用すると、逐次処理したときに比べ約3.0倍高速化しました。Core i5-6600プロセッサはCPUコアが4つありますので、理想的には4倍高速化するはずですが、処理の負荷が軽いためか3.0倍の高速化に留まりました。

以降に、Ubuntu上で実行した一連の手順を示します。

```
$ g++ -o dumpBmpGray dumpBmpGray.cpp Cbmp.cpp    # BMPをテキストへ変換するプログラムをビルド

$ ./dumpBmpGray cat.bmp > cat.txt                # BMPをテキストへ変換
4160 x 2336, 1 ch.

$ gcc -fopenmp -o negOmp neg.c                   # 本節のプログラムをビルド

$ ./negOmp cat.txt > neg.txt                     # 本節のプログラムを実行
elapsed time = 0.31661400198936462402 [sec]

$ g++ -o text2Bmp text2Bmp.cpp Cbmp.cpp          # テキストをBMPへ変換するプログラムをビルド

$ ./text2Bmp neg.txt neg.bmp                     # テキストをBMPへ
```

以降に入力画像と、処理結果を示します。

図7.15●入力画像と処理結果

7-3 フィルタ

　行列（画像、あるいは2次元行列）へデジタルフィルタ処理を行う例を紹介します。フィルタはオペレータの値を変更するだけで、いろいろなフィルタへ応用可能です。ここではエッジを検出するフィルタの一種であるラプラシアンを紹介します。プログラムの入力と処理結果を視覚化して示します。

図7.16●入力と処理結果の視覚化

以降に、ソースリストを示します。

リスト 7.5 ●ソースリスト （072filter/filter.c）

```c
      ⋮
#include <stdio.h>
#include <stdlib.h>
#include <time.h>

//----------------------------------------------------------------
// read data
float*
readImgData(char* fname, int* W, int* H)
{
    FILE *fp;
    int width, height, ch;
    float data;
```

```c
    if ((fp = fopen(fname, "rt")) == NULL)
    {
        fprintf(stderr, "failed file open %s\n", fname);
        return NULL;
    }

    if (fscanf(fp, "%d %d %d", &width, &height, &ch) != 3)
    {
        fprintf(stderr, "failed read file %s\n", fname);
        return NULL;
    }
    *W = width;
    *H = height;

    if (ch != 1)
    {
        fprintf(stderr, "ch != 1.");
        return NULL;
    }
    unsigned int datasize = sizeof(float)*width*height;
    float * in = (float *)malloc(datasize);

    for (int y = 0; y < height; y++)
    {
        for (int x = 0; x < width; x++)
        {
            if (fscanf(fp, "%f", &data) != 1)
            {
                fprintf(stderr, "failed read data %s\n", fname);
                return NULL;
            }
            in[y*width + x] = data;
        }
    }

    fclose(fp);

    return in;
}

//----------------------------------------------------------------
// effect
float*
effect(const float* in, const int width, const int height)
```

7-3 フィルタ

```c
{
    int y, x;
    clock_t start, stop;
    float filter[][3] =
    {
        { -1.0,  -1.0,  -1.0 },
        { -1.0,   8.0,  -1.0 },
        { -1.0,  -1.0,  -1.0 },
    };
    const int filtersize = sizeof(filter[0])/sizeof(filter[0][0]);

    start = clock();

    int size = width * height;
    unsigned int datasize = sizeof(float)*size;
    float* out = (float *)malloc(datasize);

    #pragma omp parallel for private(x)
    for (y = filtersize / 2; y < height - (filtersize / 2); y++)
    {
        for (x = filtersize / 2; x < width - (filtersize / 2); x++)
        {
            float data = 0.0;
            for (int fy = 0; fy < filtersize; fy++)
            {
                long iy = y - (filtersize / 2) + fy;
                for (int fx = 0; fx < filtersize; fx++)
                {
                    long ix = x - (filtersize / 2) + fx;

                    data += filter[fy][fx] * in[iy*width + ix];
                }
            }
            data = data <   0.0 ?   0.0: data;
            data = data > 255.0 ? 255.0: data;
            out[y * width + x] = data;
        }
    }

    stop = clock();

    fprintf(stderr, "elapsed time = %.20f [sec]\n",
        (float)(stop - start) / CLOCKS_PER_SEC);
```

```c
        return out;
}

//------------------------------------------------------------
// main
int
main(int argc, char* argv[])
{
    int width, height;
    float* in = NULL;

    if (argc < 2)
    {
        fprintf(stderr, "no <input>");
        return -1;
    }

    if ((in = readImgData(argv[1], &width, &height)) == NULL)
    {
        return -1;
    }

    float* out = effect(in, width, height);
    if (out == NULL)
    {
        fprintf(stderr, "error: effect!\n");
        return -1;
    }

    if (argc < 3)
    {
        fprintf(stdout, "%d %d 1\n", width, height);
        for (int y = 0; y < height; y++)
        {
            for (int x = 0; x < width; x++)
            {
                fprintf(stdout, "%d\n", (int)out[y*width + x]);
            }
        }
    }

    if (in != NULL)
        free(in);
```

```
    if (out != NULL)
        free(out);

    return 0;
}
```

`readImgData` 関数と `main` 関数は前節とまったく同じですので、説明は省略します。

`effect` 関数は、フィルタ処理を OpenMP で実行します。引数で入力行列（配列）、横幅、そして縦幅を受け取ります。まず、結果を格納するメモリサイズを求め、それを `malloc` で割り付けます。ここまでは前節と同様です。以降に、処理の概要図を示します。

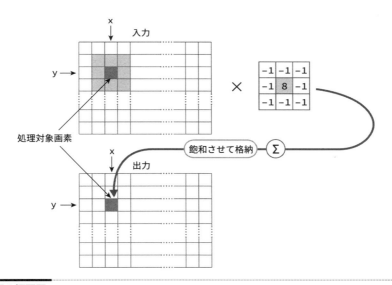

図7.17●処理の概要図

フィルタカーネルを書き換えるだけで、いろいろなフィルタに対応できます。カーネルのサイズも可変ですが、必ず縦横のサイズは同一でなければなりません。説明が簡単になるようにフィルタカーネルを関数内に持たせましたが、引数で貰うようにすると、この関数はより汎用度が増すでしょう。

以降に両方のプログラムで実行した例を示します。性能の違いを観察しやすいように、大きな画像を使用します。

7　2次元の具体例

```
C:\>filter shouwaGray.txt > shouwa.txt
elapsed time = 0.39599999785423278809 [sec]

C:\>filterOmp shouwaGray.txt > shouwaOmp.txt
elapsed time = 0.10899999737739562988 [sec]
```

OpenMPを使用したときと、逐次処理したときの処理時間をグラフで示します。

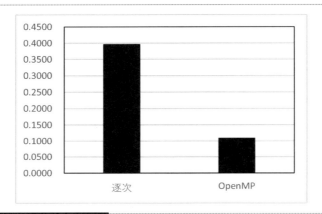

図7.18●OpenMPと逐次処理の処理時間

　OpenMPを使用すると、逐次処理したときに比べ約3.6倍高速化しました。Core i5-6600プロセッサはCPUコアが4つありますので、理想的には4倍高速化するのが理想です。理想値には届きませんが、ほぼ満足できる高速化を観察できます。

　以降に、処理前と処理後の結果を視覚化して示します。実際の処理結果は配列をテキストファイルとして出力しますので、ビットマップへ変換するプログラムで視覚化します。

図7.19●入力と処理結果（1）

図7.20●入力と処理結果（2）

以降に、Ubuntu 上の pgcc でビルドし、実行した一連の手順を示します。

```
$ pgcc -mp -Minfo=all -o filterOmp filter.c
effect:
     94, Parallel region activated
         Parallel loop activated with static block schedule
    102, FMA (fused multiply-add) instruction(s) generated
    115, Barrier
         Parallel region terminated

$ ./filterOmp shouwaGray.txt > filterOmp.txt
elapsed time = 0.28647398948669433594 [sec]

$ text2Bmp filter.txt filter.bmp
```

7-4 幾何変換

　行列（画像あるいは2次元行列）の位置を幾何学的に変換するプログラムを紹介します。ここでは、行列の中心を原点に回転します。与えた行列を、引数で指定した角度分、時計方向に回転します。ソースリストを次に示します。

リスト 7.6●ソースリスト（073rotate/rotateBilinear.c）

```c
#include <stdio.h>
#include <stdlib.h>
#include <math.h>
#include <time.h>

#ifndef M_PI
#define M_PI 3.14159265358979f          // pi
#endif //M_PI

#define radian2degree(a) ((a)/M_PI*180.0)   // radian to degree
#define degree2radian(a) ((a)/180.0*M_PI)   // degree to radian

//----------------------------------------------------------------
// read data
float*
readImgData(char* fname, int* W, int* H)
{
    FILE *fp;
    int width, height, ch;
    float data;

    if ((fp = fopen(fname, "rt")) == NULL)
    {
        fprintf(stderr, "faild file open %s¥n", fname);
        return NULL;
    }

    if (fscanf(fp, "%d %d %d", &width, &height, &ch) != 3)
    {
        fprintf(stderr, "failed read file %s¥n", fname);
        return NULL;
    }
```

```c
        *W = width;
        *H = height;

        if (ch != 1)
        {
            fprintf(stderr, "ch != 1.");
            return NULL;
        }
        unsigned int datasize = sizeof(float)*width*height;
        float * in = (float *)malloc(datasize);

        for (int y = 0; y < height; y++)
        {
            for (int x = 0; x < width; x++)
            {
                if (fscanf(fp, "%f", &data) != 1)
                {
                    fprintf(stderr, "failed read data %s¥n", fname);
                    return NULL;
                }
                in[y*width + x] = data;
            }
        }

        fclose(fp);

        return in;
}

//-----------------------------------------------------------------
// rotate
float*
effect(const float* in, const int width, const int height, const float degree)
{
    unsigned int datasize = sizeof(float)*width*height;
    float* out = (float *)malloc(datasize);
    int outY, outX;
    clock_t start, stop;

    //float radian = (float)degree2radian(360.0f - degree);// counter clockwise
    float radian = (float)degree2radian(degree);      // clockwise

    int yc = height / 2;     // y center
    int xc = width / 2;      // x center
```

7 2次元の具体例

```c
    start = clock();

#pragma omp parallel for private(outX)
for (outY = -yc; outY < height - yc; outY++)    // dest y coord
{
    for (outX = -xc; outX < width - xc; outX++) // dest x coord
    {
        float inY = (float)(outX*sin(radian) + outY * cos(radian));
        float inX = (float)(outX*cos(radian) - outY * sin(radian));

        int inFixY = (int)roundf(inY);     // source y coord
        int inFixX = (int)roundf(inX);     // source x coord

        float q = inY - (float)inFixY;
        float p = inX - (float)inFixX;

        inFixX += xc;
        inFixY += yc;
        int oX = outX + xc;
        int oY = outY + yc;

        int dstX = oX;
        int dstY = oY * width;
        int dst = dstY + dstX;

        if (inFixY >= 0 && inFixY < height - 1
            && inFixX >= 0 && inFixX < width - 1)
        {
            int srcX0 = inFixX;
            int srcX1 = srcX0 + 1;
            int srcY0 = inFixY * width;
            int srcY1 = srcY0 + width;

            int src00 = srcY0 + srcX0;
            int src01 = srcY0 + srcX1;
            int src10 = srcY1 + srcX0;
            int src11 = srcY1 + srcX1;

            float data = (1.0f - q)*((1.0f - p)*(float)in[src00]
                                    + p * (float)in[src01])
                       + q * ((1.0f - p)*(float)in[src10]
                                    + p * (float)in[src11]);
```

```
                if (data > 255.0f) data = 255.0f;
                if (data < 0.0f) data = 0.0f;
                out[dst] = data;
            }
            else
            {
                out[dst] = 255.0f;
            }
        }
    }

    stop = clock();

    fprintf(stderr, "elapsed time = %.20f [sec]\n",
        (float)(stop - start) / CLOCKS_PER_SEC);

    return out;
}

//----------------------------------------------------------------
// main
int
main(int argc, char* argv[])
{
    int width, height;
    float degree = 33.3f;
    float* in = NULL;

    if (argc < 2)
    {
        fprintf(stderr, "no <input>");
        return -1;
    }

    if ((in = readImgData(argv[1], &width, &height)) == NULL)
    {
        return -1;
    }

    fprintf(stdout, "%d %d 1\n", width, height);
    if (argc > 2)
        degree = (float)atof(argv[2]);

    float* out = effect(in, width, height, degree);
```

```
    if (out == NULL)
    {
        free(in);
        fprintf(stderr, "error: effect!\n");
        return -1;
    }

    if (argc < 4)
    {
        for (int y = 0; y < height; y++)
        {
            for (int x = 0; x < width; x++)
            {
                fprintf(stdout, "%d\n", (int)out[y*width + x]);
            }
        }
    }

    if (in != NULL)
        free(in);

    if (out != NULL)
        free(out);

    return 0;
}
```

readImgData 関数は、前節で紹介した関数と同じです。

effect 関数は、行列（画像）の回転を OpenMP で処理します。引数で入力行列（配列）、横幅、縦幅、そして回転角度を受け取ります。まず、結果を格納するメモリサイズを求め、それを malloc で割り付けます。次に、回転角度（弧度単位）をラジアンへ変換します。そして、yc と xc に行列（画像）の中心を求めます。これは、この関数が画像の中心を原点に回転するためです。以降の回転処理は画素単位で処理します。

for ループを使って全要素（画素）を回転しますが、#pragma を指定して並列処理させます。ループ内で画素を θ だけ時計方向へ回転します。任意の点 (X_c, Y_c) を中心に、(x, y) を θ だけ時計方向に回転したときの新しい座標 (X, Y) は、次の式で表すことができます。これは順方向です。

$$X = (x - X_c)\cos\theta + (y - Y_c)\sin\theta + X_c$$
$$Y = -(x - X_c)\sin\theta + (y - Y_c)\cos\theta + Y_c$$

逆変換は次の式で表すことができます。画像を回転させるということは、出力画像の各ピクセル値を入力画像中のピクセルから以下の式に従ってサンプリングすることと等価です。

$$x = (X - X_c)\cos\theta - (Y - Y_c)\sin\theta + X_c$$
$$y = (X - X_c)\sin\theta + (Y - Y_c)\cos\theta + Y_c$$

求めた座標 (inY, inX) は、小数点を持つ 2 次元の情報です。ほとんどの場合、この (inY, inX) は元の画像の画素間に位置します。つまり元の特定の画素と一致することはありません。以降に図を示しますが、(inY, inX) は、原画像の A、B、C そして D の中間に位置します。

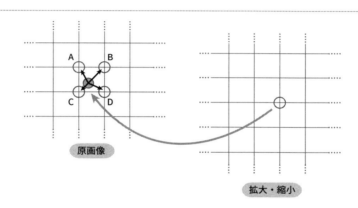

図7.21●逆変換で求めた座標

簡単に処理するには、最も近い画素を採用しても構いません。しかし、それでは画像の品質が低下しますので線形補間を採用します。線形補間は、近傍の画素との距離によって変換後の画素値を算出する方法です。以降の図に求めた座標と原画像の座標の関係を示します。

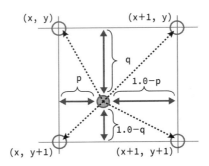

図7.22●線形補間

原画像上の座標 (x, y) にある画素の値を $\text{in}(x, y)$ とすれば、逆変換で求めた座標 $(x+p, y+q)$ の線形補間による値 out は次の式で計算できます。この式からも分かるように、より近い位置にある画素の値が結果により強く影響します。

$$\begin{aligned}\text{out} = &(1.0 - q) \times \{(1.0 - p) \times \text{in}(x, y) + p \times \text{in}(x+1, y)\} \\ &+ q \times \{(1.0 - p) \times \text{in}(x, y+1) + p \times \text{in}(x+1, y+1)\}\end{aligned}$$

なお、求めた座標 (inY, inX) が、元の画像範囲外を指す場合があります。そのようなときは無条件に 255.0 を格納します。これは、回転後に表示するものがない場合、白色を設定することを意味します。

何気なくプログラムを記述していますが、重要な注意点があります。このプログラムは、for ブロック内で多くの変数を使用します。ほとんどの変数は private である必要があります。しかし、#pragma の private 指示句に指定しているのは outX のみです。観察すると分かりますが、for ブロック内で使用する変数の宣言は、ブロック内で行っています。もし、これらを外部で宣言している場合、すべての変数を private 指示句に指定しなければなりません。そうでなければ、各スレッドが同一の変数を参照し、変数の更新・参照が競合し正常な結果は得られません。もし、外部で宣言する必要があるなら、default 指示句に none を指定し、指定漏れがないようにするのも良いでしょう。いずれにしても、並列化される部分で多くの変数やオブジェクトを必要とする場合、private なのか shared なのか明確に理解しておく必要があります。

最後に、main 関数を説明します。このプログラムは引数に入力ファイルが必要です。入力ファイルが指定されていれば、readImgData 関数を呼び出し、float 配列 in に読み込み、縦横の幅を width と height に受け取ります。さらに、回転角度が指定されていたら、atof で変換後、float 型の degree へ設定します。回転角度が指定されていない場合、デフォルトの 33.3°

が使用されます。次に、処理結果を格納するメモリを割り付け、out へ設定します。変換処理は effect 関数で行われます。最後に、処理結果を stdout へ出力します。なお、このプログラムはサイズの大きな行列を生成すると、stdout への出力量が大量になるため、第 3 引数を与えると出力を抑止できます。これは性能評価だけを行いたいときのために用意した機能です。このプログラムが出力するデータは入力フォーマットと同じです。

以降に両方のプログラムで実行した例を示します。性能の違いを観察しやすいように、大きな画像を使用します。

```
C:¥>rotateBilinear shouwaGray.txt > shouwa.txt
elapsed time = 1.473000004959106445313 [sec]

C:¥>rotateBilinearOmp shouwaGray.txt > shouwaOmp.txt
elapsed time = 0.407999992370605546875 [sec]
```

OpenMP を使用したときと、逐次処理したときの処理時間をグラフで示します。

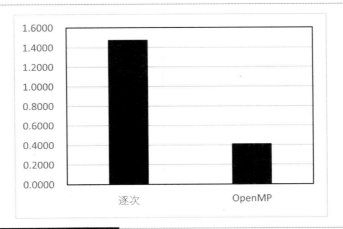

図7.23●OpenMPと逐次処理の処理時間

OpenMP を使用すると、逐次処理したときに比べ約 3.6 倍高速化しました。Core i5-6600 プロセッサは CPU コアが 4 つありますので、理想的には 4 倍高速化するのが理想です。理想値には届きませんが、ほぼ満足できる高速化を観察できます。

以降に、処理前と処理後の結果を視覚化して示します。実際の処理結果は配列をテキストファイルとして出力しますので、ビットマップへ変換するプログラムで視覚化します。

図7.24●処理前と処理結果の視覚化（1）

引数に回転角度を指定した例も示します。この例では、320.5°を指定しました。以降に、処理前と処理後の結果を画像に変換して示します。

図7.25●処理前と処理結果の視覚化（2）

画像を変更したものを示します。

図7.26●処理前と処理結果の視覚化（3）

さらに画像を変更し、回転角度に 13.5°を指定した例も示します。

図7.27●処理前と処理結果の視覚化（4）

すでに説明しましたが、並列化される部分の private として扱わなければならない変数を共有変数としてしまったものを紹介します。

リスト 7.7 ●ソースリスト（073rotate/rotateBilinearNG.c）

```
    ︙
float*
effect(const float* in, const int width, const int height, const float degree)
{
    unsigned int datasize = sizeof(float)*width*height;
```

7　2次元の具体例

```
    float* out = (float *)malloc(datasize);
    int outY, outX;
    clock_t start, stop;

    //float radian = (float)degree2radian(360.0f - degree);// counter clockwise
    float radian = (float)degree2radian(degree);    // clockwise

    int yc = height / 2;     // y center
    int xc = width / 2;      // x center

    start = clock();

    float inY, inX;

    #pragma omp parallel for private(outX)
    for (outY = -yc; outY < height - yc; outY++)    // dest y coord
    {
        for (outX = -xc; outX < width - xc; outX++) // dest x coord
        {
            inY = (float)(outX*sin(radian) + outY * cos(radian));
            inX = (float)(outX*cos(radian) - outY * sin(radian));

            int inFixY = (int)roundf(inY);      // source y coord
            int inFixX = (int)roundf(inX);      // source x coord

            float q = inY - (float)inFixY;
            float p = inX - (float)inFixX;

            inFixX += xc;
            inFixY += yc;
            int oX = outX + xc;
            int oY = outY + yc;

            int dstX = oX;
            int dstY = oY * width;
            int dst = dstY + dstX;

            if (inFixY >= 0 && inFixY < height - 1
                && inFixX >= 0 && inFixX < width - 1)
            {
                int srcX0 = inFixX;
                int srcX1 = srcX0 + 1;
                int srcY0 = inFixY * width;
                int srcY1 = srcY0 + width;
```

```
                int src00 = srcY0 + srcX0;
                int src01 = srcY0 + srcX1;
                int src10 = srcY1 + srcX0;
                int src11 = srcY1 + srcX1;

                float data = (1.0f - q)*((1.0f - p)*(float)in[src00]
                                        + p * (float)in[src01])
                           + q * ((1.0f - p)*(float)in[src10]
                                        + p * (float)in[src11]);

                if (data > 255.0f) data = 255.0f;
                if (data < 0.0f) data = 0.0f;
                out[dst] = data;
            }
            else
            {
                out[dst] = 255.0f;
            }
        }
    }

    stop = clock();

    fprintf(stderr, "elapsed time = %.20f [sec]\n",
        (float)(stop - start) / CLOCKS_PER_SEC);

    return out;
}
          ⋮
```

　先のプログラムと異なるのは網掛けした部分だけです。このプログラムは、inYとinXを逐次リージョンで宣言しています。ところが、この変数をprivate指示句に指定していません。このようにすると、すべてのスレッドはinYとinXを共有します。つまり、それぞれが更新・参照するため正確に処理できなくなります。この例では、inYとinXを逐次リージョンで宣言していますが、ほかの並列リージョンで宣言している変数を逐次リージョンへ移動したときも同様です。

　このように、外部で宣言した場合、private指示句に共有してはならないオブジェクトを指定しなければなりません。このプログラムを、OpenMPオプション付きでコンパイルします。そのプログラムに、それに先ほどの画像を処理させてみます。

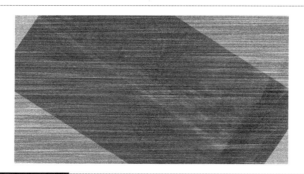

図7.28●正常に動作しない例（1）

明らかに処理結果は間違っています。

当然ですが、OpenMP オプションなしでコンパイルしたプログラムは正常に動作します。また、このプログラムを正常に動作させたければ、inY と inX を private 指示句に指定すると解決します。

上記の間違ったプログラムを、Ubuntu 上の g++ でビルドし、実行した例を示します。

```
$ g++ -fopenmp -o rotateBilinearNgOmp rotateBilinearNg.c    # 本節のプログラムをビルド

$ ./rotateBilinearNgOmp shouwaGray.txt > rotateNgOmp.txt    # 本節のプログラムを実行
elapsed time = 1.511538982391357421880 [sec]

$ ./text2Bmp rotateNgOmp.txt rotateNgOmp.bmp                # テキストを BMP へ
```

inY と inX を逐次リージョン内で宣言し、この変数が private 指示句に指定されていないため正常に動作しません。

図7.29 ● 正常に動作しない例(2)

　一見、正常に処理されているように見えますが、処理結果は間違っています。このままでは間違いがわかりにくいため、画像の一部を拡大して示します。最初の画像が本節のプログラムが処理したもの、次の画像は、inY と inX を private 指示句に指定して正常に処理させたものです。

図7.30 ● 前図の一部拡大(左)と正常に動作した結果の一部拡大(右)

　inY と inX を private 指示句に指定していないプログラムが処理した画像には、細かなノイズが乗っています。inY と inX を private 指示句に指定したものは正常に処理されています。このように、変数の競合や、同期で間違いを起こすと、システムの CPU コア数、オペレーティングシステムの違い、コンパイラの違いなどで、異なった結果が得られます。厄介なのは、簡単にエラーを発見できないことがあることです。並列プログラムを開発する際は、設計を重視するとともに、なるべく競合や非同期部分を減らすようにしましょう。

第8章

同期・非同期・性能改善

本章では、少し複雑な OpenMP 対応のプログラムを開発するときに気をつけなければならない、同期や性能について解説します。

8-1 性能改善

スレッドの生成・消滅を効率よく行う方法を考えてみましょう。

■ 8-1-1 スレッドの起動・消滅を低減

配列に含まれる値を加工し、別の2つの配列へコピーするプログラムをOpenMPで記述してみます。プログラムは単純で、配列aを配列bにコピーし、次に配列aの各要素の値に1を加えた結果を配列cにコピーします。以降に概念図を示します。

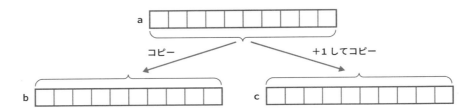

図●動作の概念図

ソースリストを以降に示します。

リスト 8.1 ●ソースリスト (080sync/01parallel01)

```
#include <stdio.h>

#define LOOP_CNT 10

int main()
{
    int a[LOOP_CNT] = { 1, 2, 3, 4, 5, 6, 7, 8, 9, 10 };
    int b[LOOP_CNT], c[LOOP_CNT], i;

    //copy 'a' to 'b'
    #pragma omp parallel for
    for (i = 0; i < LOOP_CNT; i++)
    {
        b[i] = a[i];
```

```
    }

    // print 'b'
    printf("\nb = ");
    for (i = 0; i < LOOP_CNT; i++)
    {
        printf("%3d", b[i]);
    }


    // add 1 to 'a' and store it in 'c'
    #pragma omp parallel for
    for (i = 0; i < LOOP_CNT; i++)
    {
        c[i] = a[i] + 1;
    }

    // print 'c'
    printf("\nc = ");
    for (i = 0; i < LOOP_CNT; i++)
    {
        printf("%3d", c[i]);
    }
    printf("\n");

    return 0;
}
```

ごく普通のOpenMPを使用したプログラムです。非常に単純ですので説明の必要もないでしょう。配列aの内容を配列bにコピーし、配列aの内容に1加算した値を、配列cに設定します。以降に実行例を示します。

```
b =   1  2  3  4  5  6  7  8  9 10
c =   2  3  4  5  6  7  8  9 10 11
```

さて、このプログラムを以降に示すように書き換えてみましょう、何が変わるでしょうか。

8 同期・非同期・性能改善

リスト 8.2 ●ソースリスト (080sync/02parallel02)

```c
#include <stdio.h>

#define LOOP_CNT    10

int main()
{
    int i;
    int a[LOOP_CNT] = { 1, 2, 3, 4, 5, 6, 7, 8, 9, 10 };
    int b[LOOP_CNT], c[LOOP_CNT];

    #pragma omp parallel
    {
        //copy 'a' to 'b'
        #pragma omp for
        for (i = 0; i < LOOP_CNT; i++)
        {
            b[i] = a[i];
        }

        // add 1 to 'a' and store it in 'c'
        #pragma omp for
        for (i = 0; i < LOOP_CNT; i++)
        {
            c[i] = a[i] + 1;
        }
    }

    // print 'b'
    printf("\nb = ");
    for (i = 0; i < LOOP_CNT; i++)
    {
        printf("%3d", b[i]);
    }
    // print 'c'
    printf("\nc = ");
    for (i = 0; i < LOOP_CNT; i++)
    {
        printf("%3d", c[i]);
    }
    printf("\n");
```

```
    return 0;
}
```

　このプログラムの実行結果は、先のプログラムと同じです。ところが、このような単純なプログラムでは実感しにくいですが、こちらのプログラムが若干高速になります。なぜかというと、スレッドの生成・破棄の回数を低減できるためです。まず、先のプログラムとこのプログラムの逐次リージョンと並列リージョンの関係を図に示します。

図8.1●2つのプログラムの逐次リージョンと並列リージョンの関係

　図から分かるように、前のプログラムは並列リージョンが2つに分断されています。このプログラムは、1つのリージョンから成り立っています。リージョンとスレッドの生成、消滅の概要を次の図に示します。OpenMPも、一般的な並列処理のモデルであるfork-joinモデルを採用しています。

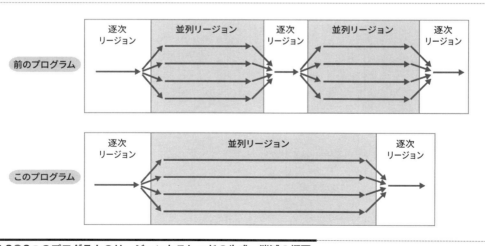

図8.2●2つのプログラムのリージョンとスレッドの生成、消滅の概要

図から分かるように、前のプログラムは並列リージョンが2つに分かれており、途中に逐次リージョンが存在します。つまり、2回のfork-joinが発生します。最初のプログラムは、1回目の並列リージョンの最後でスレッドの消滅が発生し、2番目の並列リージョンの先頭でスレッドの生成が行われます。同時に、最初の並列リージョンの最後で、必ずスレッドは同期しなければなりません。これに比べ、このプログラムは、1回のスレッド生成・消滅だけです。注意しなければならないのは、配列bの表示を並列リージョンから逐次リージョンへ移動することです。これを忘れると配列bの表示は乱れます。以降に、その例を示します。

リスト8.3●ソースリスト（080sync/03parallel03）

```c
#include <stdio.h>

#define LOOP_CNT    10

int main()
{
    int i;
    int a[LOOP_CNT] = { 1, 2, 3, 4, 5, 6, 7, 8, 9, 10 };
    int b[LOOP_CNT], c[LOOP_CNT];

    #pragma omp parallel
    {
        //copy 'a' to 'b'
        #pragma omp for
        for (i = 0; i < LOOP_CNT; i++)
        {
            b[i] = a[i];
        }

        // print 'b'
        printf("\nb = ");
        for (i = 0; i < LOOP_CNT; i++)
        {
            printf("%3d", b[i]);
        }

        // add 1 to 'a' and store it in 'c'
        #pragma omp for
        for (i = 0; i < LOOP_CNT; i++)
        {
            c[i] = a[i] + 1;
        }
```

```
    }

    //// print 'b'
    //printf("\nb = ");
    //for (i = 0; i < LOOP_CNT; i++)
    //{
    //    printf("%3d", b[i]);
    //}
    // print 'c'
    printf("\nc = ");
    for (i = 0; i < LOOP_CNT; i++)
    {
        printf("%3d", c[i]);
    }
    printf("\n");

    return 0;
}
```

　静的にソースリストを眺めると、配列 b の表示をコピー直後に表示するのは自然です。最初の逐次処理プログラムは、このプログラムに近いです。ところが、スレッドの生成と消滅の負荷を低下させたために、上記のように parallel 指示文を 1 つにしました。このままでは表示部分まで並列化されてしまいますので、逐次処理であるべき処理は並列リージョンから逐次リージョンへ移します。それが困難な場合は、single 指示文などを使用するのも良いでしょう。ただし、single 指示文などではスレッドの同期が発生します。

　性能向上を目指す場合、変数の扱いも、よく考える必要があります。上記の例では、for ループの i は for 指示文によってプライベート変数として扱われます。ところが表示は for 指示文がないため、共有変数 i が使用されます。このため、「b=」は生成されたスレッド数分表示され、数値の表示は乱れます。これは i が競合することを意味します。単純なプログラムですが、同期や変数アクセスの競合などが発生します。以降に実行結果を示します。

```
b =
b =   1  1  2  4  5  3  6  8  7  9 10
c =   2  3  4  5  6  7  8  9 10 11
```

　これは CPU コア数が 2 の環境での実行例です。スレッドは 2 つ起動されたようで、「b=」が 2 回表示されています。次に、CPU コア数が 4 の環境での実行例を示します。

```
b =
b =   1  2  1  3  4  5  6  7
b =   8  2  1  3
b =   4  9  2  4  5  5  6  3  7  9 10  1  8
c =   2  3  4  5  6  7  8  9 10 11
```

このような単純なプログラムであれば、表示処理を並列リージョンではなく逐次リージョンで行えば問題ありません。ただ、実際のプログラム開発では、並列処理と逐次処理が交互に現れる場合があります。このような場合、スレッドの生成と消滅のコストが気にならなければ、parallel指示文を使って並列リージョンと逐次リージョンを並べるのも構わないでしょう。しかし、そのような方法で速度低下が起きるのを避けたい場合、master指示文、single指示文、およびprivate指示句を使う方法があります。

single指示文の方が、空いたスレッドを使用するので効率が良いでしょう。master指示文を使用しても構いませんが、マスタースレッドが忙しいと、せっかく空いているスレッドがあっても、マスタースレッドがアイドルになるまで、master指示文の前で各スレッドは待ち状態となります。

前のプログラムを拡張した例を次に示します。ほぼ最初のプログラムに近く、かつスレッドの生成と消滅のコストを削減しています。

リスト 8.4 ●ソースリスト （080sync/04parallel04）

```c
#include <stdio.h>

#define LOOP_CNT    10

int main()
{
    int i;
    int a[LOOP_CNT] = { 1, 2, 3, 4, 5, 6, 7, 8, 9, 10 };
    int b[LOOP_CNT], c[LOOP_CNT];

    #pragma omp parallel
    {
        //copy 'a' to 'b'
        #pragma omp for
        for (i = 0; i < LOOP_CNT; i++)
        {
            b[i] = a[i];
```

```
        }

        // print 'b'
        #pragma omp single
        {
            printf("\nb = ");
            for (i = 0; i < LOOP_CNT; i++)
            {
                printf("%3d", b[i]);
            }
        }

        // add 1 to 'a' and store it in 'c'
        #pragma omp for
        for (i = 0; i < LOOP_CNT; i++)
        {
            c[i] = a[i] + 1;
        }

        // print 'c'
        #pragma omp single
        {
            printf("\nc = ");
            for (i = 0; i < LOOP_CNT; i++)
            {
                printf("%3d", c[i]);
            }
            printf("\n");
        }
    }
    return 0;
}
```

　実行結果は最初のプログラムと同じです。ただし、せっかく並列化したのに、同期処理が各所で発生します。スレッドの生成と消滅のコストは削減できましたが、同期を並列リージョンから排除するためには、必ずしも並列リージョンに存在する必要のない表示処理を逐次リージョンに移すのが良いでしょう。本当に並列化が必要な部分のみ、並列リージョンで行う方法を勧めます。性能向上を目指すなら、並列リージョンの中でスレッドがストール（待機状態で停止）するようなプログラミングは避けるべきです。

　なお、このプログラムは、表示のiは共有変数、データコピーのiはプライベート変数です。

共有変数を表示のiに使用していますが、この例では、競合が起きないため問題になりません。ただ、iを共有する必要はありませんので、private指示句で並列リージョン内では、すべてプライベート変数として扱うように宣言するのも良い方法でしょう。

単純なプログラムの並列化は簡単ですが、性能向上やデータ依存があるとOpenMPも面倒になります。インスタンス、プライベート変数、共有変数、同期などをよく考えてプログラミングする必要があります。

8-2 非同期処理

本節では、非同期の処理について解説します。

8-2-1 非同期で高速処理

プログラムを非同期に作成すると、大幅にプログラムの性能を向上できる場合があります。その代わりに、データの整合性などに気をつけなければならず、多少面倒になります。逐次処理ではまったく心配する必要のなかった点に、注意を払わなければならなくなる場合もあります。さて、早速ですが、前節で開発したプログラムを非同期化し、性能向上を図ってみましょう。以降にソースリストを示します。

リスト 8.5 ●ソースリスト（080sync/11nowait01）

```c
#include <stdio.h>

#define LOOP_CNT    10

int main()
{
    int i;
    int a[LOOP_CNT] = { 1, 2, 3, 4, 5, 6, 7, 8, 9, 10 };
    int b[LOOP_CNT], c[LOOP_CNT];

    #pragma omp parallel
    {
        //copy 'a' to 'b'
        #pragma omp for nowait
```

```c
        for (i = 0; i < LOOP_CNT; i++)
        {
            b[i] = a[i];
        }

        // add 1 to 'a' and store it in 'c'
        #pragma omp for nowait
        for (i = 0; i < LOOP_CNT; i++)
        {
            c[i] = a[i] + 1;
        }
    }

    // print 'b'
    printf("\nb = ");
    for (i = 0; i < LOOP_CNT; i++)
    {
        printf("%3d", b[i]);
    }
    // print 'c'
    printf("\nc = ");
    for (i = 0; i < LOOP_CNT; i++)
    {
        printf("%3d", c[i]);
    }
    printf("\n");

    return 0;
}
```

for 指示文に nowait 指示句を追加しただけです。このプログラムは、配列 a を配列 b にコピー、そして配列 a の各要素に 1 加算した結果を配列 c にコピーします。この 2 つのコピー処理に、データの依存関係はありません。ですので、2 つの処理を非同期に実行し、最後に同期すれば問題は発生しません。以降に実行例を示します。

```
b =   1  2  3  4  5  6  7  8  9 10
c =   2  3  4  5  6  7  8  9 10 11
```

nowait 指示句の有無によるバリアの様子を以降にイメージ図で示します。

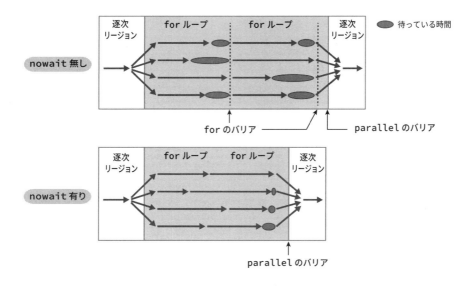

図8.3●nowait指示句の有無によるバリアの様子

　図に示すように、nowait指示句を指示しないfor指示文に続くループでは、最も処理時間を要するスレッドが終了するまで、ほかのスレッドは待ちます。言い換えると、すべてのスレッドが完了しないと、次の処理に移れません。OpenMPが標準で同期処理が行われるように設計されたのは、ケアレスミスによる不具合を排除するために、このような仕様を採用したのでしょう。

　for指示文にnowait指示句を指定すると、処理が終わったスレッドは、forループを抜けて次の処理を行います。このようにすると、待ち状態に入るスレッド（遊ぶCPUコア）がなくなり、資源が有効に利用されます。これによって全体の性能向上が図られます。ただ、nowait指示句を使用する場合、データの依存関係などを十分調べなければなりません。

　表示前の同期は、parallel指示文の最後に存在する暗黙のバリアによって行われます。このため、並列リージョンが終了して逐次リージョンへ移るときは、必ず全スレッドの同期処理が行われます。もし、並列処理の内部で表示を行いたければ、barrier指示文を使用して全スレッドを同期させてしまえばよいでしょう。以降に例を示します。

リスト 8.6●ソースリスト（080sync/12nowait02）

```
#include <stdio.h>

#define LOOP_CNT    10
```

```c
int main()
{
    int i;
    int a[LOOP_CNT] = { 1, 2, 3, 4, 5, 6, 7, 8, 9, 10 };
    int b[LOOP_CNT], c[LOOP_CNT];

    #pragma omp parallel
    {
        //copy 'a' to 'b'
        #pragma omp for nowait
        for (i = 0; i < LOOP_CNT; i++)
        {
            b[i] = a[i];
        }

        // print 'b'
        #pragma omp barrier
        #pragma omp single
        {
            printf("\nb = ");
            for (i = 0; i < LOOP_CNT; i++)
            {
                printf("%3d", b[i]);
            }
        }

        // add 1 to 'a' and store it in 'c'
        #pragma omp for nowait
        for (i = 0; i < LOOP_CNT; i++)
        {
            c[i] = a[i] + 1;
        }

        // print 'c'
        #pragma omp barrier
        #pragma omp single
        {
            printf("\nc = ");
            for (i = 0; i < LOOP_CNT; i++)
            {
                printf("%3d", c[i]);
            }
            printf("\n");
        }
```

```
        }
        return 0;
}
```

このように並列リージョン内で表示を行いたければ、barrier 指示文を使用して同期させる必要があります。for 指示文に nowait 指示句を指定したのに、for ループ直後で barrier 指示文でスレッドを同期させたのでは、for 指示文に nowait 指示句を指定した意味はなくなってしまいます。この例は、たまたま単純化しましたので、このように意味がなくなりました。しかし、現実のプログラムでは nowait 指示句と barrier 指示文をうまく利用すると、性能向上が図られ、かつデータの依存による不具合も回避できます。

なお、このプログラムの single 指示文に nowait 指示句は指定していません。single 指示文に nowait 指示句を指定すると、どのような効果があるか考えてください。

以降に barrier 指示文をコメントアウトし、正常に動作しないソースリストと、その実行結果を示します。

リスト 8.7 ●ソースリスト（080sync/13nowait02Ng）

```c
#include <stdio.h>

#define LOOP_CNT    10

int main()
{
    int i;
    int a[LOOP_CNT] = { 1, 2, 3, 4, 5, 6, 7, 8, 9, 10 };
    int b[LOOP_CNT], c[LOOP_CNT];

    #pragma omp parallel
    {
        //copy 'a' to 'b'
        #pragma omp for nowait
        for (i = 0; i < LOOP_CNT; i++)
        {
            b[i] = a[i];
        }

        // print 'b'
        //#pragma omp barrier
        #pragma omp single
```

```c
        {
            printf("\nb = ");
            for (i = 0; i < LOOP_CNT; i++)
            {
                printf("%3d", b[i]);
            }
        }

        // add 1 to 'a' and store it in 'c'
        #pragma omp for nowait
        for (i = 0; i < LOOP_CNT; i++)
        {
            c[i] = a[i] + 1;
        }

        // print 'c'
        //#pragma omp barrier
        #pragma omp single
        {
            printf("\nc = ");
            for (i = 0; i < LOOP_CNT; i++)
            {
                printf("%3d", c[i]);
            }
            printf("\n");
        }
    }

    return 0;
}
```

以降に実行例を示します。

```
b =   1  2  3 09435172  6  7  8  9 10
c =   2  3  4  5  6  7  8  9 10 11
```

　上記のような結果が得られるとは限りませんし、実行するたびに結果が異なることもあれば、正常な結果を得られる場合もあります。つまり、プログラムの同期が正常に行われていないため、このプログラムの処理結果は不定です。
　ここに示す結果は、配列 b の表示が奇妙な感じです。しかし、これは配列 b への代入処理が

終わる前に、制御が表示処理に移っているためです。大きな数値が表示されていますが、これはprintf関数の表示がつながってしまったためです。このように、データに依存関係がある処理は、同期処理でデータのアクセスの同期処理を行わなければなりません。

8-3 同期処理

本節では、同期処理について解説します。

■ 8-3-1　0～99までの総和を求める

　0～99までの数値の総和を求めるプログラムを同期処理の例として紹介します。まず、最も簡単と思われるプログラムのソースリストを示します。

リスト8.8●ソースリスト（080sync/21critical01）

```c
#include <omp.h>
#include <stdio.h>

int main()
{
    int sum, i;

    sum = 0;
    #pragma omp parallel num_threads(4)
    {
        #pragma omp for nowait
        for (i = 0; i < 100; i++)
        {
            #pragma omp critical
            {
                sum += i;
            }
        }
        printf(" thread=%d, sum=%d.\n", omp_get_thread_num(), sum);
    }
    printf(" sum=%d.\n", sum);
```

```
    return 0;
}
```

このプログラムでは、parallel 指示文に num_threads 指示句を指定し、スレッド数が 4 つになるようにしています。この値に特に理由はなく、CPU コアの少ないコンピュータでも、なるべくデータアクセスの競合が発生するようにスレッド数を指定しました。以降に実行例を示します。

```
$ gcc -fopenmp -o critical01 critical01.c
$ ./critical01
 thread=3, sum=3552.
 thread=2, sum=4691.
 thread=0, sum=4950.
 thread=1, sum=4881.
 sum=4950.
```

総和に使用する変数 sum は共有変数です。この変数を各スレッドが更新しますので、排他的に sum をアクセスするように critical 指示文に対応するブロック内で更新処理を行っています。sum の初期化は並列リージョンに入る前に行っていますが、これを並列リージョン内で行ってはなりません。もし、並列リージョン内で行う場合、初期化の直後にバリアを置く必要が生じます。つまり、いずれかのスレッドが sum を更新し始めたにもかかわらず、ほかのスレッドが sum を初期化してしまうと、0 〜 99 までの数値の総和を求めることはできません。このため、sum の初期化は、並列リージョンへ入る直前の逐次リージョンで行うのがよいでしょう。

総和の処理は for 指示文を指定した for ループで行います。このプログラムは、for ループ内で毎回 critical 指示文に従って同期しながら、sum を排他的に更新します。これでは、逐次処理プログラムより性能は低下する可能性があります。ただ、このプログラムは、同期の説明のために作成したプログラムです。実際のプログラムでは sum を更新する前後に多くの処理が発生しますので、このような方法も有効です。

このプログラムで説明したいことは、共有変数を更新する場合、基本的に排他処理が必要ということです。ちなみに、このように処理が 1 行で完結する場合、atomic 指示文を使用するのも良い方法です。このプログラムの動作イメージを図に示します。

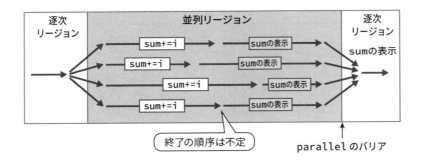

図8.4●プログラムの動作イメージ

少し図が複雑ですが、forループ内の「sum += i;」は排他的に実行されます。このため、sumの更新がスレッド間の競合によって不整合を起こすことはありません。for指示文にnowait指示句を指定してありますので、forループが終わったスレッドは次の処理に入ります。次の処理はスレッド番号とsumの内容の表示です。

各スレッドが表示したsumの値が、そのスレッドの終了時の値と考えがちですが、そうではありません。なぜならば、sumは、すでにほかのスレッドが更新している可能性があることと、nowait指示句を指定してあるからです。このprintfを排他的に実行しても、結果は同じです。もし、各スレッドが計算した総和を知りたければ、別の方法を使用しなければなりません。このあたりが同期処理の難しいところです。最後の総和表示は、並列リージョンの最後で暗黙的なバリアがあるため、必ず0～99までの総和が表示されます。

8-3-2　0～99までの総和を求める（性能改善版）

さて、直前のプログラムは結果的に逐次処理プログラムと性能差がないか、もしくは性能低下のおそれがあります。なぜなら、sumへ加算する処理をcritical指示文に指定し、一度に1つのスレッドしか動作しないためです。ここでは、同じ処理をもう少し改善した例を示します。ソースリストを次に示します。

リスト8.9●ソースリスト（080sync/22critical02）

```
#include <omp.h>
#include <stdio.h>

int main()
```

```c
{
    int tsum, sum, i;

    sum = 0;
    #pragma omp parallel private(tsum) num_threads(4)
    {
        tsum = 0;

        #pragma omp for
        for (i = 0; i < 100; i++)
        {
            tsum += i;
        }
        printf(" thread=%d, tsum=%d.¥n", omp_get_thread_num(), tsum);

        #pragma omp critical
        {
            sum += tsum;
        }
    }

    printf(" sum=%d.¥n", sum);

    return 0;
}
```

　このプログラムは、前のプログラムを効率的に書き換えたものです。各スレッドが直接共有変数へ加算するのではなく、それぞれのスレッドが担当部分の総和を private 変数へ求めます。最後に、各スレッドが求めた部分総和を、全体の総和に加算する 2 段階の方法を採用します。これによって、各スレッドが共有変数の排他アクセスを行うのは sum へアクセスするときだけで良くなります。この結果、先の例と比較して排他的な共有変数へのアクセスが極端に減ります。以降に実行例を示します。

```
PGI$ pgcc -mp  -o critical02.exe critical02.c
PGI$ ./critical02
 thread=0, tsum=300.
 thread=1, tsum=925.
 thread=2, tsum=1550.
 thread=3, tsum=2175.
```

```
sum=4950.
```

　総和に使用する変数 sum は共有変数です。各スレッドが自身の担当部分の総和を格納するのが tsum です。このため、sum は共有変数、tsum はスレッド単位に割り付けられた private 変数です。実行結果ですが、先のプログラムと違い、各スレッドの表示した tsum を加算すると最後の sum と同じ値になります。動作の概念図を次に示します。

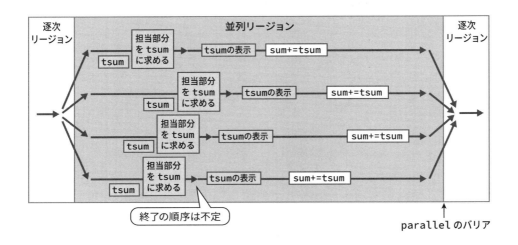

図8.5●動作の概念図

　少し複雑な図になりました。tsum が各スレッドに割り当てられることと、for 指示文の nowait 指示句を外したため、表示した tsum は各スレッドが処理した総和です。先のプログラムと違い、排他的に処理する必要があるのは、共有変数 sum に各スレッドの総和 tsum を加算する部分だけです。ソースコードだけ眺めると簡単なプログラムですが、変数のインスタンス、初期化、更新のタイミングなどを考えると、これだけのプログラムでも奥深いものがあります。
　なお、このプログラムは reduction 指示句を使用すれば簡単に記述できます。この例では、同期処理を説明するために、あえて reduction 指示句を使用しません。実際のプログラムでは、reduction 指示句で解決できない共有変数の更新も多くあります。ここで解説したプログラムは、いろいろな局面に対応できる方法です。

atomic で同期

このプログラムのように同期処理が必要な式が 1 つだけの場合、atomic 指示文を使用するのも良いでしょう。以降に、critical 指示文を atomic 指示文へ書き換えたソースリストを示します。

リスト 8.10 ●ソースリスト（080sync/23atomic01）

```c
#include <omp.h>
#include <stdio.h>

int main()
{
    int tsum, sum, i;

    sum = 0;
    #pragma omp parallel private(tsum) num_threads(4)
    {
        tsum = 0;

        #pragma omp for
        for (i = 0; i < 100; i++)
        {
            tsum += i;
        }
        printf(" thread=%d, tsum=%d.\n", omp_get_thread_num(), tsum);


        #pragma omp atomic
        sum += tsum;
    }

    printf(" sum=%d.\n", sum);

    return 0;
}
```

実行結果は先のプログラムと同様です。

8-3-3 最小値と最大値（正常動作しない例）

配列に含まれる最小値と最大値を求め、その差を表示するプログラムを紹介します。たとえば、ある波形の最小値、最大値を調べ、最大振幅を求めるアプリケーションです。以降にサンプルアプリケーションのイメージ図を示します。

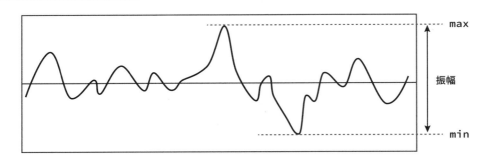

図8.6●最大振幅を求める

まず、critical指示文を使ったプログラムを紹介します。ソースリストを次に示します。

リスト8.11●ソースリスト（080sync/24minMaxNg）

```
#include <stdio.h>

#define LOOP_CNT    10000

//sub
int sub()
{
    int i, diff, min = LOOP_CNT, max = -LOOP_CNT;
    int data[LOOP_CNT];

    // inilialize
    for (i = 0; i < LOOP_CNT; i++)
        data[i] = i;
    data[LOOP_CNT - 1] = -LOOP_CNT;
    data[LOOP_CNT - 2] = LOOP_CNT;


    #pragma omp parallel
    {
```

```
        // find the minimum value
        #pragma omp for
        for (i = 0; i < LOOP_CNT; i++)
        {
            if (min > data[i])
                min = data[i];
        }

        // find the maximum value
        #pragma omp for
        for (i = 0; i < LOOP_CNT; i++)
        {
            if (max < data[i])
                max = data[i];
        }
    }
    diff = max - min;

    printf(" min =%7d.\n", min);
    printf(" max =%7d.\n", max);
    printf(" diff=%7d.\n", diff);

    return diff;
}

//main
int main()
{
    for (int i = 0; i < 100000; i++)
    {
        if (sub() != LOOP_CNT * 2)
        {
            printf("error !!!\n");
            break;
        }
    }
}
```

このプログラムは正常に動作しません。なぜかというと、並列リージョン内から共有変数を非同期にアクセスしているためです。

sub 関数の先頭で、data 配列に 0 ～ LOOP_CNT - 1 の値を格納し、data 配列の最後の要素に

-LOOP_CNT を、最後から 1 つ手前の要素に LOOP_CNT を設定します。本来なら、data 配列にランダムな値を設定し、最小値と最大値、そしてそれらの差分を求めるのが目的ですが、ランダムな値を設定したのではプログラムの正当性を検証するのが難しいため、このような固定値を設定します。

main 関数から 10 万回 sub 関数を呼び出します。これは、sub 関数内で並列リージョン内から共有変数を非同期にアクセスしているため、正常に動作しないはずですが、プログラムが単純なため正常に動作することも多く、何回も実行してエラーが起きるのを観察するためです。しかし、10 万回実行しても正常に動作するときがあります。これが並列プログラミングの難しいところです。設計時に不具合を埋め込むと、予期できないエラーが発生し、障害の解析に多くの時間を要します。

以降に実行例を示します。

```
$ gcc -fopenmp -o minMaxNG minMaxNG.c
$ ./minMaxNG
 min = -10000.
 max =  10000.
 diff= 20000.
 min = -10000.
 max =  10000.
 diff= 20000.
    ︙
 min = -10000.
 max =  10000.
 diff= 20000.
 min = -10000.
 max =   7499.
 diff= 17499.
error !!!
```

8-3-4　最小値と最大値（正常動作する例）

スレッド単位に最小値と最大値を計算し、最後にまとめる方法を示します。以降にソースリストを示します。

リスト8.12●ソースリスト（080sync/25minMaxFor）

```
       ⋮
int sub()
{
    int i, diff, min = LOOP_CNT, max = -LOOP_CNT;
    int tmin = LOOP_CNT, tmax = -LOOP_CNT;
    int data[LOOP_CNT];

    // inilialize
    for (i = 0; i < LOOP_CNT; i++)
        data[i] = i;
    data[LOOP_CNT - 1] = -LOOP_CNT;
    data[LOOP_CNT - 2] = LOOP_CNT;


    #pragma omp parallel firstprivate(tmin, tmax) num_threads(4)
    {
        // find the minimum value
        #pragma omp for
        for (i = 0; i < LOOP_CNT; i++)
        {
            if (tmin > data[i])
                tmin = data[i];
        }

        // find the maximum value
        #pragma omp for
        for (i = 0; i < LOOP_CNT; i++)
        {
            if (tmax < data[i])
                tmax = data[i];
        }

        #pragma omp critical
        {
            if (min > tmin)
```

```
                    min = tmin;
            if (max < tmax)
                    max = tmax;
        }
    }
    diff = max - min;

    printf(" min =%7d.\n", min);
    printf(" max =%7d.\n", max);
    printf(" diff=%7d.\n", diff);

    return diff;
}
    ⋮
```

このプログラムは、先のプログラムを高速化し、さらに排他制御を組み込んだ正常版です。まず、最大値を保持する変数 tmax と最小値を保持する変数 tmin をスレッド単位に割り付け、初期化します。それらを for 指示文の firstprivate 指示句に指定します。firstprivate を使用しますので、各スレッドの tmax と tmin は初期値を持ちます。各スレッドは、自身の担当部分の最大値を tmax へ、最小値を tmin へ格納します。そして、以前の節で説明したように、この tmax と tmin を、critical 指示文を使用し、排他的に共有変数 max と min を更新します。各スレッドが保持する最小値と最大値は異なります。ただ、最後に必ず critical 指示文に対応したブロックが実行されますので、正常な値が共有変数 min、max に設定されます。最大値と最小値の差分である diff は逐次リージョンで計算します。以降に実行例を示します。

```
    ⋮
 min = -10000.
 max =  10000.
 diff=  20000.
 min = -10000.
 max =  10000.
 diff=  20000.
 min = -10000.
 max =  10000.
 diff=  20000.
```

■ 8-3-5 差分計算前に同期が取れていないため誤動作

スレッド単位で最小値と最大値を計算し、最後にそれらの差分であるdiffまで並列リージョンで計算する例を示します。また、このプログラムの最大値と最小値を求める処理は並列処理できますので、for指示文へnowait指示句を指定して並列実行させます。差分であるdiffを並列リージョンに移すとともに、排他的に求めるようにします。以降にソースリストを示します。

リスト8.13 ● ソースリスト（080sync/26minMaxForNG）

```
    :
#pragma omp parallel firstprivate(tmin, tmax) num_threads(4)
{
    // find the minimum value
    #pragma omp for nowait
    for (i = 0; i < LOOP_CNT; i++)
    {
        if (tmin > data[i])
            tmin = data[i];
    }

    // find the maximum value
    #pragma omp for nowait
    for (i = 0; i < LOOP_CNT; i++)
    {
        if (tmax < data[i])
            tmax = data[i];
    }

    // not synchronized
    #pragma omp critical
    {
        if (min > tmin)
            min = tmin;
        if (max < tmax)
            max = tmax;
    }

    // not synchronized
    #pragma omp single
    diff = max - min;
}
printf(" min =%7d.\n", min);
printf(" max =%7d.\n", max);
```

```
        printf(" diff=%7d.\n", diff);
      ⋮
```

　性能を改善し diff まで並列リージョンで処理しますので、プログラムの改良として良い考えのように感じます。ところが、このプログラムはケアレスミスを含んでおり、正常に動作しません。正解を後述しますが、すぐに次節を読まず、何が間違いで、どのように修正すると動作するか考察してみるのも良いでしょう。

　このプログラムは、最大値と最小値を求める for 指示文へ nowait 指示句を指定しています。このため、最大値と最小値を求める各スレッドが完了していなくても、続く処理が実行されます。バリアがあるのは、parallel 指示文に対応するブロックの最後だけです。min、max、そして diff のアクセスを排他制御したので競合は起きないのですが、今度は同期処理に問題が生じています。つまり、min や max を求めるときに、tmax と tmin が最終の値を保持している保証がありません。当然ですが、diff を求めるときも min と max が最終の値を保持している保証がありません。そのため、このプログラムは正常な値を返すときもあれば、不正確な値を返すときもあります。以降に実行例を示します。エラーが発生する頻度は実行するシステムに依存します。

```
$ gcc -fopenmp -o minMaxForNg minMaxForNg.c
$ ./minMaxForNg
 min =  -10000.
 max =   10000.
 diff=    2499.
error !!!
```

　min と max は正常のように感じますが、プログラムを参照すると分かるように print 文は逐次リージョンに存在します。このため、print 時には、これらの値は最終の値となります。

8-3-6　差分計算前に同期を取る

　直前の例と同じですが、差分である diff を計算する前にバリアを設けて、スレッドの同期を保証します。以降にソースリストを示します。

リスト 8.14 ●ソースリスト (080sync/27minMaxForBarrier)

```c
#include <stdio.h>

#define LOOP_CNT    10000

//sub
int sub()
{
    int i, diff, min = LOOP_CNT, max = -LOOP_CNT;
    int tmin = LOOP_CNT, tmax = -LOOP_CNT;
    int data[LOOP_CNT];

    // inilialize
    for (i = 0; i < LOOP_CNT; i++)
        data[i] = i;
    data[LOOP_CNT - 1] = -LOOP_CNT;
    data[LOOP_CNT - 2] = LOOP_CNT;


    #pragma omp parallel firstprivate(tmin, tmax) num_threads(4)
    {
        // find the minimum value
        #pragma omp for nowait
        for (i = 0; i < LOOP_CNT; i++)
        {
            if (tmin > data[i])
                tmin = data[i];
        }

        // find the maximum value
        #pragma omp for nowait
        for (i = 0; i < LOOP_CNT; i++)
        {
            if (tmax < data[i])
                tmax = data[i];
        }

        // not synchronized
        #pragma omp critical
        {
            if (min > tmin)
                min = tmin;
            if (max < tmax)
```

```
                    max = tmax;
            }

            // synchronized
            #pragma omp barrier

            #pragma omp single
            diff = max - min;
    }
    printf(" min =%7d.¥n", min);
    printf(" max =%7d.¥n", max);
    printf(" diff=%7d.¥n", diff);

    return diff;
}
        ⋮
```

diffを計算するのに必要なことは、排他処理ではなく同期処理だったのです。diffを計算する前にbarrier指示文でスレッドを同期させます。これで、minとmaxへ最終の値が格納されていることが保証されます。

barrier指示文を、tmaxとtminからminやmaxを求めるcritical指示文の前に記述したくなるところですが、それではうまくいきません。そこにbarrier指示文を記述すると、tmaxとtminは最終の値が格納されますが、diffを求めるときのminとmaxが最終の値とは限りません。

前節のプログラムが正常に動作しないのは、排他処理に原因があったわけではなく、同期処理の問題です。同期処理さえ行えば、diffに正常な値が設定されます。このプログラムは、diffへのアクセス競合が発生しないように、single指示文を使用し、単一のスレッドに任せます。しかし、single指示文がなくても、同じ値がスレッド数分設定されるだけで問題はありません（データアクセスの競合は発生します）。同じ値が繰り返し設定されるので、最終の値は同じものになります。ただ、アクセス競合や無駄な処理は好ましくないので、単一のスレッドに任せた方が無難でしょう。これで正常に処理されます。実行例を次に示します。

```
    ⋮
 min = -10000.
 max =  10000.
 diff= 20000.
 min = -10000.
 max =  10000.
```

```
diff=  20000.
min = -10000.
max =  10000.
diff=  20000.
```

8-3-7 最小値と最大値を異なる方法で求める

これまでは、最小値を探す部分を細分化して並列化するとともに、最大値を探す部分も細分化して並列化しました。しかし、ここでは最小値を探す部分を1つのスレッド、最大値を探す部分を1つのスレッドとします。つまり、これまでとは並列化の方法を完全に変更します。こちらの方がプログラムはシンプルになりますが、CPUコア数が増えたときにコンピュータの最大性能を有効に利用できないことも考えられます。最後に差分のdiffを求めますが、diffを計算する前にバリアを設け、スレッドの同期を保証します。以降にソースリストを示します。

リスト 8.15 ●ソースリスト (080sync/28minMaxSections)

```c
#include <stdio.h>

#define LOOP_CNT    10000

//sub
int sub()
{
    int i, diff, min = LOOP_CNT, max = -LOOP_CNT;
    int data[LOOP_CNT];

    // initialize
    for (i = 0; i < LOOP_CNT; i++)
        data[i] = i;
    data[LOOP_CNT - 1] = -LOOP_CNT;
    data[LOOP_CNT - 2] = LOOP_CNT;


    #pragma omp parallel private(i) num_threads(4)
    {
        #pragma omp sections nowait
        {
            // find the minimum value
            #pragma omp section
            for (i = 0; i < LOOP_CNT; i++)
```

8 同期・非同期・性能改善

```
            {
                if (min > data[i])
                    min = data[i];
            }

            // find the maximum value
            #pragma omp section
            for (i = 0; i < LOOP_CNT; i++)
            {
                if (max < data[i])
                    max = data[i];
            }
        }

        // synchronized
        #pragma omp barrier

        #pragma omp single
        diff = max - min;
    }
    printf(" min =%7d.\n", min);
    printf(" max =%7d.\n", max);
    printf(" diff=%7d.\n", diff);

    return diff;
}

//main
int main()
{
    for (int i = 0; i < 100000; i++)
    {
        if (sub() != LOOP_CNT * 2)
        {
            printf("error !!!\n");
            break;
        }
    }
}
```

　スレッド用の最大値、最小値を持つプライベート変数は必要ありません。このプログラムは、最小値を求めるスレッドと最大値を求めるスレッドを別々に起動します。このため、異なるス

レッドが min、max 変数に同時アクセスしないため、スレッド内から共有変数に直接アクセスしても、変数アクセスの競合が発生しません。

　sections 指示文に nowait 指示句がなければ、sections 指示文に対応するブロックの最後に暗黙のバリアで同期します。このため、明示的に barrier 指示文を指定する必要はありません。ただ、プログラムが複雑になると別の処理が必要な場合もあります。このため、sections 指示文に nowait 指示句を指定し、最小値を求める処理と最大値を求める処理を非同期に動作させます。このようにして、最終の最大値と最小値が必要になったときに同期した方が、性能向上を期待できます。

　なお、このプログラムはスレッド数に 4 を指定しています。それに対し、sections 指示文に対応したブロック内に section 指示文は 2 つしかありません。このため、バリアがないと簡単にデータの不整合が発生します。つまり、残ったスレッドの、2 つのスレッドの 1 つが single 指示文の直後を実行してしまいます。

第 9 章

OpenMP の罠

本章では、OpenMP で起こしやすいケアレスミス、少し複雑な間違い、並列化困難な例、そして間違ってプログラミングしてもコンパイル時にエラーとならず、間違った結果を導いてしまう例を紹介します。これらは、デバッグに多くの時間を奪われる例です。同期処理などにおけるミスの例については前章を参照してください。

9 OpenMP の罠

9-1 並列化困難なコード

本章では、OpenMP で並列化困難な例を解説します。

■ 9-1-1 ループ内で分岐

　OpenMP が並列化を許容する for ループと、許容しないループがあります。基本的に OpenMP はコンパイラの負荷を軽減するため、ループに入る前にループ全体を把握できるものに限り並列化できます。全体のループ数が分からなければ、起動するスレッドへ作業を割り振ることができません。具体的には、並列化できる for ループは以下の形式でなければなりません。

```
for( 変数＝初期値 ； 変数 条件 終了値 ； 増分式 )
```

　変数、初期値、終了値、そして増分などは、すべて整数でなければなりません。初期値、終了値、そして増分は式でも構いませんが、ループ中は不変でなければなりません。以降にサンプルを示しますが、コンパイルでエラーにならなくても、前記条件を守っていないと結果は保証されません。なお、simd 構文においてはさらに制限があります。OpenMP が並列化できる for ループについては、9-1-8 節「標準的なループ形式（Canonical Loop Form）」に詳しく解説します。
　ループの途中で制御を中断するものや、ループのインデックス変数を操作するものも並列化できません。ごく当たり前のことですが、逐次プログラムでは、前記条件を満足していない場合もあります。以降に具体的なプログラムを示します。

break 文

　まず、for ループ内からループ外へ脱出するプログラムは、コンパイルエラーとなる場合があります。コンパイラによってはエラーを出さずそのままコンパイルできますが、実行結果は誤っています。

リスト 9.1 ●ソースリスト（091unParallel/01forBreak）

```
#include <omp.h>
#include <stdio.h>
```

```c
int main()
{
    int a = 0, i;

    #pragma omp parallel for reduction(+:a)
    for (i = 0; i < 1000; i++)
    {
        a += i;

        if (i == 100)
            break;
    }
    printf("a = %d\n", a);

    return 0;
}
```

　このプログラムは、0 〜 100 までの数値の総和を求めるプログラムです。このプログラムをgcc/g++ でコンパイルするとエラーメッセージが出力されます。

```
$ g++ -fopenmp -o forBreak forBreak.c
forBreak.c: In function 'int main()':
forBreak.c:14:13: error: break statement used with OpenMP for loop
            break;
            ^~~~~
```

　メッセージから分かるように、OpenMP のループ内で break を使用しているとエラー検出しています。このプログラムを OpenMP のオプションなしでコンパイルし、実行した例を示します。当然ですが正常に処理されます。

```
$ g++ -o forBreak forBreak.c
$ ./forBreak
a = 5050
```

　このプログラムを cl コマンドでコンパイルしてみましょう。

9 OpenMPの罠

```
>cl /openmp /Fe:forBreakOmp.exe forBreak.c
>forBreakOmp
a = 473425
```

エラーメッセージは出力されず、ビルドできてしまいます。しかし、OpenMPのfor指示文は、このようにforループ内から抜け出すプログラムを許可しません。OpenMPがどのようにfor文を分解するか考えると分かりますが、もし、このプログラムを並列化してしまうと、逐次プログラムとまったく異なってしまいます。ここで示した例では、特定のスレッドで変数iが100を超えた部分まで処理される場合があります。このため、得られた結果は間違っています。

このプログラムをOpenMPのオプションなしでコンパイルし、実行した例を示します。当然ですが、逐次プログラムでは正常に処理され、正しい値を得られます。

```
>cl /Fe:forBreak.exe forBreak.c
>forBreak
a = 5050
```

goto 文

break文はforループを中断しますが、同様にgoto文もforループを突然中断します。CやC++言語でgoto文を使うことは、ほとんど考えられませんが、皆無ではありません。以降に例を示します。

リスト 9.2 ●ソースリスト（091unParallel/02forGoto）

```c
#include <omp.h>
#include <stdio.h>

int main()
{
    int a = 0, i;

    #pragma omp parallel for reduction(+:a)
    for (i = 0; i < 1000; i++)
    {
        a += i;
```

```
        if (i == 100)
            goto label1;
    }
label1:
    printf("a = %d¥n", a);

    return 0;
}
```

このプログラムも先ほどと同様に、0 〜 100 までの数値の総和を求めるプログラムです。このプログラムを gcc/g++ でコンパイルするとエラーメッセージが出力されます。

```
$ g++ -fopenmp -o forGoto forGoto.c
forGoto.c: In function 'int main()':
forGoto.c:16:1: error: jump to label 'label1'
 label1:
 ^~~~~~
forGoto.c:14:18: note:   from here
             goto label1;
                  ^~~~~~
forGoto.c:16:1: note:   exits OpenMP structured block
 label1:
 ^~~~~~
forGoto.c:14:18: error: invalid branch to/from OpenMP structured block
             goto label1;
                  ^~~~~~
```

メッセージから分かるように、OpenMP のブロック内からジャンプをしていることを検出しています。このプログラムを OpenMP のオプションなしでコンパイルし、実行した例を示します。当然ですが正常に処理されます。

```
$ g++ -o forGoto forGoto.c
$ ./forGoto
a = 5050
```

cl コマンドでもコンパイルしてみます。

9 OpenMP の罠

```
>cl /openmp /Fe:forGotoOmp.exe forGoto.c
Microsoft(R) C/C++ Optimizing Compiler Version 19.14.26430 for x86
Copyright (C) Microsoft Corporation.  All rights reserved.

forGoto.c
forGoto.c(14): error C3010: 'label1': OpenMP 構造化ブロックからのジャンプは許可されていません
```

break へはエラーメッセージは出力されませんでしたが、goto 文にはエラーを出力します。このプログラムを OpenMP のオプションなしでコンパイルし、実行した例を示します。当然ですが、逐次プログラムでは正常に処理されます。

```
>cl /Fe:forGotoOmp.exe forGoto.c
>forGoto
a = 5050
```

pgcc コマンドでもコンパイルしてみます。

```
PGI$ pgcc -mp -o forGotoOmp.exe forGoto.c
PGI$ ./forGotoOmp
a = 0

PGI$ pgcc -o forGoto.exe forGoto.c
PGI$ ./forGoto
a = 5050
```

goto 文へエラーメッセージは出力されずビルドできてしまいます。このような、for ループ内から抜け出すようなプログラムを、OpenMP は正常に並列化できません。OpenMP のオプションを指定した場合としない場合でコンパイルし、それぞれの実行結果を観察すると、OpenMP のオプションを指定したプログラムの結果は正常ではありません。

continue 文

さて、break 文や goto 文は許可されませんが、continue 文はどうでしょう。continue 文は、for ループを抜けるのではなく、次の繰り返しへショートカットするだけなので、並列化しても逐次処理と違いはなく、問題ありません。以降に例を示します。

リスト 9.3 ●ソースリスト （091unParallel/03forContinue）

```c
#include <omp.h>
#include <stdio.h>

int main()
{
    int a = 0, i;

    #pragma omp parallel for reduction(+:a)
    for (i = 0; i < 1000; i++)
    {
        if (i == 100)
            continue;

        a += i;
    }
    printf("a = %d\n", a);

    return 0;
}
```

　このような continue 文は for ループの制御を乱しませんので、並列化に支障はありません。このプログラムは、逐次プログラムであれ OpenMP 対応プログラムであれ、i が 100 のときだけ「a += i;」をスキップします。これは、for ループを乱しませんので問題ありません。

exit 文

　さて、それでは for ループを中断してしまう exit 文はどうでしょう。exit 文はプログラム自体を終了させます。つまり、その時点ですべてのスレッドも道連れにされ終了してしまいます。このため、exit 文は許可されます。以降に、ソースリストを示します。

リスト 9.4 ●ソースリスト （091unParallel/04forExit）

```c
#include <omp.h>
#include <stdio.h>
#include <stdlib.h>

int main()
{
    int a = 0, i;
```

```
    #pragma omp parallel for reduction(+:a)
    for (i = 0; i < 1000; i++)
    {
        a += i;

        if (i == 100)
            exit(0);
    }
    printf("a = %d¥n", a);

    return 0;
}
```

9-1-2　ループ内でインデックス変数を操作

for ループ内でインデックス変数を操作するプログラムは、褒められたプログラムとは言えないでしょう。ただ、作法の問題とコンパイラの言語仕様は別物ですから、for ループ内で自身のインデックスを操作するプログラムも存在するでしょう。たとえば、以降に示すような例です。

リスト 9.5 ●ソースリスト（091unParallel/11forModIndex）

```
int main()
{
    int i;

    #pragma omp parallel
    {
        #pragma omp for
        for (i = 0; i < 10; i++)
        {
            i++;
        }
    }
    return 0;
}
```

このプログラムは、for ループのインデックスに使用している変数 i をループの内部で操作します。このようなプログラムは、OpenMP ではコンパイルエラーとなる場合があります。コン

パイラによってはそのままコンパイルできる場合もありますが、不具合を引き起こす元となります。できれば、逐次処理であっても避ける手法でしょう。これは設計次第なので、姑息な手段で回避するのではなく、設計の段階からこのようなコードが発生しないように心がけることをお勧めします。

このプログラムを、OpenMPのオプションを指定してclコマンドでコンパイルしてみます。

```
>cl /openmp /Fe:forModIndex.exe forModIndex.c
Microsoft(R) C/C++ Optimizing Compiler Version 19.14.26430 for x86
Copyright (C) Microsoft Corporation.  All rights reserved.

forModIndex.c
forModIndex.c(10): error C3020: 'i': OpenMP 'for' ループのインデックス変数は、ループ ボディで変更できません
```

「i++;」に対してエラーが出力されます。次に、OpenMPのオプションを指定せずにコンパイルし、実行した例を示します。当然ですが特に問題は起きません。

```
>cl /Fe:forModIndex.exe forModIndex.c
>forModIndex
```

g++コマンドでもコンパイルしてみます。

```
$ g++ -fopenmp -o forModIndex forModIndex.c
$ ./forModIndex

$ g++ -o forModIndex forModIndex.c
$ ./forModIndex
```

エラーメッセージは出力されずビルドできてしまいます。このように、処理系によってはメッセージが出力されない場合もあります。

9-1-3 ループ内で終了条件を操作

同様な問題を含むソースコードを示します。このプログラムは、終了条件をループ内で操作しています。

リスト 9.6 ●ソースリスト（091unParallel/12forModLimit）

```c
#include <stdio.h>

int main()
{
    int limit, i;

    printf("\nstart sequential region.\n");
    limit = 10;
    for (i = 0; i < limit; i++)
    {
        if (i == 5)
            limit = 15;
        printf("i=%d.\n", i);
    }

    printf("\nstart parallel region.\n");
    limit = 10;
    #pragma omp parallel
    {
        #pragma omp for
        for (i = 0; i < limit; i++)
        {
            if (i == 5)
                limit = 15;
            printf("i=%d.\n", i);
        }
    }
    return 0;
}
```

このような例では、コンパイルはできますが、逐次処理と並列処理で実行結果が異なります。以降に、g++ で OpenMP のオプションを指定した場合と指定しない場合でコンパイルし、実行した例を示します。

OpenMP 対応

```
$ g++ -fopenmp -o forModLimit forModLimit.c
$ ./forModLimit

start sequential region.
i=0.
i=1.
i=2.
i=3.
i=4.
i=5.
i=6.
i=7.
i=8.
i=9.
i=10.
i=11.
i=12.
i=13.
i=14.

start parallel region.
i=0.
i=1.
i=2.
i=8.
i=9.
i=6.
i=3.
i=4.
i=5.
i=7.
```

逐次

```
$ g++ -o forModLimit forModLimit.c
$ ./forModLimit

start sequential region.
i=0.
i=1.
i=2.
i=3.
i=4.
i=5.
i=6.
i=7.
i=8.
i=9.
i=10.
i=11.
i=12.
i=13.
i=14.

start parallel region.
i=0.
i=1.
i=2.
i=3.
i=4.
i=5.
i=6.
i=7.
i=8.
i=9.
i=10.
i=11.
i=12.
i=13.
i=14.
```

逐次処理と並列処理の実行結果が異なります。このプログラムは、for ループの終了条件に使用している変数を、ループ内で操作しています。前述のプログラムと同様に、このようなソースコードは不具合の元となりますので、逐次処理であっても避けるべきです。

■ 9-1-4　ループ内で増分式を操作

forループ内で増分式を操作するプログラムは、並列化されていないプログラムでも褒められた手法ではありません。ただ、作法の問題とコンパイラの言語仕様は別物ですから、forループ内で自身の増分式を操作するプログラムも存在するでしょう。一例を次に示します。

リスト9.7●ソースリスト（091unParallel/13forIncr-expr/forIncr-expr01.c）

```c
#include <omp.h>
#include <stdio.h>

int main()
{
    int a[1000];
    int i, sum, init= 0, inc = 1;

    for(i=0; i<sizeof(a)/sizeof(a[0]); i++)
    {
        a[i] = i;
    }

    sum=0;
    #pragma omp parallel for reduction(+:sum)
    for(i=init; i<sizeof(a)/sizeof(a[0]); i+=inc)
    {
        if(i == 5)
            inc = 2;
        sum+=a[i];
    }

    printf("sum=%d¥n",sum);

    return 0;
}
```

このプログラムは、forループのインデックスに加算する増分値incをループの内部で操作します。forループのインデックス値が一定値に達したら、増分値を変更します。逐次処理であっても推奨できるコードではありませんが、プログラムとして間違いではありません。このプログラムを並列化すると、期待した結果は得られません。以降に、g++でOpenMPのオプションを指定した場合と指定しない場合でコンパイルし、実行した例を示します。

OpenMP 対応

```
$ g++ -fopenmp forIncr-expr01.c

$ ./a.out
sum=390125

$ ./a.out
sum=499500

$ ./a.out
sum=390125

$ ./a.out
sum=421375
```

逐次

```
$ g++ forIncr-expr01.c

$ ./a.out
sum=250006

$ ./a.out
sum=250006

$ ./a.out
sum=250006

$ ./a.out
sum=250006
```

逐次処理と並列処理の実行結果が異なります。並列処理では実行するたびに結果が変わります。もちろん正しい値ではありません。逐次処理では、当然ですが毎回正常な値を返します。

このプログラムは、forループの終了条件に使用している変数を、ループ内で操作します。前述のプログラムと同様に、このようなソースコードは不具合の元となりますので、逐次処理であっても避けるべきです。

9-1-5 ループ内で初期値を操作

forループ内で初期値を操作するプログラムは、並列化されていないプログラムでも褒められた手法ではありませんし、そもそも意味がない可能性が高いです。初期値を変更しても、すでにforループが始まっていると、初期値は評価済みです。ただし、OpenMPで並列化された場合はスレッドが複数起動されますので、後で起動されたスレッドは、変更された初期値を参照する可能性があります。一例を次に示します。

リスト9.8●ソースリスト（091unParallel/13forIncr-expr/forIncr-expr02.c）

```c
#include <omp.h>
#include <stdio.h>

int main()
{
    int a[1000];
    int i, sum, init= 0, inc = 1;
```

9 OpenMP の罠

```
    for(i=0; i<sizeof(a)/sizeof(a[0]); i++)
    {
        a[i] = i;
    }

    sum=0;
    #pragma omp parallel for reduction(+:sum)
    for(i=init; i<sizeof(a)/sizeof(a[0]); i+=inc)
    {
        if(i == 3)
            init = 2;
        sum+=a[i];
    }

    printf("sum=%d\n",sum);

    return 0;
}
```

　先のプログラムと異なる部分に網掛けしています。このプログラムは、forループの初期値initをループの内部で操作します。forループのインデックス値が一定に達したら初期値を変更します。この値が評価されるのはループの開始時です。このプログラムを並列化すると期待した結果は得られません。以降に、g++でOpenMPのオプションを指定した場合と指定しない場合でコンパイルし、実行した例を示します。

OpenMP 対応

```
$ g++ -fopenmp forIncr-expr02.c

$ ./a.out
sum=499249

$ ./a.out
sum=499249

$ ./a.out
sum=498750

$ ./a.out
sum=499249

$ ./a.out
sum=498750
```

逐次

```
$ g++ forIncr-expr02.c

$ ./a.out
sum=499500

$ ./a.out
sum=499500

$ ./a.out
sum=499500

$ ./a.out
sum=499500

$ ./a.out
sum=499500
```

逐次処理と並列処理では実行結果が異なります。並列処理では実行するたびに得られる値は変化し、かつ値も正常値ではありません。逐次処理では、当然ですが毎回正常な値を返します。

このプログラムは、for ループの初期値に使用している変数を、ループ内で操作しています。前述のプログラムと同様に、このようなソースコードは不具合の元となりますので避けるべきです。

9-1-6　データ依存のあるループ

配列のデータを操作するとき、そのデータ間に依存関係があると並列化できない場合が少なくありません。正確に表現すると、並列化もコンパイルも実行もできますが、処理結果が間違っている場合があります。以降に例を示します。1 次元で要素数 m の配列があるとします。現要素のインデックス値を n とし、要素 n に要素 n + 1 の内容を加算するプログラムがあったとします。かつ、入力と出力に同じメモリを使用することとします。以降に、逐次処理したときのイメージ図を示します。

9 OpenMPの罠

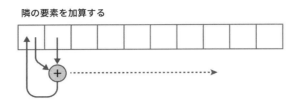

図9.1●逐次処理のイメージ

このプログラムは、現要素の値を変更しますが、次に進んだとき、その値は参照しないため逐次プログラムでは問題は起きません。ところがOpenMPを使用し並列処理を行わせると、結果が思った通りの値にならないことがあります。以降に、前図をOpenMPに対応させたときのイメージ図を示します。

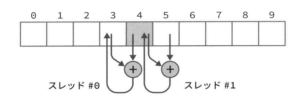

図9.2●並列処理のイメージ

この図は、2つのスレッドで並列処理した例です。塗り潰した要素は、スレッド#1で更新されているにもかかわらず、スレッド#0が参照します。各スレッドは並列、かつ非同期に動作します。この例では、スレッド#1が要素4と5を参照し、要素4を更新したとします。次に、スレッド#0が要素3と4を参照し、要素3を更新しようとします。ところが、スレッド#0が要素4を参照したときには、すでにスレッド#1が要素4を更新しています。このため、スレッド#0が要素3を更新するときに正常に処理できません。逐次処理の場合、先頭から順次処理するため、このような現象は発生しません。ソースリストを以降に示します。

リスト9.9●ソースリスト（091unParallel/21unLoop01）

```
#include <stdio.h>

//main
int main()
```

```
{
    int data[10];
    int i;

    // initialize
    for (i = 0; i < 10; i++)
    {
        data[i] = i;
    }

    // print it
    for (i = 0; i < 10; i++)
    {
        printf("%3d ", data[i]);
    }

    // add
    #pragma omp parallel for num_threads(4)
    for (i = 0; i < (10 - 1); i++)
    {
        data[i] = data[i] + data[i + 1];
    }

    // print
    printf("¥n");
    for (i = 0; i < 10; i++)
    {
        printf("%3d ", data[i]);
    }
    printf("¥n");

    return 0;
}
```

このような例は並列化できません。以降に実行例を示します。

```
$ g++ -fopenmp -o unLoop01 unLoop01.c
$ ./unLoop01
  0   1   2   3   4   5   6   7   8   9
  1   3   9   7   9  11  13  15  17   9
$ ./unLoop01
  0   1   2   3   4   5   6   7   8   9
```

```
    1    3    9    7    9   11   21   15   17    9
```

　g++でコンパイルし、2回実行してみます。1回目と2回目で結果が異なります。本来、2行目の表示は、真上の値と隣の値を加算した結果でなければなりません。ところが、2回目の実行では、6 + 7 = 13となるべき値が21になっています。これは、参照する要素の値が、すでにほかのスレッドによって書き換えられたためです。CPUコア数が少ないと正常に処理されることも多く、間違いに気づかない場合もあります。

　以降に逐次プログラムで処理した正常な例を示します。

```
$ g++ -o unLoop01 unLoop01.c
$ ./unLoop01
    0    1    2    3    4    5    6    7    8    9
    1    3    5    7    9   11   13   15   17    9
$ ./unLoop01
    0    1    2    3    4    5    6    7    8    9
    1    3    5    7    9   11   13   15   17    9
$ ./unLoop01
    0    1    2    3    4    5    6    7    8    9
    1    3    5    7    9   11   13   15   17    9
$ ./unLoop01
    0    1    2    3    4    5    6    7    8    9
    1    3    5    7    9   11   13   15   17    9
```

　通常、このようにデータ間に依存関係がある場合、並列化は諦めなければなりません。ただし、演算量が多いようであれば、参照する配列をいったん作業用の配列にコピーし、参照用の配列と更新用の配列を分離する方法もあります。forループの内部処理が複雑な場合、配列をコピーしたほうが、トータルの処理速度が速くなる場合もありますので、アプリケーションの内容から判断すると良いでしょう。以降に、作業用の配列を使用した例を示します。

リスト9.10●ソースリスト（091unParallel/22unLoop01Copy）

```c
#include <stdio.h>

//main
int main()
{
    int data[10], copyData[10];
    int i;
```

```c
    // initialize
    for (i = 0; i < 10; i++)
    {
        data[i] = i;
    }

    // print it
    for (i = 0; i < 10; i++)
    {
        printf("%3d ", data[i]);
    }

    // add
    #pragma omp parallel num_threads(4)
    {
        // copy
        #pragma omp for
        for (i = 0; i < 10; i++)
        {
            copyData[i] = data[i];
        }

        #pragma omp for
        for (i = 0; i < (10 - 1); i++)
        {
            data[i] = copyData[i] + copyData[i + 1];
        }
    }

    // print it
    printf("\n");
    for (i = 0; i < 10; i++)
    {
        printf("%3d ", data[i]);
    }
    printf("\n");

    return 0;
}
```

このように参照用の配列と更新用の配列を分けると、入力データ間に依存関係があっても正常

に処理できます。ここでは、作業用の配列にコピーする作業自体をOpenMPの機能を使用しています。もし、`memcpy`関数などを使用できる場合、逐次リージョン内でメモリコピーを一気に実施した方が処理時間を短縮できる場合もあります。

9-1-7　入れ子のループ

たいていのプログラムには、ループの中にループができるのは良くあることです。たとえば、2次元配列を処理するときはx、yをインデックスとして使用した二重ループを構成するのが普通です。さらに、3次元や、それ以上の多次元になることもあります。OpenMPでは並列化のネストができますので、すべてのループを並列化できますが、ループのネストは比較的新しいコンパイラが必要なことと、CPUコア数が多くないと性能向上を求めるのが難しくなるので、ここでは並列化のネストは考えずネストしたときの注意点を示します。

並列化されるループは？

OpenMPの`for`指示文で並列化を指示した場合、直後のループのみが並列化対象となります。つまり、多次元のループで最も効率の良いループを並列化するときの例を示します。ループのインデックスは`private`指示句を省略することが多いため、以下のような間違いを犯すことも少なくありません。この例は10×10の2次元配列の、1次元の総和を求めるプログラムです。概念図を以降に示します。

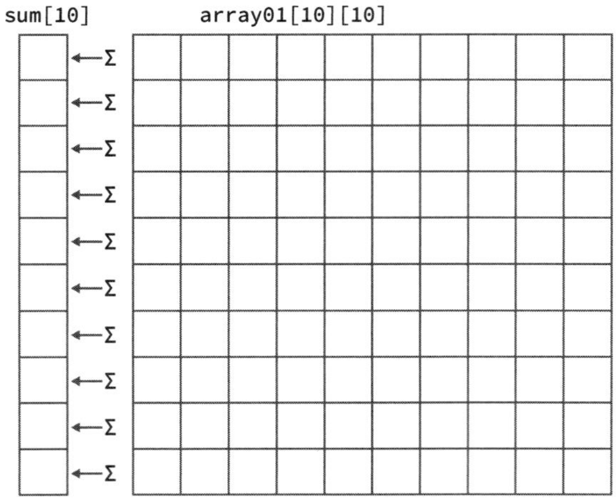

図9.3●2次元配列の1次元の総和を求める

以降に、ソースリストを示します。

リスト9.11 ●ソースリスト（091unParallel/31loopBug01）

```c
#include <stdio.h>

void sub(void)
{
    int arrayIn[10][10], sum[10];
    int x, y;

    // initialize
    for (y = 0; y < 10; y++)
    {
        sum[y] = 0;
        for (x = 0; x < 10; x++)
        {
            arrayIn[y][x] = x;
        }
    }

    // sum
    #pragma omp parallel for num_threads(4)
    for (y = 0; y < 10; y++)
    {
        for (x = 0; x < 10; x++)
        {
            sum[y] += arrayIn[y][x];
        }
    }

    for (y = 0; y < 10; y++)
    {
        if (sum[y] != 45)
            printf("sum[%d]=%d.¥n", y, sum[y]);
    }
}
```

OpenMPのfor指示文に、forのインデックス変数をprivate指示句で指定することは多くありません。つい、その癖で多重ループを作ったときに、for指示文対象外のインデックス変数を共有変数のまま使用するときがあります。このような場合でも、処理が短時間で終わると間違

9 OpenMPの罠

いに気付かないことも少なくありません。CPU コア数にも依存しますが、上記の例も、1 回の実行で処理結果に異常が発生するのは稀です。このため、関数化して 10 回呼び出しています。以降に、g++ で OpenMP のオプションを指定した場合と指定しない場合でコンパイルし、実行した例を示します。

OpenMP 対応
```
$ g++ -fopenmp loopBug01.c
$ ./a.out
sum[5]=9.
sum[0]=9.
    ⋮
sum[0]=48.
sum[0]=30.
sum[0]=41.
sum[1]=36.
```

逐次
```
$ g++ loopBug01.c
$ ./a.out
```

この結果から分かるように、並列化した場合、for ループのインデックス変数 x が各スレッド間で競合するため、結果は正常値でないことが多くなります。当然ですが、x が共有変数となっているため、スレッド間で参照更新が競合し、意図しない要素を参照するためです。これは、for 指示文に、並列化の対象外となる内側ループのインデックス変数 x を、プライベート変数に指定するのを忘れたためです。プログラムは間違っていますが、正常値を得られる場合もあります。どのような値が得られるかは、コンパイラや実行環境に依存します。なお、sum への代入などは排他制御した方が良いでしょうが、ここでは大きな問題とならないため省略しました。できればクリティカルセクションなどで囲みましょう。

以降に、修正したプログラムを示します。for 指示文に private 指示句を追加し、変数 x をプライベート変数として宣言します。

リスト 9.12 ●ソースリスト（091unParallel/32loopOk01）

```
    ⋮
// sum
#pragma omp parallel for private(x) num_threads(4)
for (y = 0; y < 10; y++)
{
    for (x = 0; x < 10; x++)
    {
        sum[y] += arrayIn[y][x];
```

```
        }
    }
    ⋮
```

　このように修正するとプログラムは正常に動作します。通常、単純な for 指示文では、インデックス変数を private 指示句に指定することは多くありません。このため、多重ループ時に並列化対象外のループインデックス変数を、プライベート変数として宣言するのを忘れることがあります。なお、num_threads() でスレッド数を指示していますが、CPU コアの少ないマシンで実行すると不具合が顕在化しにくいため、スレッドが4つ生成されるようにします。この指示句は、本節の説明に関与しませんので無視してください。この指示がなくても同じ現象が発生しますが、CPU コア数が少ない場合、不具合が顕在化しにくくなります。

入れ子のループのどちらを並列化するか？

　少し本節の趣旨と外れますが、先ほどのプログラムで、外側と内側のどちらのループを並列化した方が効率的か考えてみましょう。どちらも要素数は 10 ですので、どちらを並列化しても同じように感じます。まず、外側のループを並列化対象とした場合の、各スレッドの分担の概念図を示します。

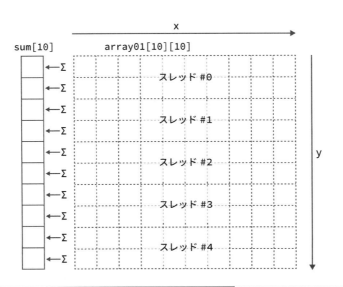

図9.4●外側のループを並列化対象とした場合の各スレッドの分担

y をいくつかに分離して並列化します。この図では 5 つのスレッドに分解しています。

では、内側のループを並列化対象とした場合、どうなるでしょう。概念図を次に示します。y が変わるたびに x 方向が並列化されます。

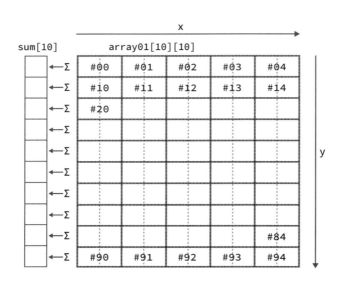

図9.5●内側のループを並列化対象とした場合の各スレッドの分担

　図では途中を省略しています。x 軸の処理を並列化するため、各行単位にスレッドの生成と消滅が発生します。つまり、5 つのスレッドを使用すると、1 行の処理に 5 つのスレッドの生成と消滅が発生します。同時に動作するスレッドは最高 5 つですので、論理的に考えると、外側のループで並列化しようが内側のループで並列化しようが、違いはないはずです。ところが、プログラムの内容にも左右されますが、スレッドの生成と消滅が性能に与える影響は少なくないでしょう。

　先のプログラムを簡略化して、それを例に考えてみましょう。最初の図をソースコードで示します。このように、外側のループを並列化すると、y をいくつかに分解して並列化されます。

リスト 9.13 ●ソースリスト（091unParallel/33loopType01）

```
    :
#pragma omp parallel for private(x)
for (y = 0; y < 10; y++)
{
    for (x = 0; x < 10; x++)
```

```
            {
                sum[y] += arrayIn[y][x];
            }
        }
        ⋮
```

二案目の図をソースコードで示します。このように、内側のループを並列化すると、xをいくつかに分解して並列化されます。しかし、外側のループがあるため、yが変わるたびにスレッドの生成と消滅が繰り返されます。

リスト 9.14 ●ソースリスト（091unParallel/34loopType02）

```
        ⋮
        for (y = 0; y < 10; y++)
        {
            #pragma omp parallel for
            for (x = 0; x < 10; x++)
            {
                sum[y] += arrayIn[y][x];
            }
        }
        ⋮
```

通常、このように外側のforループを並列化するのが一般的です。ただ、x方向のデータが大量でy方向のデータが少ない場合、内側を並列化しても、オーバーヘッドの影響は少ない場合があります。以降に図で示します。

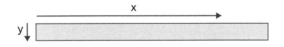

図9.6●内部を並列化してもオーバーヘッドの影響が少ない場合

このように、極端にy方向のデータが少ない場合、多数のCPUコアが存在するコンピュータではCPUコアが遊んでしまう可能性も捨てきれません。

たとえば、2～3ラインの、ラインバッファを使用した簡単なフィルタ処理などがこれにあたります。このような場合、x方向のデータ量が十分であれば、内側のループを並列化するのも

良いでしょう。これは極端な例で、通常は外側のループを並列化すると覚えておけば良いでしょう。このような例でも、プログラムを工夫して、データの並びを以下のようにするのも別の方法です。

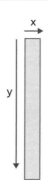

図9.7●データの並びを工夫する

ただ、図に示すように極端にx方向のデータが少ない場合、y軸が更新されるたびにミスキャッシュする可能性が高くなります。通常、現代のコンピュータはアクセスが発生した周辺のメモリ（キャッシュライン）をキャッシュに読み込みます。このため、なるべく連続したメモリにアクセスしたほうが、キャッシュミスを避けることができ、性能が向上します。このため、OpenMPを使用するときも、なるべくデータへのアクセスが空間的に拡散しないように心がけることを忘れてはいけません。論理的には速くなるはずが、ベンチマークすると遅くなるということもあります。これらはコンピュータアーキテクチャの知識不足がもたらす結果です。

■ 9-1-8　標準的なループ形式（Canonical Loop Form）

OpenMPでループを並列化したい場合、以降に示した条件を満たす「正準ループ形式（Canonical Loop Form）」でなければなりません。

>　for (**init-expr**; **test-expr**; **incr-expr**) structured-block

- **init-expr** は次のいずれかです。
    - var = lb
    - integer-type var = lb
    - random-access-iterator-type var = lb

- ・pointer-type var = lb

- **test-expr** は次のいずれかです。
    - ・var relational-op b
    - ・b relational-op var

- **incr-expr** は次のいずれかです。
    - ・++var
    - ・var++
    - ・--var
    - ・var--
    - ・var += incr
    - ・var -= incr
    - ・var = var + incr
    - ・var = incr + var
    - ・var = var – incr

- **var** は次のいずれかです。
    1. 符号付きまたは符号なし整数型の変数。
    2. ランダムアクセスイテレータ型の変数（C++ の場合）。
    3. ポインタ型の変数（C の場合）。

この変数が共有されていない場合、この変数は暗黙的にループブロック内で private 変数とされます。この変数は、incr-expr 以外の for ループの実行中に変更しないでください。変数が lastprivate に指定されていない限り、ループの後の値は不定です。

- **relational-op** は次のいずれかです。
    - ・<
    - ・<=
    - ・>
    - ・>=

- **lb** と **b** は、var の型と互換性のある型の、ループ内で不変な整数式です。

- **incr** は、ループ内で不変な整数式です。

正準形式では、最も外側のループを実行する前に、関連するすべてのループの反復回数を計算できます。計算は、整数型の各ループに対して実行されます。この型は var の型から次のように派生します。

1. var が整数型の場合、型は var の型です。
2. C++ の場合、var がランダムアクセス反復子型の場合、型は var の型の変数に適用される `std :: distance` によって使用される型です。
3. C の場合、var がポインタ型の場合、型は `ptrdiff_t` です。

反復回数を計算するために必要な中間結果を、上記のタイプで表現できない場合、その動作は不定です。

lb、b、または incr 式の評価中に暗黙の同期はありません。これは、lb、b、または incr 式内の副作用が発生するか、どの順序で何回副作用が発生するかは不明です。

次の制限も適用されます。

1. test-expr が「var relational-op b」の形式であり、relational-op が「<」または「<=」の場合、incr-expr はループの繰り返しごとに var を増加させる必要があります。test-expr が「var relational-op」の形式であり、relational-op が「>」または「>=」の場合、incr-expr はループの繰り返しごとに var を減少させる必要があります。
2. test-expr が「b relational-op var」の形式で relational-op が「<」または「<=」の場合、incr-expr はループの各繰り返しで var を減少させる必要があります。test-expr が「b relational-op var」の形式で relational-op が「>」または「>=」の場合、incr-expr はループの繰り返しごとに var を増加させる必要があります。
3. C++ の場合、`simd` 構文では、var に許されるランダムアクセスイテレータの型はポインタ型のみです。

9-2 犯しやすい間違い

本章ではOpenMPで並列化困難な例を解説します。OpenMPで陥りやすい罠は、参考資料[5]の「32 OpenMP traps for C++ developers」は、良い参考になるでしょう。本書も、この資料を参考にしています。すでに解説したものや、そこまで罠かなと感じるものは外し、いくつか必要と思われるものを追加しています。

■ 9-2-1　コンパイルオプションの指定忘れ

ごく単純な設定や操作ミスですが、OpenMP用のプログラムをビルドしたいのに、コンパイラや統合環境のOpenMPのオプション設定を忘れる場合があります。いくつもの環境を利用していると、そのことになかなか気づかないときもあります。これを避けるには、_OPENMPが定義されているときだけメッセージを表示するようにしておくとよいでしょう。以降に、そのような例を示します。

リスト9.15●ソースリスト（090trap/openmp_option.c）

```c
#include <stdio.h>

int main()
{
    int i, data[10];

#ifdef _OPENMP
    printf("OpenMP mode!\n");
#endif

    for (i = 0; i < 10; i++)
        data[i] = i;                    // initialize

    #pragma omp parallel for
    for (i = 0; i < 10; i++)
    {
        data[i] += 1;
    }

    return 0;
```

}
```

このプログラムをビルドして実行した様子を示します。

#### コンパイルオプションの指定忘れの例

OpenMP のコンパイルオプション指定を忘れた様子を示します。

```
$ g++ openmp_option.c
$ ./a.out
```

忘れずコンパイルオプションを指定

OpenMP のコンパイルオプションを指定したときの様子を示します。_OPENMP が定義されているときだけメッセージを表示するため、早めにオプションの指定し忘れに気づきます。

```
$ g++ -fopenmp openmp_option.c
$ ./a.out
OpenMP mode!
```

■ 9-2-2　#pragma の指定間違い

OpenMP を用いて for ループを並列化するのは良くあることですが、うっかり #pragma の指定を間違う場合があります。コンパイラによっては、ケアレスミスが疑われるものへはメッセージが表示される場合もありますが、そうでないものもあります。

parallel

まず、parallel の記述をケアレスミスで忘れた例を示します。以下のように、

```
    ⋮
#pragma omp parallel for
for (i = 0; i < 10; i++)
{
    ⋮
```
```

とすべきところを、

```
     ︙
    #pragma omp for
    for (i = 0; i < 10; i++)
    {
     ︙
```

としてしまっても、何もメッセージが出されずコンパイルされます。parallel 指示文がないため並列化されませんが、すぐに気づかないときがあります。

omp

うっかり omp を忘れることも少なくありません。

リスト 9.16 ●ソースリスト （090trap/no_omp0.c）

```c
#include <stdio.h>

int main()
{

    #pragma omp parallel
    {
        #pragma omp master
        {
            printf("hello openmp!\n");
        }
    }

    return 0;
}
```

このプログラムに間違いはありません。以降に実行例を示します。

```
$ g++ -fopenmp no_omp0.c
$ ./a.out
hello openmp!
```

9 OpenMPの罠

次に、ompを忘れたものを示します。

リスト9.17 ●ソースリスト（090trap/no_omp1.c）

```
    :
#pragma omp parallel
{
    #pragma master
    {
        printf("hello openmp!\n");
    }
}
    :
```

このプログラムはmaster指示文を指定したかったのですが、ompの記述を忘れています。以降に実行例を示します。

```
$ g++ -fopenmp no_omp1.c
$ ./a.out
hello openmp!
hello openmp!
hello openmp!
hello openmp!
```

本来なら、「printf("hello openmp!\n");」はマスタースレッドで1回だけ実行されることを期待していますが、ompの記述を忘れてしまったためmaster指示文として解釈されていないようで、4回表示されます。この例ではCPUコア数が4のため、4回表示されます。なお、この表示ですが、必ずしも「hello openmp!」が連続して表示されるとは限らず、文字列が入り乱れる場合もあります。

for

うっかりforを忘れることも少なくありません。

リスト9.18 ●ソースリスト（090trap/no_parallel0.c）

```
#include <stdio.h>

int main()
```

```c
{
    int i, data[10];

    for (i = 0; i < 10; i++)
        data[i] = i;                    // initialize

    #pragma omp parallel for
    for (i = 0; i < 10; i++)
    {
        data[i] += 1;
    }

    for (i = 0; i < 10; i++)            // print
        printf("%2d ", data[i]);
    printf("¥n");

    return 0;
}
```

このプログラムに間違いはありません。以降に実行例を示します。

```
$ g++ -fopenmp no_parallel0.c
$ ./a.out
 1  2  3  4  5  6  7  8  9 10
```

次に、for を忘れたものを示します。

リスト 9.19 ●ソースリスト (090trap/no_for.c)

```c
    ⋮
    #pragma omp parallel
    for (i = 0; i < 10; i++)
    {
        data[i] += 1;
    }
    ⋮
```

このプログラムでは、parallel 指示文に続き for 指示文を指定したかったのですが、for の記述を忘れてしまっています。for 指示文がないため、単なる parallel 指示文と解釈されます。

起動されている全スレッドで並列処理されるとともに、for ループのインデックスは共有変数として扱われます。以降に実行の様子を示します。

```
$ g++ -fopenmp no_for.c
$ ./a.out
 3 4 5 6 7 8 9 10 11 12

$ ./a.out
 3 4 4 5 6 8 8 9 11 11
```

処理結果は不定です。

ordered

ordered 指示文も、ついうっかり使い方を間違えやすい指示句です。ordered 指示文は、for ループ内のコードを順次実行するように指定します。

リスト 9.20 ●ソースリスト (090trap/ordered.c)

```
#pragma omp parallel for ordered
for(i = 0; i < 10; i++)
{
    #pragma omp ordered
    {
        printf("%2d ", i);
    }
}
```

このように記述すると、正常に処理されます。以降に実行例を示します。

```
$ g++ -fopenmp ordered.c
$ ./a.out
 0 1 2 3 4 5 6 7 8 9
```

これを以下のように書き換えると、正常に処理されません。

```
    #pragma omp parallel for ordered
```

```
    for(i = 0; i < 10; i++)
    {
        printf("%2d ", i);
    }
```

以降に実行結果を示します。

```
 3  4  5  8  6  7  9  0  1  2
```

最初の #pragma に ordered を指定しているため、for 文は順序良く実行されるような印象を受けます。ところが、順序を守りたければ、ordered リージョンを設けてその中に順序良く実行したい処理を記述しなければなりません。この例では、ordered リージョンが設けられていないため、順序は守られません。

ループを実行しているスレッドは、ループの繰り返しの順序で ordered リージョンを実行します。ループを実行しているスレッドは、自分以前のスレッドが ordered リージョンを実行している場合、その ordered リージョンの入口で待ちます。ordered 構文は、for または parallel for 指示文の範囲内に含まれるように指定する必要があります。

9-2-3 ロック変数の初期化し忘れ

OpenMP では、ロック変数は omp_init_lock または omp_init_nest_lock 関数呼び出しで初期化する必要があります。初期化せずにロック変数を使用（set、unset、test）すると、ランタイムエラーが発生します。エラーとは、デッドロックや期待しない動作を含みます。

リスト 9.21 ●ソースリスト（090trap/lock01.c）

```c
#include <omp.h>
#include <stdio.h>

int main()
{
    int sum, i;
    omp_lock_t lck;

    //omp_init_lock(&lck);

    sum = 0;
    #pragma omp parallel num_threads(4)
```

9 OpenMP の罠

```c
    {
        #pragma omp for nowait
        for (i = 0; i < 100; i++)
        {
            omp_set_lock(&lck);

            sum += i;

            omp_unset_lock(&lck);
        }
        printf(" thread=%d, sum=%d.\n", omp_get_thread_num(), sum);
    }
    omp_destroy_lock(&lck);
    printf(" sum=%d.\n", sum);

    return 0;
}
```

　このプログラムは、0〜99 までの数値の総和を求めるプログラムです。omp_set_lock と omp_unset_lock で囲んだ部分で sum のインクリメントを行います。しかし、このプログラムは、ロック変数 lck の初期化を行っていないため、実行結果は不定です。
　これを以降のように、ロック変数の直後で初期化してみましょう。

リスト 9.22 ●ソースリスト (090trap/lock02.c)

```c
#include <omp.h>
#include <stdio.h>

int main()
{
    int sum, i;
    omp_lock_t lck;

    omp_init_lock(&lck);

    sum = 0;
    #pragma omp parallel num_threads(4)
    {
        #pragma omp for nowait
        for (i = 0; i < 100; i++)
        {
            omp_set_lock(&lck);
```

```
            sum += i;

            omp_unset_lock(&lck);
        }
        printf(" thread=%d, sum=%d.\n", omp_get_thread_num(), sum);
    }
    omp_destroy_lock(&lck);
    printf(" sum=%d.\n", sum);

    return 0;
}
```

実行結果を次に示します。

```
$ g++ -fopenmp lock02.c
$ ./a.out
 thread=1, sum=1366.
 thread=2, sum=4660.
 thread=3, sum=3838.
 thread=0, sum=4950.
 sum=4950.
```

　このプログラムは、8-3節「同期処理」で紹介したcritical指示文をロックで書き換えたものです。critical指示文はそのリージョンが静的に制限されます。ロックを使用すると、より柔軟に制御できますが、プログラムは複雑になるとともに障害の原因となる不具合を埋め込みやすくなりますので、十分OpenMPに慣れてから使用しましょう。特に、ロック変数の所有権がどのスレッドにあるのかを管理する必要があるため、十分注意しないと簡単に不具合を埋め込んでしまいます。

■ 9-2-4　異なるスレッドでロック変数操作

　異なるスレッドでロックの設定や解除を行うと、予期しない動作を引き起こします。次の例について考えてみましょう。この例は単純なため、大きな問題とはなりませんが、ロック変数の所有権のないスレッドからロック変数を使用すると動作は不定になります。

9 OpenMP の罠

リスト 9.23 ●ソースリスト（090trap/lock03.c）

```c
    omp_lock_t lck;
    omp_init_lock(&lck);

    #pragma omp parallel
    {
        #pragma omp sections
        {
            #pragma omp section
            {
                omp_set_lock(&lck);

                printf("section-0\n");
            }
            #pragma omp section
            {
                omp_unset_lock(&lck);

                printf("section-1\n");
            }
        }
    }
    omp_destroy_lock(&lck);
```

このプログラムは、ロック変数 lck を異なるスレッドから使用します。プログラムが複雑になると、デッドロックなどを引き起こす可能性が高くなります。上記のプログラムを正常に書き直した例を示します。

リスト 9.24 ●ソースリスト（090trap/lock04.c）

```c
    omp_lock_t lck;
    omp_init_lock(&lck);

    #pragma omp parallel
    {
        #pragma omp sections
        {
            #pragma omp section
            {
                omp_set_lock(&lck);
```

```
                printf("section-0\n");

                omp_unset_lock(&lck);
            }
            #pragma omp section
            {
                omp_set_lock(&lck);

                printf("section-1\n");

                omp_unset_lock(&lck);
            }
        }
    }
    omp_destroy_lock(&lck);
```

■ 9-2-5　バリアとロック

　omp_set_lock 関数は、ロック変数が利用可能になるまで、ほかのスレッドの実行をブロックします。このことから、一見すると omp_set_lock 関数を barrier 指示文の代わりに使えそうな印象も受けます。ところが、特定のスレッドで omp_set_lock 関数をバリア代わりに使用しようと考えても、それは無駄な考えだと分かります。

　omp_set_lock 関数をバリア代わりに使用しようとしたスレッドへ、ほかのスレッドより先に制御が渡る場合があります。すると、ほかのスレッド（omp_set_lock 関数と omp_unset_lock 関数をペアで使用）が、omp_set_lock 関数を呼び出すと制御はプログラムに戻りません。これによってプログラムはデッドロック状態へ陥ってしまいます。

　基本的に、omp_set_lock 関数と omp_unset_lock 関数は同一スレッドで、かつペアで使うものと理解しましょう。

■ 9-2-6　スレッド数

　OpenMP は、いろいろな方法でスレッド数を制御でき、さらにダイナミックにスレッド数を変更する機能が提供されています。便利に使用できるときもありますが、基本的にスレッド数を意識したプログラムを作るのは不具合を埋め込む原因となります。特に、スレッド数に依存したプログラムは記述するべきではありません。スレッド数を変更するのは、単に性能をチューニングしたいときに限った方が良いでしょう。

9-2-7 リソースの競合

すでにいくつものサンプルを紹介していますが、リソースの競合を避けなければなりません。たとえば、本書の 2-1 節で紹介した「hello openMP!」プログラムも、正確には次のように記述するべきです。まず、元のプログラムを示します。

リスト 9.25 ●ソースリスト（090trap/hello01.c）

```c
#pragma omp parallel
{
    printf("hello openMP!¥n");
}
```

このプログラムは、スレッド分の「hello openMP!」が表示され、かつ文字列が入り混じって表示される可能性があります。これは、文字列の出力操作がアトミックに行われていないためで、複数のスレッドが同時に文字を出力しているからです。標準出力や、共有変数としてスレッドにアクセス可能なその他のオブジェクトを使用する場合も、同じ問題が発生します。この問題は、OS やランタイム・ライブラリーの違いで前記のような問題が起きない場合もあります。

次に、修正後のプログラムを示します。

リスト 9.26 ●ソースリスト（090trap/hello02.c）

```c
#pragma omp parallel
{
    #pragma omp critical
    {
        printf("hello openMP!¥n");
    }
}
```

もう 1 つの例を示します。すでに第 8 章「同期・非同期・性能改善」でも説明していますが、変数アクセスの競合例をここでも紹介します。前述の問題と同様ですが、より分かりやすい例を示します。同時に複数のスレッドが 1 つの変数を変更します。これによってアクセスの競合が発生し、結果は予測できません。続くコードで問題の解決方法を示します。この例では atomic 指示文を使用し、共有変数を排他的にアクセスします。

リスト9.27●ソースリスト（090trap/atomic.c）

```c
    int a;

    a = 0;
#pragma omp parallel num_threads(4)
    {
        a++;
    }
    printf("a = %d\n", a);

    a = 0;
#pragma omp parallel num_threads(4)
    {
        #pragma omp atomic
        a++;
    }
    printf("a = %d\n", a);
```

最初のprint文で表示される値は不定です。次のprint文で表示されるaの値は、必ず4です。

9-2-8 参照型とflush

flush指示文は、指定された変数をすべてのスレッドで同じメモリビューを持つように同期します。flush指示文は、リストに指定した変数の値をフラッシュします。リストに指定した値がすべてフラッシュされるまで制御は戻ってきません。リストにポインタを指定すると、ポインタが指定した値ではなく、ポインタ自体がフラッシュされます。アプリケーションのコードにオブジェクトへの共有参照が含まれている場合、flush指示文はその参照の値（メモリアドレス）のみを更新し、オブジェクト自体の状態は更新しません。OpenMPの仕様では、flush指示文の引数は参照であってはならないことが明記されています。

リスト9.28●ソースリスト（090trap/flush01.c）

```c
Cwav* wav = new Cwav();

#pragma omp parallel sections
{
    #pragma omp section
```

```
    {
        #pragma omp flush(wav)
        wav -> toStereo();
        #pragma omp flush(wav)
    }

    #pragma omp section
    {
        #pragma omp flush(wav)
        wav -> toStereo();
        #pragma omp flush(wav)
    }
}
```

このコードには 2 つの問題があります。まず、wav はオブジェクトのポインタですので、実体は flush されません。また、共有オブジェクトへ同時アクセスしています。このため、toStereo メソッドがオブジェクトの状態を変更すると、コードの実行結果は予測できません。

■ 9-2-9　flush の追加漏れ

ごく普通にプログラミングしているときに問題は起きませんが、多少複雑なプログラムで共用オブジェクトをスレッド間で参照・更新する際には十分な注意が必要です。ただし、複数のスレッドで、共通のオブジェクトの状態に依存しながらプログラミングすること自体を筆者は推奨しません。それでも、このような状態でプログラミングする必要がある場合、以下の部分ではオブジェクトが flush されないことに留意してください。

1. for の入口
2. master の入口と出口
3. sections の入口
4. single の入口
5. nowait 指示句が指定された、for、single、sections の出口。

■ 9-2-10　同期の追加漏れ

スレッド間の同期を忘れた例を示します。このプログラムは、配列 a を配列 b にコピー、そして配列 a の値へ 1 加算した結果を配列 c にコピーします。この 2 つのコピー処理に、データの

依存関係はありません。ですので、2つの処理を非同期に実行し、最後に同期すれば問題は発生しません。このため、2つの for 指示文に nowait 指示句を追加します。

リスト 9.29 ●ソースリスト（090trap/barrier01.c）

```c
#include <stdio.h>

#define LOOP_CNT    10

int main()
{
    int i;
    int a[LOOP_CNT] = { 1, 2, 3, 4, 5, 6, 7, 8, 9, 10 };
    int b[LOOP_CNT], c[LOOP_CNT];

    #pragma omp parallel
    {
        //copy 'a' to 'b'
        #pragma omp for nowait
        for (i = 0; i < LOOP_CNT; i++)
        {
            b[i] = a[i];
        }

        // print 'b'
        #pragma omp single
        {
            printf("b = ");
            for (i = 0; i < LOOP_CNT; i++)
            {
                printf("%3d", b[i]);
            }
        }

        // add 1 to 'a' and store it in 'c'
        #pragma omp for nowait
        for (i = 0; i < LOOP_CNT; i++)
        {
            c[i] = a[i] + 1;
        }

        // print 'c'
        #pragma omp single
```

9 OpenMP の罠

```
        {
            printf("\nc = ");
            for (i = 0; i < LOOP_CNT; i++)
            {
                printf("%3d", c[i]);
            }
            printf("\n");
        }
    }

    return 0;
}
```

ところが、プログラムを参照すると分かるように、for 文の次で配列 b と c を表示します。並列リージョン内で printf すると、スレッドの数だけ表示されるため、single 指示文を指定し、1 つのスレッドだけが指示文に続くセクションを実行できることを示します。このプログラムのコンパイルと、実行結果を示します。

```
$ g++ -fopenmp barrier01.c
$ ./a.out
b =   1  2  3  4  5  6  7  8  9 10
c =   2  3  4  5  6  7  8  9 10 11
```

特に問題なさそうに感じますが、実は同期処理が抜けています。for 指示文に nowait 指示句を指定すると、処理が終わったスレッドは、for ループを抜けて次の処理を行います。このため、表示処理に到達したとき、for 文の処理が完了しているとは限りません。これにより、プログラムの実行を繰り返すと、以下のような表示を行う場合があります。ただ、このように処理量が少なく、かつ処理自体が軽量な場合、正常な表示を行うことが多く、不具合に気づかないことも少なくありません。

```
$ g++ -fopenmp barrier01.c
$ ./a.out
b =   1  2  3  4  5  6  7  8  9 10
c =   2  3  4  5  6  7  8  9 10 11

$ ./a.out
b =   1  2  3  4  5  6  7  8  9 10
```

```
c =  -182343433632549   0  0-26683078421895   8   9  10  11

$ ./a.out
b =    1   2   3   4   5   6   7   8   9  10
c =    2   3   4 0-32685356822028   8   9  10  11
```

単に配列の値を表示したいのが目的であれば、逐次リージョンで行うと良いでしょう。そのような方法を採用すると、同期は parallel 指示文の最後に存在する暗黙のバリアによって行われます。このため、並列リージョンが終了し、逐次リージョンへ移るときは、必ず全スレッドの同期処理が行われます。ただ、この例ではたまたま表示処理でしたが、ほかの処理を並列リージョン内で行いたいときがあります。並列処理の内部で処理を行いたければ、barrier 指示文を使用して全スレッドを同期させてしまえばよいでしょう。以降に例を示します。

リスト 9.30 ●ソースリスト（090trap/barrier02.c）

```c
#include <stdio.h>

#define LOOP_CNT    10

int main()
{
    int i;
    int a[LOOP_CNT] = { 1, 2, 3, 4, 5, 6, 7, 8, 9, 10 };
    int b[LOOP_CNT], c[LOOP_CNT];

    #pragma omp parallel
    {
        //copy 'a' to 'b'
        #pragma omp for nowait
        for (i = 0; i < LOOP_CNT; i++)
        {
            b[i] = a[i];
        }

        // print 'b'
        #pragma omp barrier
        #pragma omp single
        {
            printf("b = ");
            for (i = 0; i < LOOP_CNT; i++)
            {
```

```
            printf("%3d", b[i]);
        }
    }

    // add 1 to 'a' and store it in 'c'
    #pragma omp for nowait
    for (i = 0; i < LOOP_CNT; i++)
    {
        c[i] = a[i] + 1;
    }

    // print 'c'
    #pragma omp barrier
    #pragma omp single
    {
        printf("\nc = ");
        for (i = 0; i < LOOP_CNT; i++)
        {
            printf("%3d", c[i]);
        }
        printf("\n");
    }
}

    return 0;
}
```

このように並列リージョン内で表示を行いたければ、barrier 指示文を使用して同期させる必要があります。for 指示文に nowait 指示句を指定したのに、for ループの直後で barrier 指示文でスレッドを同期させたのでは、for 指示文に nowait 指示句を指定した意味はなくなってしまいます。この例は、たまたま単純化しましたので、このように意味がなくなりました。しかし、現実のプログラムでは nowait 指示句と barrier 指示文をうまく利用すると、性能向上が図られ、かつデータの依存による不具合も回避できます。

以降に実行例を示します。

```
$ g++ -fopenmp barrier02.c

$ ./a.out
b =   1  2  3  4  5  6  7  8  9 10
c =   2  3  4  5  6  7  8  9 10 11
```

9-2-11 初期化されていないローカル変数

並列リージョンが始まると、それぞれのスレッドに threadprivate、private、および lastprivate で指定されたオブジェクトコピーが生成されます。これらのコピーは初期化されていないため、並列リージョン内で初期化しないとエラーメッセージが表示されます。ただ、コンパイラによっては、メッセージを表示しないものもあります。

リスト 9.31 ●ソースリスト（090trap/private01.c）

```c
#include <omp.h>
#include <stdio.h>

int main()
{
    int b, a = 1;

    #pragma omp parallel private(a)
    {
        b = a + 1;
    }
    printf("b = %d\n", b);

    return 0;
}
```

コンパイルして実行した結果を次に示します。

```
>cl /openmp private01.c
Microsoft(R) C/C++ Optimizing Compiler Version 19.14.26431 for x86
Copyright (C) Microsoft Corporation.  All rights reserved.

private01.c
private01.c(10) : warning C4700: 初期化されていないローカル変数 'a' が使用されます
Microsoft (R) Incremental Linker Version 14.14.26431.0
Copyright (C) Microsoft Corporation.  All rights reserved.

/out:private01.exe
private01.obj

>private01
b = 1
```

このプログラムを正常に書き換えたものを次に示します。

リスト 9.32 ●ソースリスト（090trap/private02.c）

```c
#include <omp.h>
#include <stdio.h>

int main()
{
    int b, a = 1;

    #pragma omp parallel private(a)
    {
        a = 1;
        b = a + 1;
    }
    printf("b = %d\n", b);

    return 0;
}
```

コンパイルして実行した結果を示します。

```
>cl /openmp private02.c

>private02
b = 2
```

9-2-12　threadprivate と共用変数

　threadprivate 指示文をプログラムの先頭で、グローバル変数に対して指示した例を示します。threadprivate 指示文は、リストに指定した項目が並列リージョンのスレッドに対してプライベート変数として扱われることを指定します。リストに指定された変数は、private 指示句で指定したプライベート変数と同様、ほかのスレッドの変数とは別物です。リストに指定する項目は、グローバル変数、または静的変数でなければなりません。以降に、プログラム例を示します。

9-2 犯しやすい間違い

リスト 9.33 ●ソースリスト (090trap/threadprivate.c)

```c
#include <stdio.h>

int a;
#pragma omp threadprivate(a)

int main()
{
    a = 0;

    #pragma omp parallel sections
    {
        #pragma omp section
        {
            a += 1;
        }
        #pragma omp section
        {
            a += 2;
        }
    }
    printf("a = %d\n", a);

    return 0;
}
```

　このプログラムは小さいですので気付きやすいですが、大規模なプログラムであるとthreadprivate指示文の指定内容を忘れてしまうことが考えられます。この例では変数aをthreadprivate指示文に指定したのに、共用変数と勘違いし、並列リージョン内から共用変数を変更していると思い違いすることが考えられます。コンパイルして実行した結果を次に示します。

```
$ g++ -fopenmp threadprivate.c
$ ./a.out
a = 0
```

　main関数の外側でグローバル変数aを宣言し、かつ、threadprivate指示文に変数aを指定します。このため、変数aは、並列リージョンのスレッドに対してプライベート変数として扱

われます。このため、printfで表示したaの値は不定です。いくつかのコンパイラを試しましたが、0と表示されるものもあれば3と表示されるものもありました。いずれにしても、変数aを共用変数として扱いたければ、新たに変数を宣言するか、threadprivate指示文から変数aを外す必要があります。

private指示句やfirstprivate指示句でも同様のことが発生しますので、プライベート変数として扱うか、共用変数として扱うか明確に管理する必要があります。

9-2-13　lastprivate指示句

並列リージョン内で得た結果を、続く逐次リージョンへ渡すためにlastprivate指示句を使用します。並列リージョン内で設定したlastprivate変数の値が、変数の元のオブジェクトに割り当てられます。対応する並列セクション内でlastprivate変数に値が割り当てられなかった場合は、並列セクション終了後の元の変数の値は不定です。以降にプログラム例を示します。

リスト 9.34 ● ソースリスト（090trap/lastprivate.c）

```c
#include <stdio.h>

int main()
{
    int a = 1, b = 2;

    #pragma omp parallel
    {
        #pragma omp parallel sections lastprivate(a, b)
        {
            #pragma omp section
            {
                //...
                a = 11;
            }

            #pragma omp section
            {
                //...
                //b = 12;
            }
        }
        #pragma omp barrier
    }
```

```
        printf("a = %d, b = %d\n", a, b);

        return 0;
}
```

　lastprivate指示句に、変数aとbを指定していますが、並列リージョン内で変数bに値を設定していません。このため、逐次リージョンへ移った後の変数bの値は不定になります。以降にコンパイルと、実行結果を示します。

```
$ g++ -fopenmp lastprivate.c
$ ./a.out
a = 11, b = 21966

PGI$ pgcc -mp -o lastprivate.exe lastprivate.c
PGI$ ./lastprivate
a = 11, b = 1074515040
```

　並列リージョン内で変数bに値を設定していないため、bの値は不定になります。このように、並列リージョン内で値を設定しない場合、lastprivate指示句に指定するのは推奨しません。あるいは、デフォルトの値を必ず指定すると良いでしょう。

■ 9-2-14　プライベート変数の制約

　プライベート変数は参照型であってはなりません。すでにflushなどで説明していますので、詳細はそちらを参照してください。プライベート変数とは、private指示句、lastprivate指示句、firstprivate指示句、そしてthreadprivate指示句に指定された変数を指します。

■ 9-2-15　プライベートとして宣言されていないプライベート変数

　第7章「2次元の具体例」の7-4節「幾何変換」でも説明したためプログラム例は示しませんが、プライベート指示句に指定しないプライベート変数を使用する場合があります。そのような場合は、並列リージョン内で変数の宣言を行って、各スレッドが変数を割り当てるようにしてください。説明は長くなってしまいますので、7-4節にプライベート変数でなければならない変数が共有変数とされたものの実行例も紹介していますので、詳細はそちらを参照してください。

9-2-16 不要な flush

ここまでは、プログラムの正当性に関する罠に説明しました。ここからは、プログラムのコードの間違いではなく、プログラムとしては正常であるが、性能に影響を与える項目に関する件について考察しましょう。

前述の通り、ほとんどの場合、flush 指示文は暗黙に指定されています。そのような場合は、flush 指示文を明示的に指定する必要はありません。不必要な flush は、プログラムの性能を低下させます。特に引数のない flush は、必要のない共有変数も含めすべてが同期されるため、プログラムの性能を大きく低下させる可能性があります。以下の部分では、flush 指示文が暗黙に指定されるため、明示的に指定する必要はありません。

1. critical への入口と出口
2. ordered への入口と出口
3. parallel への入口と出口
4. for からの出口
5. sections からの出口
6. single からの出口
7. parallel for への入口と出口
8. parallel sections への入口と出口

9-2-17 atomic 指示句の代わりとしてのクリティカルセクションまたはロックの使用

オブジェクトに対するアトミックな操作は atomic 指示句を使用する方が高速です。プロセッサに依存しますが、たいていの場合、アトミック操作の多くはプロセッサの命令に直接マップできます。このため、クリティカルセクションやロックを使用するより atomic 指示句を使用することを推奨します。atomic 指示句は、変数を x とした場合、x++、++x、あるいは、操作を x binop= expr と定義したとき、expr は x 変数を含まないスカラー文とし、binop は演算子（+、*、-、/、&、^、|、<<、または >>）を対象とします。これ以外の場合、atomic を使用することはできないため、クリティカルセクションやロックを使用してください。

9-2-18　不必要に同一オブジェクトを同時更新しない

これでも、すでに reduction 指示句の説明などで触れていますが、なるべく同一オブジェクトを、異なるスレッドから更新するのは推奨できません。アトミック操作、クリティカルセクション、ロックのどれを使用しても排他制御が必要になるため、性能は低下します。以前説明したように、スレッドローカルのオブジェクトを作成し、最後に 1 回だけスレッドローカルで得た結果を、共用変数へ反映するのは良い方法です。次の場合には、変数への排他処理は不要です。

1. スレッドのローカル変数の更新
2. 逐次リージョンで実行が保証されている場合

9-2-19　多すぎるクリティカルセクションでの処理

クリティカルセクションは、ほかのスレッドが動作しないため、常にプログラムの実行速度を低下させます。クリティカルセクションでは、スレッドが待機するため並列化されず性能が低下します。さらに、クリティカルセクションの入口と出口で若干のオーバーヘッドが発生します。このため、不必要にクリティカルセクションを使用するのは推奨しません共有変数、共有オブジェクト、共有リソースを使用しないコードをクリティカルセクションに配置するのは推奨しません。

付　録

- 付録 A　WAV ユーティリティーズ
- 付録 B　Bitmap ユーティリティーズ
- 付録 C　Visual Studio のインストールと環境設定
- 付録 D　g++/gcc の環境
- 付録 E　PGI コンパイラの OpenMP 環境

付 録

WAVユーティリティーズ

　本書のプログラムの入出力にはテキストデータを用いています。これは、扱うデータを特定のフォーマットを持ったファイル形式に依存することなく、かつ、プログラム自体をシンプルに保つためです。その代わりとして、一般的な形式の音声データから、本書のプログラムが必要とする長大な1次元データを生成（変換）するユーティリティ群を用意します。

　ここで紹介するプログラムは、音源が格納されている WAV 形式のファイルから、そのデータをテキスト形式に変換するユーティリティと、その反対に、テキスト形式のデータから WAV 形式のファイルへ変換するユーティリティです。これらのユーティリティ群を使用し、OpenMP プログラム用のデータを作るとともに、プログラムの処理結果を容易に評価できる環境を提供します。

　また、WAV ファイルを扱うクラスも紹介します。このクラスを利用すると、OpenMP 対応のプログラムから直接 WAV ファイルを扱うことも可能です。

A-1　WAV ファイルをテキストへ変換

　WAV ファイルを整数形式のテキストファイルに変換するプログラムを紹介します。OpenMP の応用プログラムへ与えるデータを用意できないことは良くあることです。ここでは、WAV 形式のファイルをテキスト形式でダンプすることによって、長大な1次元データを生成します。プログラムは処理の大半を Cwav クラスへ任せます。Cwav クラスについては後述しますので、適宜クラスの説明を参照してください。以降に、プログラムのソースリストを示します。

リスト A.1 ●ソースリスト（wavUtils/dumpWav.cpp）

```
#include <stdio.h>
#include "Cwav.h"

//----------------------------------------------------------------
```

```
// main
int
main(int argc, char *argv[])
{
    try
    {
        if (argc != 2)                                  // check parameters
            throw "missing input file name.";

        Cwav cwav;

        cwav.LoadFromFile(argv[1]);                     // read WAV file

        unsigned int numOfUnits = cwav.getNumOfUnits();
        short *pMem = (short *)cwav.getPWav();

        for (unsigned int i = 0; i < numOfUnits; i++)   // dump wav
            fprintf(stdout, "%8d¥n", (int)pMem[i]);
    }
    catch (char const *str)
    {
        fputs(str, stderr);
        fprintf(stderr, "¥n");
    }
    return 0;
}
```

最初に制御が渡る main 関数で、引数が 1 つ指定されているか調べます。このプログラムには「入力ファイル名」を指定しなければなりません。引数が適切でないときは、使用法を文字列として throw し例外を発生させます。

Cwav クラスのインスタンス cwav は、main 関数の先頭で生成されます。インスタンスの LoadFromFile メソッドで WAV ファイルを読み込みます。そして、getNumOfUnits メソッドで要素数を求め、for ループを使用し、データを printf で出力します。Cwav クラスを使用するため、とても簡単です。割り付けたメモリなどは、main 関数の終了時に、クラスのデストラクタで解放されます。

付録

■ A-1-1　ビルド法

　このプログラムは、Windows 10 上の Visual Studio 2017 と Ubuntu（Linux）上の g++ バージョン 7.3.0 でビルドを確認しています。ほかのコンパイラでも問題ないでしょうが、前記以外のコンパイラでは試していません。以降に、それぞれのビルド方法を示します。Visual Studio は IDE を使用しても良いのですが、面倒だったためコンソールからビルドします。

```
g++  -o  dumpWav  dumpWav.cpp  Cwav.cpp            (g++ の場合)
cl  /EHs  /Fe:dumpWav.exe  dumpWav.cpp  Cwav.cpp   (Visual Studio の場合)
```

■ A-1-2　使用法

以降に、コマンドの形式を示します。

```
dumpWav   <入力ファイル>
```

引数

　入力ファイル　　　wav ファイル名。

使用例

```
$ ./dumpWav  foo.wav  >  bar.txt
```

　処理結果は stdout へ出力されますので、処理結果をファイルへ格納したい場合は、上記に示したようにリダイレクトしてください。

■ A-1-3　結果の形式

　結果の形式を示します。入力がモノラルの場合、そのままサンプリング値を 10 進整数のテキストで出力します。ステレオの場合、2 行で 1 回のサンプリング値に対応します。先に左チャンネル、次に右チャンネルが出力され、これでペアです。以降に、出力形式を示します。

ステレオの場合

```
<左チャンネルの値 1>
<右チャンネルの値 1>
<左チャンネルの値 2>
<右チャンネルの値 2>
<左チャンネルの値 3>
<右チャンネルの値 3>
<左チャンネルの値 4>
<右チャンネルの値 4>
     ⋮
<左チャンネルの値 n>
<右チャンネルの値 n>
```

モノラルの場合

```
<値 1>
<値 2>
<値 3>
<値 4>
  ⋮
<値 n>
```

以降に、実際の出力例を示します。

```
    ⋮
 -2106
   320
 -2986
  1565
 -3195
  2565
 -3236
  2655
 -3038
  2344
 -2881
  1466
    ⋮
```

A-2 ステレオWAVファイルをモノラルへ変更してテキストへ変換

　先ほどのプログラムを拡張し、ステレオのWAVファイルから、モノラルに変換し、それをテキストで出力するプログラムも紹介します。このプログラムで生成したデータを使用し、移動平均や信号処理などの入力として利用します。OpenMPで利用する適切で長大な1次元データが手元になかったため、このようなプログラムを開発します。

リストA.2 ●ソースリスト（wavUtils/dumpWav2M.cpp）

```cpp
#include <stdio.h>
#include "Cwav.h"

//----------------------------------------------------------------
// main
int
main(int argc, char *argv[])
{
    try
    {
        if (argc != 2)                              // check parameters
            throw "missing input file name.";

        Cwav cwav;

        cwav.LoadFromFile(argv[1]);                 // read WAV file

        if(cwav.isMonaural())
            throw "input av not stereo.";

        unsigned int numOfUnits = cwav.getNumOfUnits();
        short *pMem = (short *)cwav.getPWav();

        for (unsigned int i = 0; i < numOfUnits; i+=2)   // dump wav
        {
            int l = (int)pMem[i];
            int r = (int)pMem[i+1];
            fprintf(stdout, "%8d\n", (l + r) / 2);
        }
    }
```

```
    catch (char const *str)
    {
        fputs(str, stderr);
        fprintf(stderr, "\n");
    }
    return 0;
}
```

　最初に制御が渡る main 関数で、引数が 1 つ指定されているか調べます。このプログラムには、「入力ファイル名」を指定しなければなりません。引数が適切でないときは、使用法を文字列として throw し例外を発生させます。

　Cwav クラスのインスタンス cwav は、main 関数の先頭で生成されます。インスタンスの LoadFromFile メソッドで WAV ファイルを読み込みます。そして、getNumOfUnits メソッドで要素数を求め、for ループを使用し、データを printf で出力するだけです。Cwav クラスを使用するため、とても簡単です。割り付けたメモリなどは、main 関数の終了時に、クラスのデストラクタで解放されます。

A-2-1　ビルド法

　このプログラムは、Visual Studio と gcc（g++）の両方に対応しています。以降に、それぞれのビルド方法を示します。Visual Studio は IDE を使用しても良いのですが、面倒だったためコンソールからビルドします。

```
g++  -o  dumpWav2M  dumpWav2M.cpp  Cwav.cpp              (gcc (g++) の場合)
cl  /EHs  /Fe:dumpWav2M.exe  dumpWav2M.cpp  Cwav.cpp     (Visual Studio の場合)
```

A-2-2　使用法

　以降に、コマンドの形式を示します。

```
dumpWav2M   <入力ファイル>
```

引数

　　入力ファイル　　　WAV ファイル名。

使用例

```
$ ./dumpWav2M  foo.wav  >  bar.txt
```

処理結果は stdout へ出力されますので、ファイルへ格納したい場合は、上記に示したようにリダイレクトしてください。

■ A-2-3　結果の形式

結果の形式を示します。入力の左チャンネルと右チャンネルの値からモノラル値を求め、その値を出力します。以降に、出力形式を示します。

```
＜値1＞
＜値2＞
＜値3＞
＜値4＞
    ⋮
＜値n＞
```

A-3　テキストを WAV ファイルへ変換

テキストファイルから WAV ファイルへ変換するプログラムを紹介します。本書の目的と若干異なるプログラムですので、簡略化して説明します。

■ A-3-1　プログラム本体の説明

実数で格納されたテキストファイルから、WAV ファイルを生成します。プログラムのソースリストを次に示します。

リスト A.3 ●ソースリスト (wavUtils/text2Wav.cpp)

```cpp
#include <stdio.h>
#include "Cwav.h"

//------------------------------------------------------------------
//countLines
size_t
countLines(const char* fname)
{
    FILE  *fp;
    float data;

    if ((fp = fopen(fname, "rt")) == NULL)
        throw "input file open failed.";

    int count = 0;
    while (fscanf(fp, "%f", &data) == 1)
        count++;

    fclose(fp);

    if (count <= 0)
        throw "input file read failed.";

    return count;
}

//------------------------------------------------------------------
//readData
void
readData(const char* fname, float data[], const size_t length)
{
    FILE *fp;

    if ((fp = fopen(fname, "rt")) == NULL)
        throw "input file open failed.";

    for (size_t i = 0; i < length; i++)
        if (fscanf(fp, "%f", &data[i]) != 1)
            throw "input file read failed.";

    for (size_t i = 0; i < length; i++)
    {
```

```
            if (data[i] > 32767.0f || data[i] < -32768.0f)
            {
                fprintf(stderr, "%8d = %10.2f¥n", (int)i, data[i]);

                data[i] = min(data[i], 32767.0f);
                data[i] = max(data[i], -32768.0f);
            }
    }
    fclose(fp);
}

//-----------------------------------------------------------------
// main
int
main(int argc, char *argv[])
{
    Cwav cwav;
    float *wav = NULL;
    short *sWav = NULL;
    unsigned int len = 2u;                              // monaural

    try
    {
        if (argc < 3)                                   // check parameters
            throw "missing parameters, need <output.wav> and [<m | s>].";

        if (argc == 4)
            if (argv[3][0] == 's' || argv[3][0] == 'S')
            {
                len = 4u;                               // stereo
                fprintf(stdout, "input: stereo.¥n");
            }
            else
                fprintf(stdout, "input: monaural.¥n");

        size_t wavLength = countLines(argv[1]);
        wav = new float[wavLength];
        sWav = new short[wavLength];

        readData(argv[1], wav, wavLength);              // read text
        for (size_t i = 0; i < wavLength; i++)
            sWav[i] = (short)wav[i];

        cwav.to16bit();
```

```
        if (len == 4u)
            cwav.toStereo();
        else
            cwav.toMonaural();
        cwav.setSamplesPerSec(44100);
        cwav.setBytesPerSec(len);
        cwav.setSizeOfData((long)wavLength * 2u);
        cwav.setBitsPerSample(16u);
        cwav.setPWav(sWav);
        cwav.setBlockAlign(len);

        cwav.SaveToFile(argv[2]);                // write wav file

        fprintf(stdout, "convert [%s] to [%s].\n", argv[1], argv[2]);
    }
    catch (char *str)
    {
        fputs(str, stderr);
        fprintf(stderr, "\n");
    }
    if (wav != NULL)
        delete[] wav;

    return 0;
}
```

countLines 関数は、入力テキストの行数をカウントするだけです。何らかのエラーを検出したら例外を throw します。

readData 関数は、テキストを float へ変換し配列に格納します。その際に、読み込みデータが 16 ビットサンプリングの範囲を超えていた場合、$-2^{15}-1 \sim 2^{15}$ へ飽和させます。これは、必ずしもデータが 16 ビットサンプリングの範囲に収まっているとは限らないためです。もし、これを忘れるとオーバーフローやアンダーフローが発生し、生成された WAV ファイルにグリッチが乗る可能性があります。

最初に制御が渡る main 関数で、引数が 2 つ以上指定されているか調べます。このプログラムには、「入力用のテキストファイル名」と「出力用の WAV ファイル名」、そしてオプションのステレオかモノラルかを指定しなければなりません。引数が少ないときは、使用法を文字列として throw し例外を発生させます。引数が 3 つのときは、ステレオかモノラルか判断します。次に、countLines 関数で入力テキストの行数をカウントします。countLines 関数が返した値を使って float の配列を割り付けます。その配列 wav に readData 関数でデータを読み込みます。

以降は Cwav クラスの cwav オブジェクトを使用し、WAV ヘッダやデータを設定し、最後に SaveToFile メソッドで WAV ファイルを書き込みます。

■ A-3-2　ビルド法

このプログラムは、Visual Studio と gcc（g++）の両方でビルドしています。ほかの開発環境でもコンパイルできるでしょうが確認はしていません。以降に、それぞれのビルド方法を示します。Visual Studio は IDE を使用しても良いのですが、面倒だったためコンソールからビルドします。

```
g++ -o text2Wav text2Wav.cpp Cwav.cpp              （g++ の場合）
cl /EHs /Fe:text2Wav.exe text2Wav.cpp Cwav.cpp     （Visual Studio の場合）
```

■ A-3-3　使用法

以降に、コマンドの形式を示します。

```
text2Wav <入力ファイル> <出力ファイル> [ s | m ]
```

引数

　入力ファイル　　テキスト形式の波形ファイル名。

　出力ファイル　　入力ファイルを変換するファイル名（wav 形式）。

　s | m　　　　　s は入力がステレオ、m は入力がモノラルを示す。省略するとモノラル。

使用例

```
C:\>text2Wav foo.txt bar.wav
C:\>text2Wav foo.txt bar.wav s
```

```
$ ./text2Wav input.txt bar.wav
$ ./text2Wav input.txt bar.wav s
```

■ A-3-4　入力ファイル形式

　まず、入力ファイルの形式を示します。入力は 1 行に 1 つのデータが格納されています。モノラルの場合、そのままサンプリング値です。ステレオの場合、2 行で 1 回のサンプリング値に対応します。先に左チャンネル、2 番目が右チャンネルです。サンプリング周波数は 44.1 kHz とみなします。

　以降に、入力の形式を示します。

　以降に、実際のファイルの例を示します。テキストは実数形式で格納されています。当然ですが整数形式で格納されていても問題ありません。

```
    3361.5574
    2978.4336
    2279.9534
    1251.5343
     -45.6318
   -1453.9929
   -2741.3792
   -3667.7310
   -4074.7217
   -3960.3320
   -3501.3477
   -3005.3345
   -2802.9360
   -3118.7224
```

```
      -3972.8005
      -5155.8071
      -6292.5132
      -6973.7451
      -6906.9780
      -6027.4873
      -4525.7925
      -2779.6421
      -1216.2079
       -158.1176
        287.1856
        253.9505
         53.2853
         46.2592
        506.8862
       1527.6097
       3000.8848
       4676.8003
```

A-4　WAV 用クラス

本章で使用した WAV ファイル操作用のクラスを説明します。

A-4-1　WAV ファイルフォーマット

クラスの説明に先立ち、WAV ファイルのフォーマットを説明します。表 A.1 に WAV フォーマット全体の構造を、表 A.2 に WAV ファイルヘッダ情報を示します。WAV ファイルは複数の可変長ブロックから成り立っています。全体の大きさを管理しながら、WAV ファイルのチャンクを解析します。固定部をデコードした後は、各チャンクを解析します。

本節で紹介するクラスが解析するのは、fmt チャンクと data チャンクのみです。それ以外のチャンクは無視します。fmt チャンクには WAV ファイルの重要な情報が格納されています。data チャンクには、実際の WAV データが格納されています。

表A.1 ● WAVフォーマット全体の構造

大きさ	説明
4バイト	RIFF 形式の識別子 'RIFF'
4バイト	ファイルサイズ（バイト単位）
4バイト	RIFF の種類を表す識別子 'WAVE'
4バイト	タグ 1
4バイト	データの長さ 1
n バイト	データ 1
4バイト	タグ 2
4バイト	データの長さ 2
n バイト	データ 2
（以下繰り返し）	

「タグ1／データの長さ1／データ1」で一つの単位、「タグ2／データの長さ2／データ2」で一つの単位。

表A.2 ● WAVファイルヘッダ情報

大きさ	内容	説明（カッコ内は 16 進表記）
4バイト	'RIFF'	RIFF ヘッダ。
4バイト	これ以降のファイルサイズ	ファイルサイズ − 8。
4バイト	'WAVE'	WAVE ヘッダ RIFF の種類が WAVE であることを表す。
4バイト	'fmt '	fmt チャンク、フォーマットの定義。
4バイト	fmt チャンクのバイト数	リニア PCM ならば 16（10 00 00 00）。
2バイト	フォーマット ID	リニア PCM ならば 1（01 00）。
2バイト	チャンネル数	モノラルならば 1（01 00）、ステレオならば 2（02 00）。
4バイト	サンプリングレート（Hz）	44.1 kHz ならば 44100（44 AC 00 00）。
4バイト	データ速度（バイト / 秒）	44.1 kHz 16 ビットステレオならば、44100 × 2 × 2 = 176400（10 B1 02 00）。
2バイト	ブロックサイズ（バイト / サンプル×チャンネル数）	16 ビットステレオならば、2 × 2 = 4（04 00）。
2バイト	サンプルあたりのビット数（ビット / サンプル）	16 ビットならば 16（10 00）。
2バイト	拡張部分のサイズ	リニア PCM ならば存在しない。
n バイト	拡張部分	リニア PCM ならば存在しない。
4バイト	'data'	data チャンク。
4バイト	波形データのバイト数	波形データの大きさが格納されている。
n バイト	波形データ	実際の波形データが入っている。

付録

　tWaveFormatPcm 構造体の宣言とそのメンバの意味を以降に示します。この構造体は、fmt チャンクを検出したときに、以降のデータを読み込むのに使用します。

```
typedef struct tagWaveFormatPcm
{
    unsigned short      formatTag;          // WAVE_FORMAT_PCM
    unsigned short      channels;           // number of channels
    unsigned int        samplesPerSec;      // sampling rate
    unsigned int        bytesPerSec;        // samplesPerSec * channels
                                            //      * (bitsPerSample/8)
    unsigned short      blockAlign;         // block align
    unsigned short      bitsPerSample;      // bits per sampling
} tWaveFormatPcm;
```

表A.3 ● tWaveFormatPcm構造体のメンバ

名前	内容
formatTag	フォーマットIDが入っています。いろいろなフォーマットが存在しますが、本クラスはリニアPCMのみを対象とします。リニアPCMなら1が格納されています。
channels	チャンネル数が入っています。モノラルなら1、ステレオなら2が格納されています。
samplesPerSec	サンプリングレートがHzで入っています。44.1 kHzなら44100（10進数）が格納されています。
bytesPerSec	秒当たりのバイト数（バイト/秒）が格納されています。もし、samplesPerSecが44.1 kHzでbitsPerSampleが16ビット、channelsがステレオなら、44100×2×2＝176400（10進数）です。
blockAlign	1サンプルのサイズです（バイト/サンプル×チャンネル数）。bitsPerSampleが16ビットで、channelsがステレオなら、2×2＝4（10進数）です。
bitsPerSample	サンプルあたりのビット数（ビット/サンプル）です。16ビットなら16（10進数）が格納されています。

　dataチャンクには、PCMデータが時間順に記録されています。ステレオであれば、並びはL R L R L R……の順番です。モノラルの場合、そのままPCMデータが時間軸で並んでいます。サンプル単位の各バイト数はbytesPerSecに格納されています。

　WAVデータの並びを次に示します。

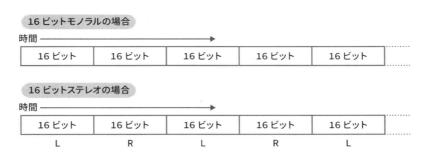

図A.1●WAVデータの並び

ビット数が16ビットなら、値は`signed short`で–32768〜+32767です。16ビットサンプリングの場合、無音は0です。本書では16ビットwavファイルしか対象としません。

A-4-2　クラスの説明

本節で使用するクラスを説明します。

共通に使用するヘッダファイル

まず、共通に使用するヘッダファイルを示します。

リストA.4●共通ヘッダファイル（wavUtils/common.h）

```c
#ifndef COMMONH__
#define COMMONH__

//----------------------------------------------------------------
// macros
#define SP_FREE(p)       if(p) {free(p);    p=NULL;}

#ifndef min
#define min(a,b) (((a)<(b))?(a):(b))
#endif
#ifndef max
#define max(a,b) (((a)>(b))?(a):(b))
#endif

#ifndef _MAX_PATH
```

```
#define _MAX_PATH    1024
#endif

//------------------------------------------------------------------
#endif   /* COMMONH__ */
```

Cwav クラス

WAV ファイル処理用のクラスのヘッダファイルを示します。

リスト A.5 ●クラスのヘッダファイル（wavUtils/Cwav.h）

```
#ifndef CwavH
#define CwavH

#include "common.h"

static const char *STR_RIFF = "RIFF";
static const char *STR_WAVE = "WAVE";
static const char *STR_fmt  = "fmt ";
static const char *STR_data = "data";

static const int WAV_MONAURAL = 1;
static const int WAV_STEREO   = 2;

//------------------------------------------------------------------
// structures
#pragma pack(push,1)

typedef struct tagSWaveFileHeader
{
    char            hdrRiff[4];           // 'RIFF'
    unsigned int    sizeOfFile;           // file size - 8
    char            hdrWave[4];           // 'WAVE'
} SWaveFileHeader;

typedef struct tagChank
{
    char            hdr[4];               // 'fmt ' or 'data'
    unsigned int    size;                 // sizeof(PCMWAVEFORMAT)
                                          //    or Wave data size
} tChank;
```

```c
typedef struct tagWaveFormatPcm
{
    unsigned short      formatTag;          // WAVE_FORMAT_PCM
    unsigned short      channels;           // number of channels
    unsigned int        samplesPerSec;      // sampling rate
    unsigned int        bytesPerSec;        // samplesPerSec * channels
                                            //      * (bitsPerSample/8)
    unsigned short      blockAlign;         // block align
    unsigned short      bitsPerSample;      // bits per sampling
} tWaveFormatPcm;

typedef struct tagWrSWaveFileHeader
{
    SWaveFileHeader     wfh;                // Wave File Header
    tChank              cFmt;               // 'fmt '
    tWaveFormatPcm      wfp;                // Wave Format Pcm
    tChank              cData;              // 'data'
} WrSWaveFileHeader;

#pragma pack(pop)


//---------------------------------------------------------------
// class header
class Cwav
{

private:
    // ----- private member -----------------------------------------
    SWaveFileHeader wFH;
    tWaveFormatPcm  wFP;
    void*           pMem;                   // pointer to wav data
    long            sizeOfData;

    char wavInFName[_MAX_PATH];             // input  wav file name
    char wavOutFName[_MAX_PATH];            // output wav file name

    // ----- private method -----------------------------------------
    bool readfmtChunk(FILE *fp, tWaveFormatPcm* waveFmtPcm);
    int  wavHeaderWrite(FILE *fp);
    bool wavDataWrite(FILE *fp);
```

```cpp
public:
    // ----- Constructor/Destructor ---------------------------------
    Cwav(void);                                    // Constructor
    virtual ~Cwav(void);                           // Destructor

    // ----- public method ------------------------------------------
    void LoadFromFile(const char *wavefile);       // read  wav file
    void SaveToFile(const char *wavefile);         // write wav file
    bool printWavInfo(void);                       // print wav info.

    //--------------------------------------------------------------
    bool isPCM(void)                               // is PCM
    { return wFP.formatTag==1 ? true: false;     }

    //--------------------------------------------------------------
    bool is16bit(void)                             // is 16bits/sample
    { return wFP.bitsPerSample==16 ? true: false;   }

    //--------------------------------------------------------------
    void to16bit(void)                             // to 16bits/sample
    { wFP.bitsPerSample=16;                      }

    //--------------------------------------------------------------
    bool isStereo(void)                            // is stereo
    { return wFP.channels==WAV_STEREO ? true: false;}

    //--------------------------------------------------------------
    void toStereo(void)                            // to stereo
    { wFP.channels=WAV_STEREO;                   }

    //--------------------------------------------------------------
    bool isMonaural(void)                          // is monaural
    { return wFP.channels==WAV_MONAURAL ? true: false;  }

    //--------------------------------------------------------------
    void toMonaural(void)                          // to monaura
    { wFP.channels=WAV_MONAURAL;                 }

    //--------------------------------------------------------------
    unsigned int getSamplesPerSec(void)            // get sampling rate
    { return wFP.samplesPerSec;                  }

    //--------------------------------------------------------------
    void setSamplesPerSec(unsigned int samplesPerSec)   // set sampling rate
```

```
    { wFP.samplesPerSec=samplesPerSec;        }

    //----------------------------------------------------------------
    void setBytesPerSec(unsigned int bytesPerSec)// set bytes/second
    { wFP.bytesPerSec=bytesPerSec;             }

    //----------------------------------------------------------------
    long getSizeOfData(void)                   // get wav data size
    { return sizeOfData;                       }

    //----------------------------------------------------------------
    void setSizeOfData(long size)              // set wav data size
    { sizeOfData=size;                         }

    //----------------------------------------------------------------
    unsigned short getBitsPerSample(void)      // get bits/sample
    { return wFP.bitsPerSample;                }

    //----------------------------------------------------------------
    void setBitsPerSample(unsigned short bitsPerSample) // set bits/sample
    { wFP.bitsPerSample=bitsPerSample;         }

    //----------------------------------------------------------------
    void* getPWav(void)                        // get addr. of wav data
    { return pMem;                             }

    //----------------------------------------------------------------
    void setPWav(void* pInMem)                 // set addr. of wav data
    { pMem=pInMem;                             }

    //----------------------------------------------------------------
    unsigned short getBlockAlign(void)         // get blockAlign
    { return wFP.blockAlign;                   }

    //----------------------------------------------------------------
    void setBlockAlign(unsigned short blockAlign)   // set blockAlign
    { wFP.blockAlign=blockAlign;               }

    //----------------------------------------------------------------
    unsigned int getNumOfUnits(void)           // get units of wav data
    { return sizeOfData/(getBitsPerSample()/8); }

    //----------------------------------------------------------------
    unsigned int getNumOfSamples(void)         // get num. of samples
```

```
        { return sizeOfData/getBlockAlign();        }

    bool stereo2monaural(void);                 // Stereo -> Monaural
    bool monaural2stereo(void);                 // Monaural -> Stereo
};

//------------------------------------------------------------------
#endif
```

簡単なメソッドはヘッダファイルに実装しました。

Cwav クラスの cpp ファイル

コード量が多いメソッドは cpp ファイルに記述します。ヘッダに記述しきれなかったメソッドのソースリストを以降に示します。

リスト A.6 ●クラス本体のソースファイル（wavUtils/Cwav.cpp）

```
#include <stdio.h>
#include <string.h>
#include <stdlib.h>
#include "Cwav.h"

//------------------------------------------------------------------
// constructor
Cwav::Cwav(void) : pMem(NULL), sizeOfData(0)
{
    memset(&wFH, 0, sizeof(wFH));           // initialization
    memset(&wFP, 0, sizeof(wFP));
    wavInFName[0] = '¥0';
    wavOutFName[0] = '¥0';
}


//------------------------------------------------------------------
// destructor
Cwav:: ~Cwav(void)
{
    SP_FREE(pMem);                          // free WAV data memory
}
```

```
/****** vvv private method vvv ******/

//------------------------------------------------------------------
// read and check fmt chank
bool Cwav::readfmtChunk(FILE *fp, tWaveFormatPcm* waveFmtPcm)
{
    if (fread(waveFmtPcm, sizeof(tWaveFormatPcm), 1, fp) != 1)
        return false;

    return true;
}


//------------------------------------------------------------------
// write wav header
int Cwav::wavHeaderWrite(FILE *fp)
{
    unsigned short bytes;
    WrSWaveFileHeader wrWavHdr;
    int rCode = -1;

    //RIFF header
    strncpy(wrWavHdr.wfh.hdrRiff, STR_RIFF, sizeof wrWavHdr.wfh.hdrRiff);

    //file size
    wrWavHdr.wfh.sizeOfFile = sizeOfData + sizeof(wrWavHdr) - 8;

    //WAVE header
    strncpy(wrWavHdr.wfh.hdrWave, STR_WAVE, sizeof wrWavHdr.wfh.hdrWave);

    //fmt chunk
    strncpy(wrWavHdr.cFmt.hdr, STR_fmt, sizeof(wrWavHdr.cFmt.hdr));

    //fmt chunk
    wrWavHdr.cFmt.size = sizeof(wrWavHdr.wfp);

    //no compression PCM = 1
    wrWavHdr.wfp.formatTag = 1;

    //ch (mono=1, stereo=2)
    wrWavHdr.wfp.channels = wFP.channels;

    //sampleng rate(Hz)
    wrWavHdr.wfp.samplesPerSec = wFP.samplesPerSec;
```

```cpp
        //bytes/sec
        bytes = wFP.bitsPerSample / 8;

        wrWavHdr.wfp.bytesPerSec = bytes*wFP.channels*wFP.samplesPerSec;

        //byte/sample*channels
        wrWavHdr.wfp.blockAlign = bytes*wFP.channels;

        //bit/samples
        wrWavHdr.wfp.bitsPerSample = wFP.bitsPerSample;

        //data chunk
        strncpy(wrWavHdr.cData.hdr, STR_data, sizeof(wrWavHdr.cData.hdr));

        //data length(byte)
        wrWavHdr.cData.size = sizeOfData;

        //write header
        if (fwrite(&wrWavHdr, sizeof(wrWavHdr), 1, fp) == 1)
            rCode = ftell(fp);
        else
            rCode = -1;

        return rCode;
}


//------------------------------------------------------------------
// write wav content to file
bool Cwav::wavDataWrite(FILE *fp)
{
    if (fwrite(pMem, sizeOfData, 1, fp) != 1)
        return false;

    return true;
}

/****** ^^^ private method ^^^ ******/


//------------------------------------------------------------------
// read wav file
void Cwav::LoadFromFile(const char* wavefile)
```

```c
{
    tChank chank;
    long    cursor, len;
    FILE    *fp = NULL;

    try
    {
        wavInFName[0] = '\0';                               // wav file name

        if ((fp = fopen(wavefile, "rb")) == NULL)
            throw "input file open failed.";

        if (fread(&wFH, sizeof(wFH), 1, fp) != 1)           // file header
            throw "error in wav header.";

        if (memcmp(wFH.hdrWave, STR_WAVE, 4) != 0)          // wav header
            throw "error in wav header.";

        if (memcmp(wFH.hdrRiff, STR_RIFF, 4) != 0)
            throw "error in wav header.";

        // 4 byte, bytes after this = (file size - 8)(Byte)
        len = wFH.sizeOfFile;

        while (fread(&chank, sizeof chank, 1, fp) == 1)     // chunk
        {
            if (memcmp(chank.hdr, STR_fmt, sizeof chank.hdr) == 0)
            {
                len = chank.size;
                cursor = ftell(fp);
                if (!readfmtChunk(fp, &wFP))
                    throw "error in wav file format.";
                fseek(fp, cursor + len, SEEK_SET);
            }
            else if (memcmp(chank.hdr, STR_data, 4) == 0)
            {
                sizeOfData = chank.size;
                if ((pMem = malloc(sizeOfData)) == NULL)
                    throw "failed malloc.";

                if (fread(pMem, sizeOfData, 1, fp) != 1)    // read whole
                    throw "failed wav file read.";
            }
            else
```

```
                {
                    len = chank.size;
                    cursor = ftell(fp);
                    fseek(fp, cursor + len, SEEK_SET);
                }
            }
            fclose(fp);

            if (!isPCM())                                       // not PCM
                throw "not PCM format.";

            strcpy(wavInFName, wavefile);                       // input wav file name
        }
        catch (char *str)
        {
            SP_FREE(pMem);
            if (fp != NULL)
                fclose(fp);

            throw str;
        }
    }

//----------------------------------------------------------------
// write wav file
void Cwav::SaveToFile(const char *outFile)
{
    FILE *fp = NULL;
    int rCode = 0;

    try
    {
        if ((fp = fopen(outFile, "wb")) == NULL)
            throw "output file open failed.";

        // write wav header
        if (wavHeaderWrite(fp) != sizeof(WrSWaveFileHeader))
            throw "wav header write failed.";

        if (!wavDataWrite(fp))                          // write wav data
            throw "wav data write failed.";

        fclose(fp);
```

```cpp
            strcpy(wavOutFName, outFile);         // output wav file name
        }
        catch (char *str)
        {
            SP_FREE(pMem);
            if (fp != NULL)
                fclose(fp);

            throw str;
        }
    }

    //----------------------------------------------------------------
    // print WAV info
    bool Cwav::printWavInfo(void)
    {
        printf("         data format: %u (1 = PCM)\n", wFP.formatTag);
        printf("  number of channels: %u\n", wFP.channels);
        printf(" frequency of sample: %u [Hz]\n", wFP.samplesPerSec);
        printf("    bytes per seconds: %u [bytes/sec]\n", wFP.bytesPerSec);
        printf("    bytes x channels: %u [bytes]\n", wFP.blockAlign);
        printf("     bits per samples: %u [bits/sample]\n", wFP.bitsPerSample);
        printf("       wav data size = %lu\n\n", sizeOfData);
        printf("        playback time=%.3f\n", (float)sizeOfData
                                            / (float)wFP.bytesPerSec);

        return true;
    }

    //----------------------------------------------------------------
    // stereo to monaural
    bool Cwav::stereo2monaural(void)
    {
        setSizeOfData(getSizeOfData() >> 1);
        setBlockAlign(getBlockAlign() >> 1);
        toMonaural();

        return true;
    }

    //----------------------------------------------------------------
    // monaural to stereo
    bool Cwav::monaural2stereo(void)
    {
```

```
        setSizeOfData(getSizeOfData() << 1);
        setBlockAlign(getBlockAlign() << 1);
        toStereo();

        return true;
}
```

Cwav クラスの説明

　本クラスでは、いくつかの構造体やコンスタントを使用します。クラスの外側で、コンスタントや構造体の定義を行います。コンスタントはソースコードを参照してください。

　各構造体を説明します。tagSWaveFileHeader は WAV ファイルのヘッダ用、tagChank 構造体は各チャンク用、tagWaveFormatPcm 構造体は PCM フォーマット用、そして、tagWrSWaveFileHeader 構造体は WAV ファイルの書き込み用です。

- コンストラクタ　　Cwav はコンストラクタです。各種のメンバを初期化します。
- デストラクタ　　　~Cwav はデストラクタです。WAV データを格納するメモリが割り付けられていたら破棄します。
- メソッド　　　　　以降に、各メソッドの機能を簡単にまとめます。

表A.4●public メソッド

public メソッド	説明
Cwav ()	コンストラクタです。
virtual ~Cwav(void)	デストラクタです。
void LoadFromFile(　　const char *wavefile)	ファイルから WAV データを読み込みます。
void SaveToFile(　　const char *wavefile)	WAV データをファイルへ書き込みます。
bool printWavInfo(void)	WAV 情報を表示します。
bool isPCM(void)	PCM フォーマットなら true を、そうでなかったら false を返します。
bool is16bit(void)	量子化ビットが 16 ビットなら true を、そうでなかったら false を返します。
void to16bit(void)	量子化ビット数を 16 ビットに設定します。
bool isStereo(void)	ステレオなら true を、そうでなかったら false を返します。

public メソッド	説明
void toStereo(void)	ステレオに設定します。
bool isMonaural(void)	モノラルなら true を、そうでなかったら false を返します。
void toMonaural(void)	モノラルに設定します。
unsigned int getSamplesPerSec(void)	サンプリングレートを取得します。
void setSamplesPerSec(unsigned int samplesPerSec)	サンプリングレートを設定します。
void* getPWav(void)	WAV データが格納されているアドレスを取得します。
void setPWav(void* pInMem)	WAV データが格納されているアドレスを設定します。
unsigned short getBlockAlign(void)	WAV データの block align を取得します。
void setBlockAlign(unsigned short blockAlign)	WAV データの block align を設定します。
unsigned int getNumOfUnits(void)	データ数を取得します。
unsigned int getNumOfSamples(void)	サンプル数を取得します。
bool stereo2monaural	ステレオをモノラルへ変換します。
bool monaural2stereo(void)	モノラルをステレオへ変換します。

表A.5●privateメソッド

private メソッド	説明
readfmtChunk(FILE *fp, tWaveFormatPcm* waveFmtPcm)	チャンクを読み込みます。
int wavHeaderWrite(FILE *fp)	WAV ファイルのヘッダ部を書き込みます。
bool wavDataWrite(FILE *fp)	WAV ファイルのデータ部を書き込みます。

表A.6●privateフィールド

private フィールド	説明
SWaveFileHeader wFH	SWaveFileHeader 構造体です。
tWaveFormatPcm wFP	tWaveFormatPcm 構造体です。
void* pMem	WAV データを指すポインタです。
long sizeOfData	WAV データのサイズです。
char wavInFName[_MAX_PATH]	入力 WAV ファイル名を保持します。
char wavOutFName[_MAX_PATH]	出力 WAV ファイル名を保持します。

以降に、主要なメソッドのみ、簡潔に説明します。

Cwav はコンストラクタです。コンストラクタは、各メンバの初期化を行います。

~Cwav はデストラクタです。SAFE_FREE マクロで WAV データを保持しているメモリを解放します。

readfmtChunk メソッドは、'fmt ' のチャンクを読み込むプライベートメソッドです。このメソッドは LoadFromFile メソッドで使用されます。

wavHeaderWrite メソッドは、SaveToFile メソッドで使用されるプライベートメソッドです。このメソッドは WAV ヘッダを書き込みます。書き込みに先立ち、内部メンバの保持する値から WAV ヘッダの内容を設定します。書き込みは fwrite 関数 1 回で行います。

wavDataWrite メソッドも、SaveToFile メソッドで使用されるプライベートメソッドです。プライベートメンバの pMem と sizeOfData が管理する WAV データを、一気に fwrite 関数でファイルへ書き込みます。

LoadFromFile メソッドは、引数で指定された WAV ファイルを読み込みます。ヘッダ情報を内部メンバに保持し、メモリを割り付け、WAV データを読み込みます。まず、引数で指定されたファイルをオープンします。次に fread 関数でファイルの先頭を読み込みます。読み込んだ内容からファイルが WAV ファイルであるかチェックします。wFH.hdrWave に 'WAVE' が、wFH.hdrRiff に 'RIFF' が格納されていなければなりません。もし、wFH.hdrWave と wFH.hdrRiff の内容が予想と異なる場合、指定されたファイルは WAV ファイルではありません。wFH.sizeOfFile には「ファイルサイズ – 8」が格納されています。この値を使って、以降の各ブロックを解析します。while ループを使用し、fread 関数で WAV ファイルから 8 バイト単位で読み込みます。chank.hdr は、このブロックの種別を示す文字列です。chank.size はブロックのサイズを示します。chank.hdr にはいろいろな文字列が格納されます。このプログラムは、'fmt ' と 'data' のみを解析し、ほかの文字列だった場合は単純に読み飛ばします。chank.size に現在のブロック長が入っていますので、その長さだけ読み飛ばせば次のブロックが見つかります。chank.hdr が 'fmt ' の場合、WAV ファイルの情報が詰まっています。この内容に従って 'data' を操作すると、いろいろな効果をサウンドに与えることが可能です。readfmtChunk メソッドを呼び出して、wFP 構造体に読み込みます。何らかのエラーを検出した場合、例外を送出します。chank.hdr が 'data' の場合、全データをメモリへ読み込みます。メモリを割り付けて WAV データを読み込み、このメモリへのポインタをプライベートメンバ pMem に設定します。このメソッドでは、基本的な WAV ファイルのフォーマットも検査します。WAV フォーマットが無圧縮 PCM でない場合、例外を送出します。

SaveToFile メソッドは、内部に保持している WAV データを、引数のファイル名で WAV ファイルとして書き出します。まず、引数で指定されたファイルを書き込みモードで開きます。次に、wavHeaderWrite メソッドを呼び出して WAV ファイルのヘッダ部を書き込みます。最後に

`wavDataWrite` メソッドを呼び出し、WAV データを書き込みます。

　`getNumOfUnits` メソッドは、サンプリングした要素数がいくつあるか返します。ステレオの場合、モノラルの倍数になります。

　`getNumOfSamples` メソッドは、総サンプリング回数を返します。

　`stereo2monaural` メソッドは、ヘッダ部をステレオからモノラルへ変更します。WAV データ自体は操作しませんので、WAV データ自体は自分で変更しなければなりません。

　`monaural2stereo` メソッドは、`stereo2monaural` メソッドと逆に、ヘッダ部をモノラルからステレオへ変更します。WAV データ自体は操作しませんので、WAV データ自体は自分で変更しなければなりません。

　ほかにも多数のメソッドが存在しますが、非常に単純なため、詳細はソースリストを参照してください。

　簡単ですが、これでクラスの説明は完了です。

B Bitmapユーティリティーズ

　本書のプログラムの入出力にはテキストデータを用いています。これは、扱うデータを特定のフォーマットを持ったファイル形式に依存することなく、かつ、プログラム自体をシンプルに保つためです。その代わりとして、一般的な形式の画像データから、本書のプログラムが必要とする長大な2次元データを生成（変換）するユーティリティ群を用意します。

　ここで紹介するプログラムは、画像が格納されているBMP形式のファイルから、そのデータをテキスト形式に変換するユーティリティと、その反対に、テキスト形式のデータからBMP形式のファイルへ変換するユーティリティです。これらのユーティリティ群を使用し、OpenMPプログラム用のデータを作るとともに、プログラムの処理結果を容易に評価できる環境を提供します。

　また、BMPファイルを扱うクラスも紹介します。このクラスを利用すると、OpenMP対応のプログラムから直接BMPファイルを扱うことが可能です。

B-1 BMPファイルをテキストへ変換

　BMPファイルを整数形式のテキストファイルに変換するプログラムを紹介します。OpenMPの応用プログラムへ与えるデータを用意できないことは良くあることです。ここでは、BMP形式のファイルをテキスト形式でダンプすることによって、大きな2次元データを生成します。プログラムは処理の大半をCbmpクラスへ任せます。Cbmpクラスについては後述しますので、適宜クラスの説明を参照してください。以降に、プログラムのソースリストを示します。

リスト B.1 ●ソースリスト (bmpUtils/dumpBmp.cpp)

```cpp
#include <iostream>
#include "Cbmp.h"

using namespace std;
```

```cpp
//----------------------------------------------------------------
// main
int
main(int argc, char* argv[])
{
    try
    {
        if (argc < 2)
            throw "no <input>";

        Cbmp bmp;
        bmp.loadFromFile(argv[1]);                  // load bitmap

        if (bmp.getBitsPerPixcel() != 24)
            throw "bmp must be 24bits per pixcel.";

        int ch = bmp.getBitsPerPixcel() / 8;

        int bmpWidth = bmp.getWidth();
        int bmpHeight = bmp.getAbsHeight();

        cerr << bmpWidth << " x " << bmpHeight << ", " << ch << " ch." << endl;
        cout << bmpWidth << " " << bmpHeight << " " << ch << endl;

        for (int y = 0; y < bmpHeight; y++)
        {
            unsigned char* pData = bmp.getScanRow(y);
            for (int x = 0; x < bmpWidth; x++)
            {
                for (int rgb = 0; rgb < ch; rgb++)
                {
                    cout << " " << (int)pData[x * 3 + rgb];
                }
                cout << endl;
            }
        }
    }
    catch (char const *str)
    {
        cerr << str << endl;
        return -1;
    }
    return 0;
}
```

付　録

　最初に制御が渡る main 関数で、引数が 1 つ指定されているか調べます。このプログラムには、「入力ファイル名」を指定しなければなりません。引数が適切でないときは、使用法を文字列として throw し例外を発生させます。

　Cbmp クラスのインスタンス bmp は、main 関数の先頭で生成されます。インスタンスの loadFromFile メソッドで BMP ファイルを読み込みます。Bitmap が 24bpp でない場合、例外を送出しエラーとします。

　次に BMP ファイルの内容をテキスト形式で出力します。まず、2 次元配列の属性（横サイズ、縦サイズ、チャンネル数）を出力します。続いて、データを出力します。データは、青、緑、赤成分を 1 行に出力します。

■ B-1-1　ビルド法

　このプログラムは、Windows 10 上の Visual Studio 2017 と Ubuntu（Linux）上の g++ バージョン 7.3.0 で確認しています。ほかのコンパイラでも問題ないでしょうが、前記以外のコンパイラでは試していません。以降に、それぞれのビルド方法を示します。Visual Studio は IDE を使用しても良いのですが面倒だったためコンソールからビルドします。

```
g++  -o  dumpBmp  dumpBmp.cpp  Cbmp.cpp              (gcc（g++）の場合)
cl  /EHs  /Fe:dumpBmp.exe  dumpBmp.cpp  Cbmp.cpp     (Visual Studio の場合)
```

■ B-1-2　使用法

　以降に、コマンドの形式を示します。

```
dumpBmp   <入力ファイル>
```

引数

　入力ファイル　　bmp ファイル名。

使用例

```
$ ./dumpBmp  foo.bmp  >  bar.txt
```

処理結果はstdoutへ出力されますので、ファイルへ格納したい場合は、上記に示したようにリダイレクトしてください。

B-1-3　結果の形式

結果の形式を示します。最初に、画像サイズ（横と縦のピクセル数）とチャンネル数を出力します。続いて、画像の先頭位置から青、緑、赤成分を10進整数のテキストで出力します。以降に出力フォーマットを示します。

```
<横幅>　<高さ>　<チャンネル数>
<青の値0>　<緑の値0>　<赤の値0>
<青の値1>　<緑の値1>　<赤の値1>
<青の値2>　<緑の値2>　<赤の値2>
              ⋮
```

以降に、実際の出力例を示します。

```
256 256 3
 57  22  82
 62  32  96
 65  30  97
 62  26  92
 68  36  98
 58  21  89
 75  27  95
 87  56 121
128 129 183
170 188 218
175 189 219
180 189 221
174 193 220
168 186 217
145 176 210
125 148 194
 91  81 157
 88  92 184
 90 105 212
       ⋮
```

B-2 BMPファイルをグレイスケールに変換しテキスト出力

先ほどのプログラムを拡張し、カラーのBMPファイルをグレイスケールへ変換し、それをテキストで出力するプログラムも紹介します。OpenMPで利用する大きな2次元データが手元になかったため、このようなプログラムを開発します。

リストB.2 ●ソースリスト（bmpUtils/dumpBmpGray.cpp）

```cpp
#include <iostream>
#include "Cbmp.h"

using namespace std;

//----------------------------------------------------------------
// main
int
main(int argc, char* argv[])
{
    try
    {
        if (argc < 2)
            throw "no <input>";

        Cbmp bmp;
        bmp.loadFromFile(argv[1]);                  // load bitmap

        if (bmp.getBitsPerPixcel() != 24)
            throw "bmp must be 24bits per pixcel.";

        int ch = bmp.getBitsPerPixcel() / 8;

        int bmpWidth = bmp.getWidth();
        int bmpHeight = bmp.getAbsHeight();

        cerr << bmpWidth << " x " << bmpHeight << ", " << "1 ch." << endl;
        cout << bmpWidth << " " << bmpHeight << "  1" << endl;

        unsigned char* gs = (unsigned char*)malloc(bmpWidth*bmpHeight);
        bmp.getGSData(gs);
```

```
        unsigned char* pData = gs;
        for (int y = 0; y < bmpHeight; y++)
        {
            for (int x = 0; x < bmpWidth; x++)
            {
                cout << " " << (int)*pData++ << endl;
            }
        }
        SAFE_FREE(gs);
    }
    catch (char const *str)
    {
        cerr << str << endl;
        return -1;
    }
    return 0;
}
```

　最初に制御が渡る main 関数で、引数が 1 つ指定されているか調べます。このプログラムには「入力ファイル名」を指定しなければなりません。引数が適切でないときは、使用法を文字列として throw し例外を発生させます。先のプログラムと異なるのは、Cbmp オブジェクトの getGSData メソッドを呼び出して、カラー画像をグレイスケール画像に変換した値を受け取る点です。なお、getGSData メソッドの引数で与える、グレイスケールに変換後の値を格納するエリアは呼び出し元が割り付ける必要があります。

　先のプログラムと異なり、データの出力は 1 行に 1 つの輝度成分だけです。

■ B-2-1　ビルド法

　このプログラムは、Visual Studio と gcc（g++）の両方に対応しています。以降に、それぞれのビルド方法を示します。Visual Studio は IDE を使用しても良いのですが、面倒だったためコンソールからビルドします。

```
g++ -o dumpBmpGray dumpBmpGray.cpp Cbmp.cpp           （gcc（g++）の場合）
cl /EHs /Fe:dumpBmpGray.exe dumpBmpGray.cpp Cbmp.cpp   （Visual Studio の場合）
```

■ B-2-2　使用法

以降に、コマンドの形式を示します。

```
dumpBmpGray   <入力ファイル>
```

引数
入力ファイル　　　BMPファイル名。

使用例

```
$ ./dumpBmpGray   foo.bmp   >   bar.txt
```

処理結果はstdoutへ出力されますので、ファイルへ格納したい場合は、上記に示したようにリダイレクトしてください。

■ B-2-3　結果の形式

結果の形式を示します。最初に、画像サイズ（横と縦のピクセル数）とチャンネル数を出力します。グレイスケールに変換するため、チャンネル数は必ず1です。続いて、画像の先頭位置から輝度値を10進整数のテキストで出力します。以降に、出力フォーマットを示します。

```
<横幅>  <高さ>  <チャンネル数 = 1>
<輝度値0>
<輝度値1>
<輝度値2>
     :
```

以降に、実際の出力例を示します。

```
256 256   1
 43
 54
 54
 49
 58
```

```
    45
    52
    78
   145
   194
   196
   197
   198
   193
   182
   159
   104
    ⋮
```

B-3 テキストを BMP ファイルへ変換

テキストファイルから BMP ファイルへ変換するプログラムを紹介します。本書の目的と若干異なるプログラムですので、簡略化して説明します。

■ B-3-1　プログラム本体の説明

実数で格納されたテキストファイルから、BMP ファイルを生成します。以降にプログラムのソースリストを示します。

リスト B.3 ●ソースリスト（bmpUtils/text2Bmp.cpp）

```cpp
#include <stdio.h>
#include <iostream>
#include "Cbmp.h"

using namespace std;

//----------------------------------------------------------------
// main
int
main(int argc, char* argv[])
```

```cpp
{
    try
    {
        FILE *fp;
        int width, height, ch, data, r, g, b;

        if (argc != 3)
            throw "no <input> <output>";

        if ((fp = fopen(argv[1], "rt")) == NULL)
            throw "input file open failed.";

        if (fscanf(fp, "%d %d %d", &width, &height, &ch) != 3)
            throw "input file read failed.";

        Cbmp bmp;
        bmp.create24Dib(width, height);

        for (int y = 0; y < height; y++)
        {
            unsigned char* pData = bmp.getScanRow(y);
            for (int x = 0; x < width; x++)
            {
                if (ch == 1)
                {
                    if (fscanf(fp, "%d", &b) != 1)
                        throw "input file read failed.";
                    r = g = b;
                }
                else
                {
                    if (fscanf(fp, "%d %d %d", &b, &g, &r) != 3)
                        throw "input file read failed.";
                }
                pData[x * 3 + 0] = (unsigned char)b;
                pData[x * 3 + 1] = (unsigned char)g;
                pData[x * 3 + 2] = (unsigned char)r;
            }
        }
        fclose(fp);

        bmp.saveToFile(argv[2]);                    // save bitmap
    }
    catch (char const *str)
```

```
        {
            cerr << str << endl;
            return -1;
        }
        return 0;
    }
```

　最初に制御が渡る main 関数で、引数が 2 つ指定されているか調べます。このプログラムには、「入力用のテキストファイル名」と「出力用の BMP ファイル名」を指定しなければなりません。引数の数が 2 でない場合、エラーメッセージを throw し例外を発生させます。

　次に、横幅、高さ、そしてチャンネル数を width、height、そして ch へ読み込みます。これらのデータを読み込めない場合は、エラーメッセージを throw し例外を発生させます。

　その後、続くデータから BMP ファイルを生成します。入力がカラー画像であれグレイスケール画像であれ、生成される BMP ファイルは 24bpp 形式とします。

■ B-3-2　ビルド法

　このプログラムは、Visual Studio と gcc（g++）の両方に対応しています。以降に、それぞれのビルド方法を示します。Visual Studio は IDE を使用しても良いのですが、面倒だったためコンソールからビルドします。

```
g++ -o text2Bmp text2Bmp.cpp Cbmp.cpp              （gcc（g++）の場合）
cl /EHs /Fe:text2Bmp.exe text2Bmp.cpp Cbmp.cpp     （Visual Studio の場合）
```

■ B-3-3　使用法

　以降に、コマンドの形式を示します。

```
text2Bmp <入力ファイル> <出力ファイル>
```

引数

　　入力ファイル　　テキスト形式の画像ファイル名。

　　出力ファイル　　入力ファイルを変換するファイル名（bmp 形式）。

使用例

```
C:\>text2Bmp  foo.txt  bar.bmp
```

```
$ ./text2Bmp  foo.txt  bar.bmp
```

■ B-3-4　入力ファイル形式

まず、入力ファイルの形式を示します。入力の最初の行には、画像サイズ（横と縦のピクセル数）とチャンネル数が格納されています。続いて、画像の先頭位置から、画素値が10進数のテキストで出力します。チャンネル数が3なら、青、緑、赤成分が1行に格納されます。チャンネル数が1なら、1行に1つの値が格納されます。以降に入力フォーマットを示します。

```
<横幅>　<高さ>　<チャンネル数>
<データ>　[<データ>　<データ>　]
<データ>　[<データ>　<データ>　]
<データ>　[<データ>　<データ>　]
<データ>　[<データ>　<データ>　]
<データ>　[<データ>　<データ>　]
               :
```

以降に、実際の出力例を示します。

```
チャンネル数＝3（カラー画像）

256 256 3
 57  22  82
 62  32  96
 65  30  97
 62  26  92
 68  36  98
 58  21  89
 75  27  95
 87  56 121
128 129 183
170 188 218
175 189 219
180 189 221
174 193 220
168 186 217
145 176 210
125 148 194
 91  81 157
        ⋮
```

```
チャンネル数＝1（グレイスケール画像）

256 256  1
 43
 54
 54
 49
 58
 45
 52
 78
145
194
196
197
198
193
182
159
104
 ⋮
```

B-4　Bitmap 用クラス

本章で使用した BMP ファイル操作用のクラスを説明します。

■ B-4-1　BMP ファイルフォーマット

クラスの説明に先立ち、BMP ファイルのフォーマットを説明します。以降の図で、BMP ファイルフォーマット全体の構造を示します。

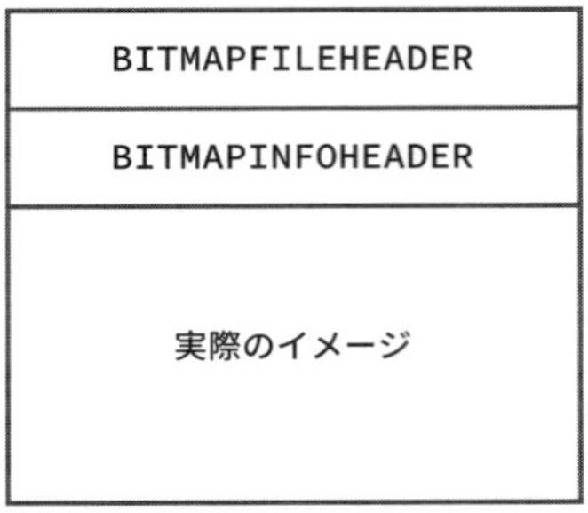

付録

```
┌─────────────────────────┐
│    BITMAPFILEHEADER     │
├─────────────────────────┤
│    BITMAPINFOHEADER     │
├─────────────────────────┤
│                         │
│      実際のイメージ      │
│                         │
└─────────────────────────┘
```

図B.1●BMPファイルフォーマットの構造

　ビットマップファイルに関する構造体は、各処理系が標準で用意している場合もあります。しかし、ソースコードのポータビリティを高めたかったため、処理系に依存しない純粋なC/C++言語のデータ型を使用して、あらためてビットマップ関係の構造体を定義します。以降に構造体などを定義したヘッダファイルを示します。

リストB.4●構造体などのヘッダファイル（bmpUtils/bitmapStruct.h）

```c
#ifndef __BITMAPSTRUCT__
#define __BITMAPSTRUCT__


#pragma pack(push, 1)

typedef struct
{
    unsigned short  bfType;
    unsigned int    bfSize;
    unsigned short  bfReserved1;
    unsigned short  bfReserved2;
    unsigned int    bfOffBits;
}
bmpFileHdr, *pBmpFileHdr;

typedef struct
{
    unsigned int    biSize;
    int             biWidth;
    int             biHeight;
    unsigned short  biPlanes;
```

```
    unsigned short  biBitCount;
    unsigned int    biCompression;
    unsigned int    biSizeImage;
    int             biXPelsPerMeter;
    int             biYPelsPerMeter;
    unsigned int    biClrUsed;
    unsigned int    biClrImportant;
}
bmpInfoHdr, *pBmpInfoHdr;


#pragma pack(pop)


#define BMTFMT_16_555      1
#define BMTFMT_16_565      2
#define BMTFMT_24_888      3
#define BMTFMT_32_BGRA     4
#define BMTFMT_32_BGRX     5
#define BMTFMT_32_101010   6
#define BMTFMT_UNKNOWN    -1

#define SAFE_DELETE(p)    if(p!=NULL) { delete(p); p=NULL; }
#define SAFE_FREE(p)      if(p!=NULL) { free(p);   p=NULL; }

#endif // __BITMAPSTRUCT__
```

ビットマップファイルヘッダ

ビットマップファイルヘッダを構造体宣言したものを示します。

```
typedef struct
{
    unsigned short  bfType;        // "BM" であること
    unsigned int    bfSize;        // ファイルサイズ ( バイト )
    unsigned short  bfReserved1;   // 予約
    unsigned short  bfReserved2;   // 予約
    unsigned int    bfOffBits;     // イメージ実体までのオフセット
}
bmpFileHdr, *pBmpFileHdr;
```

各メンバを説明します。

表B.1●bmpFileHdr構造体のメンバ

メンバ名	説明
bfType	ビットマップファイルを示す "BM" が入っている。
bfSize	ファイルのサイズが入っている、画像実体の大きさを求めるのに使用する。
bfReserved1	予約領域。
bfReserved2	予約領域。
bfOffBits	画像実体までのオフセットが入っている、本体の位置を求めるのに使用する。

ビットマップヘッダ

ビットマップヘッダを構造体宣言したものを示します。

```
typedef struct
{
    unsigned int    biSize;           // 構造体の大きさ(バイト)
    int             biWidth;          // イメージの幅
    int             biHeight;         // イメージの高さ
    unsigned short  biPlanes;         // プレーンの数，必ず "1"
    unsigned short  biBitCount;       // 色数
    unsigned int    biCompression;    // 圧縮タイプ
    unsigned int    biSizeImage;      // イメージのサイズ
    int             biXPelsPerMeter;  // 水平解像度
    int             biYPelsPerMeter;  // 垂直解像度
    unsigned int    biClrUsed;        // 重要なカラーインデックス数
    unsigned int    biClrImportant;   // 使用されるインデックス数
}
bmpInfoHdr, *pBmpInfoHdr;
```

各メンバを説明します。

表B.2●bmpInfoHdr構造体のメンバ

メンバ名	説明
biSize	この構造体の大きさがバイト数で格納されている。
biWidth	ビットマップの幅がピクセル単位で格納されている。
biHeight	ビットマップの高さがピクセル単位で格納されている。
biPlanes	プレーン数が入っている，この値は必ず1である。

メンバ名	説明
biBitCount	1ピクセルあたりのビット数が格納されている。
biCompression	使用されている圧縮タイプが入っている。
biSizeImage	イメージのサイズがバイト単位で格納されている。非圧縮RGBビットマップの場合0が格納されている。
biXPelsPerMeter	ビットマップの水平解像度が格納されている。単位は1メートルあたりのピクセルである。
biYPelsPerMeter	ビットマップの垂直解像度が格納されている。単位は1メートルあたりのピクセルである。
biClrUsed	カラーテーブル内の実際に使用する数が格納されている。
biClrImportant	ビットマップを表示するために重要とみなされるカラーインデックス数が格納されている。0が入っている場合、すべての色が重要である。

次に、クラスのヘッダと本体のソースリストを示します。

リストB.5 ●クラスのヘッダファイル（bmpUtils/Cbmp.h）

```
#ifndef __CBMPH__
#define __CBMPH__

#include "bitmapStruct.h"

//----------------------------------------------------------------
class Cbmp
{
private:
    // ----- Methods -----
    int readHeader(FILE* fp);
    int readDib(FILE* fp);
    int writeHeader(FILE* fp);
    int writeDib(FILE* fp);
    void setBmpInfoHdr(const int width, const int height);
    void setBmpFileHdr(const int width, const int height);


    // ----- Members -----------------------------
    bmpFileHdr   mBmpFileHdr;                             // ヘッダ



public:
    // ----- Constructor/Destructor ----------------
```

```cpp
        Cbmp();                                             // コンストラクタ
        virtual ~Cbmp();                                    // デストラクタ

        // ----- Methods -----
        void loadFromFile(const char* bmpFName);
        int getWidth(void) const { return (mPdib==0 ? 0 : mPdib->biWidth); }
        int getHeight(void) const { return (mPdib==0 ? 0 : mPdib->biHeight); }
        int getAbsHeight(void) const { return (mPdib==0 ? 0 : mAbsHeight); }
        pBmpInfoHdr getPdib(void) const { return mPdib;}
        unsigned char* getPbitmapBody(void) const {
                        return (unsigned char*)(mPdib==0 ? 0 : mPbitmap); }
        unsigned char* getScanRow(const int rowNo) const;
        int getBitsPerPixcel(void) const { return mPdib->biBitCount; }
        void saveToFile(const char* bmpFName);
        void getGSData(unsigned char* gs) const;
        void getBgraData(unsigned char* dataBgra) const;
        void gs2bgra(unsigned char* gs) const;
        int create24Dib(const int width, const int height);
        int easyFmtAna(void) const;


        // ----- Members ------------------------------
        pBmpInfoHdr mPdib;                                  // pointer to BITMAP(DIB)
        unsigned char* mPbitmap;                            // pointer to image
        int mDibSize;                                       // size of BITMAP(DIB)
        int mRowPitch;                                      // row per bytes
        int mPixelPitch;                                    // pixel per bytes
        int mImageSize;                                     // size of image
        int mAbsHeight;                                     // absolute height
};
//-------------------------------------------------------------------

#endif  /* __CBMPH__ */
```

リスト B.6 ●クラスの本体ファイル (bmpUtils/Cbmp.cpp)

```cpp
#include <stdio.h>
#include <stdlib.h>
#include <string.h>
#include <assert.h>
#include <sys/stat.h>           // for SIDBA
#include "bitmapStruct.h"
```

```cpp
#include "Cbmp.h"


//--------------------------------------------------------------------
// コンストラクタ
Cbmp::Cbmp()
: mPdib(NULL), mPbitmap(NULL), mDibSize(0), mRowPitch(0),
                    mPixelPitch(0), mImageSize(0), mAbsHeight(0)
{
    assert(sizeof(char) ==1);
    assert(sizeof(short)==2);
    assert(sizeof(int)  ==4);
}


//--------------------------------------------------------------------
// デストラクタ
Cbmp::~Cbmp()
{
    SAFE_FREE(mPdib);                                   // free bmp
}



//=============== vvvvvv private vvvvvv ===========================

//--------------------------------------------------------------------
// read bitmap file header
//
// return true :0
//        false:!0=error #
int
Cbmp::readHeader(FILE* fp)
{
    if(fread(&mBmpFileHdr, sizeof(bmpFileHdr), 1, fp)!=1)
        return -1;

    if(mBmpFileHdr.bfType!='B'+'M'*256)
        return -2;                                      // not bitmap file

    return 0;
}


//--------------------------------------------------------------------
```

```cpp
// read bitmap body
int
Cbmp::readDib(FILE* fp)
{
    if(fread(mPdib , mDibSize, 1, fp)!=1)           // read body
        return -1;

    if(mPdib->biBitCount!=16
                && mPdib->biBitCount!=24
                        && mPdib->biBitCount!=32)
        return -2;                                   // not 16/24/32bpp

    return 0;
}


//----------------------------------------------------------------
// write bitmap file header
int
Cbmp::writeHeader(FILE* fp)
{
    if(fwrite(&mBmpFileHdr, sizeof(bmpFileHdr), 1, fp)!=1)
        return -1;

    return 0;
}


//----------------------------------------------------------------
// write bitmap file body
int
Cbmp::writeDib(FILE* fp)
{
    if(fwrite(mPdib , mDibSize, 1, fp)!=1)          // write bitmap body
        return -1;

    return 0;
}


//----------------------------------------------------------------
// set bitmap file header
void
Cbmp::setBmpInfoHdr(const int width, const int height)
```

```cpp
{
    mPdib->biSize          =sizeof(bmpInfoHdr);
    mPdib->biWidth         =width;
    mPdib->biHeight        =height;
    mPdib->biPlanes        =1;
    mPdib->biBitCount      =24;                     // 24 bpp
    mPdib->biCompression   =0;
    mPdib->biSizeImage     =0;
    mPdib->biXPelsPerMeter=0;
    mPdib->biYPelsPerMeter=0;
    mPdib->biClrUsed       =0;
    mPdib->biClrImportant =0;
}


//-----------------------------------------------------------------
// set bitmap info header
//
// set bitmap file header
// set mAbsHeight
// set mPixelPitch
// set mRowPitch
//
void
Cbmp::setBmpFileHdr(const int width, const int height)
{
    mAbsHeight=height>0 ? height : -(height);       //abs

    mPixelPitch=3;                                  // 24 bpp

    mRowPitch=width*mPixelPitch;                    // to 4byte boundary
    if(mRowPitch%4)
        mRowPitch=mRowPitch+(4-(mRowPitch%4));

    mBmpFileHdr.bfType='B'+'M'*256;
    mBmpFileHdr.bfSize=(mRowPitch*mAbsHeight)+sizeof(bmpFileHdr)+sizeof(bmpInfoHdr);
    mBmpFileHdr.bfReserved1=0;
    mBmpFileHdr.bfReserved2=0;
    mBmpFileHdr.bfOffBits=sizeof(bmpFileHdr)+sizeof(bmpInfoHdr);
}


//=============== ^^^^^^ private ^^^^^^ ===================================
```

```cpp
//----------------------------------------------------------------
// load bitmap image from file
void
Cbmp::loadFromFile(const char* bmpFName)
{
    FILE* fp;
    struct stat statbuf;                        // for SIDBA

    SAFE_FREE(mPdib);                           // delete image

    if ((fp = fopen(bmpFName, "rb")) == 0)      // open bitmap file
        throw "input file open failed.";

    if (stat(bmpFName, &statbuf) != 0)          // for SIDBA
        throw "function stat() failed.";        // for SIDBA

    if (readHeader(fp) != 0)                    // read file header
    {
        fclose(fp);
        throw "failed to read bitmap file header.";
    }

    //mDibSize=mBmpFileHdr.bfSize-sizeof(bmpFileHdr); // size of dib
    mDibSize = statbuf.st_size - sizeof(bmpFileHdr);    // for SIDBA
    mPdib = (bmpInfoHdr *)malloc(mDibSize);     // alloc dib memory

    if (readDib(fp) != 0)                       // read dib
    {
        SAFE_FREE(mPdib);
        fclose(fp);
        throw "failed to read bitmap file body.";
    }
    fclose(fp);                                 // close bitmap file

    mPbitmap = (unsigned char *)(mPdib)         // move pos. to body
        +mBmpFileHdr.bfOffBits
        - sizeof(bmpFileHdr);

    mPixelPitch = mPdib->biBitCount / 8;

    mRowPitch = (mPdib->biWidth*mPixelPitch);   // clac. row pitch by bytes
```

```cpp
    if (mRowPitch % 4 != 0)
        mRowPitch += (4 - (mRowPitch % 4));

    mAbsHeight = mPdib->biHeight > 0 ? mPdib->biHeight : -(mPdib->biHeight);   //abs
    mImageSize = mRowPitch*mAbsHeight;
}


//-----------------------------------------------------------------
// get mem addr of specified scanrow#
unsigned char*
Cbmp::getScanRow(const int rowNo) const
{
    int absrowNo;

    if(mPdib==0)
        return 0;

    absrowNo=rowNo;
    if(mPdib->biHeight<0)
        absrowNo=mPdib->biHeight-rowNo-1;

    return (mPbitmap+(absrowNo*mRowPitch));
}


//-----------------------------------------------------------------
// save to bitmap file
void
Cbmp::saveToFile(const char* bmpFName)
{
    FILE* fp;

    if((fp=fopen(bmpFName, "wb"))!=0)              // open file
    {
        if(writeHeader(fp)==0)                     // write header
        {
            if(writeDib(fp)!=0)                    // write dib
                throw "failed to write dib.";
        }
        else
            throw "failed to write header.";
    }
    else
```

```
            throw "failed to open file.";

        fclose(fp);
        SAFE_FREE(mPdib);
    }


    //------------------------------------------------------------------
    // convert color to gray scale
    void
    Cbmp::getGSData(unsigned char* gs) const
    {
        unsigned char* pRow=mPbitmap;
        unsigned char* pDest=gs;

        for(int y=0 ; y<mAbsHeight ; y++)
        {
            for(int x=0; x<getWidth(); x++)
            {
                float m=  (float)pRow[(x*mPixelPitch)+0]*0.114478f   // blue
                        + (float)pRow[(x*mPixelPitch)+1]*0.586611f   // green
                        + (float)pRow[(x*mPixelPitch)+2]*0.298912f;  // red

                *pDest=(unsigned char)m;                             // gray scale
                pDest++;
            }
            pRow+=mRowPitch;
        }
    }


    //------------------------------------------------------------------
    // get BGRA
    void
    Cbmp::getBgraData(unsigned char* dataBgra) const
    {
        if(mPdib->biBitCount==32)
            memcpy(dataBgra, mPbitmap, mImageSize);         // copy BGRA to dest.
        else
        {
            int index=0;                                   // cnvert 24bpp to BGRA
            for(int i=0; i<mImageSize; i+=3)
            {
                dataBgra[index++]=mPbitmap[i+0];     // B
```

```
                dataBgra[index++]=mPbitmap[i+1];    // G
                dataBgra[index++]=mPbitmap[i+2];    // R
                dataBgra[index++]=255;              // A
        }
    }
}


//------------------------------------------------------------------
// gray scale to 24bpp RGB or 32bpp BGRA
void
Cbmp::gs2bgra(unsigned char* gs) const
{
    for(int y=0; y<mAbsHeight; y++)
    {
        int rowOffset=y*mRowPitch;
        for(int x=0; x<mPdib->biWidth; x++)
        {
            mPbitmap[rowOffset+(mPixelPitch*x)+0]=gs[(y*mPdib->biWidth)+x];   // B
            mPbitmap[rowOffset+(mPixelPitch*x)+1]=gs[(y*mPdib->biWidth)+x];   // G
            mPbitmap[rowOffset+(mPixelPitch*x)+2]=gs[(y*mPdib->biWidth)+x];   // R
                                                                              // A
        }
    }
}


//------------------------------------------------------------------
// create 24 bit DIB
int
Cbmp::create24Dib(const int width, const int height)
{
    setBmpFileHdr(width, height);

    SAFE_FREE(mPdib);                                 // delete bmp
    mDibSize=mBmpFileHdr.bfSize-sizeof(bmpFileHdr);   // size of dib
    mPdib=(bmpInfoHdr *)malloc(mDibSize);             // alloc dib memory

    setBmpInfoHdr(width, height);

    mPbitmap=(unsigned char *)(mPdib)                 // move pos. to body
                    +mBmpFileHdr.bfOffBits
                        -sizeof(bmpFileHdr);
```

```cpp
        mImageSize=mRowPitch*mAbsHeight;

        memset(mPbitmap, 0xFF, mImageSize);            // init. image data

        return 0;
}


//----------------------------------------------------------------
// easy format analyzer
int
Cbmp::easyFmtAna(void) const
{
    if(mPdib==NULL)
        return BMTFMT_UNKNOWN;

    if(mPdib->biBitCount<16)
        return BMTFMT_UNKNOWN;

    if(mPdib->biBitCount==16 )
    {
        if(mPdib->biCompression==0)
            return BMTFMT_16_555;
        else
            return BMTFMT_16_565;
    }

    if(mPdib->biBitCount==24 && mPdib->biCompression==0)
        return BMTFMT_24_888;

    if(mPdib->biBitCount==32)
    {
        if(mPdib->biCompression==0)
            return BMTFMT_32_BGRA;
        else
            return BMTFMT_32_BGRX;
    }

    return BMTFMT_UNKNOWN;
}
```

クラスの概要を、表B.3～表B.6に示します。本書で紹介するプログラムでは使用しないメ

ソッドも含まれています。

表B.3●publicメソッド

public メソッド	説明
Cbmp(void)	コンストラクタです。
~ Cbmp(void)	デストラクタです。
void loadFromFile(const char* bmpFName)	ビットマップファイルを読み込みます。
unsigned int getWidth(void)	画像の幅を取得します。
unsigned int getHeight(void)	画像の高さを取得します（マイナスの値の場合もあります）。
int getAbsHeight(void)	画像の高さの絶対値を取得します。
pBmpInfoHdr getPdib(void)	ビットマップヘッダを指すポインタを取得します。
unsigned char* getPbitmapBody(void)	画像データを指すポインタを取得します。
unsigned char* getScanRow(const int rowNo)	指定したラインの先頭アドレスを取得します。
int getBitsPerPixcel(void)	1ピクセルのビット数を取得します。
void saveToFile (const char* bmpFName)	ビットマップをファイルへ保存します。
void getGSData(unsigned char* gs)	読み込んだビットマップをグレイスケール画像へ変換した画像データを取得します。
void getBgraData(unsigned char* dataBgra)	読み込んだビットマップからBGRAへ変換した32bppの画像データを取得します。
void gs2bgra(unsigned char* gs)	グレイスケール画像データをBGRA形式へ変換します。
int create24Dib (const int width, const int height)	指定したサイズの24bppビットマップファイルを生成します。
int easyFmtAna(void)	読み込んだビットマップのフォーマットを簡易な方法で解析します。

表B.4●publicメンバ

private メンバ	説明
pBmpInfoHdr mPdib	ビットマップ（DIB）を指すポインタです。
unsigned char* mPbitmap	画像データを指すポインタです。
int mDibSize	ビットマップ（DIB）のサイズです。
int mImageSize	画像データのサイズです。
int mRowPitch	1ラインのバイト数です。
int mPixelPitch	1ピクセルのバイト数です。
int mAbsHeight	画像の高さです。ビットマップファイルは高さがマイナスの値で格納されている場合がありますので、絶対値を保持します。

表B.5●privateメソッド

private メソッド	説明
int readHeader(FILE* fp)	ビットマップファイルヘッダを読み込みます。
int readDib(FILE* fp)	ビットマップ本体を読み込みます。
int writeHeader(FILE* fp)	ビットマップファイルヘッダを書き込みます。
int writeDib(FILE* fp)	ビットマップ本体を書き込みます。
void setBmpInfoHdr(const int width, 　　　　　　　　　const int height)	ビットマップ情報を設定します。
void setBmpFileHdr(const int width, 　　　　　　　　　const int height)	ビットマップファイルヘッダ情報を設定します。

表B.6●privateメンバ

private メンバ	説明
bmpFileHdr　mBmpFileHdr	ビットマップファイルヘッダの構造体です。

■ B-4-2　クラスの説明

　ソースコードと対応させながら説明します。
　Cbmp はコンストラクタです。まず、主要なメンバを初期化します。また、各データ型のサイズが想定したサイズであるかチェックします。本クラスは複数のプラットフォームへ対応させるので、C/C++ 言語のデータ型が想定したサイズであるかチェックします。
　~Cbmp はデストラクタです。メモリが割り付けられていたら、それを解放します。メモリの解放は SAFE_FREE マクロで行います。このマクロはメモリが割り当てられていたときのみメモリ解放を行い、解放後にポインタに NULL を設定します。

private メソッド

　readHeader メソッドは、fread 関数で bmpFileHdr 構造体のサイズ分だけファイルから読み込みます。読み込みが成功したら先頭に 'BM' という文字が入っているかチェックします。もし、'BM' が入っていない場合、ビットマップファイルではないため呼び出し元に 0 以外を返し、正常に読み込めたら 0 を返します。
　readDib メソッドは、mPdib メンバが指すアドレスへビットマップ本体を読み込みます。mPdib が指すメモリは呼び出し元が割り付けます。また、読み込むサイズ mDibSize も、このメソッドの呼び出し前に設定されています。ビットマップファイルを正常に読み込めたら 0 を返します。

writeHeader メソッドは、渡されたファイルポインタを指定し、fwrite 関数でビットマップファイルヘッダを保持する mBmpFileHdr 構造体をファイルへ書き込みます。

　writeDib メソッドは、mPdib メンバが指すメモリから mDibSize が表すバイト数を、fwrite 関数でファイルへ書き込みます。書き込みに失敗した場合、呼び出し元に 0 以外を返し、正常に書き込めたら 0 を返します。

　setBmpInfoHdr メソッドは、引数で渡された画像の幅と高さを使用して、mPdib がポイントする bmpInfoHdr 構造体を初期化します。このとき、ビットマップファイルは必ず 24bpp として初期化します。

　setBmpFileHdr メソッドは、引数で渡された画像の幅と高さを使用して mBmpFileHdr 構造体やクラスのメンバを初期化します。このとき、ビットマップファイルは必ず 24bpp として初期化します。

public メソッド

　loadFromFile メソッドは、引数で受け取ったファイル名を使用して、ディスクなどからビットマップファイルを読み込みます。読み込みに先立ち、mPdib にすでにメモリが割り付けられている場合が考えられるので、SAFE_FREE マクロでメモリを解放します。次に fopen 関数でビットマップファイルを読み込みモードでオープンします。

　次に stat 関数で、ファイルサイズを取得します。通常は、bmpFileHdr 構造体の bfSize メンバにファイルサイズが格納されています。ところが、一部のファイルで bfSize メンバに正常値が格納されていないことが分かり、stat 関数を使用することにしました。もし、正常なビットマップファイルしか扱わない場合、stat 関数を使用せず、コメントアウトしたコードを生かせば良いでしょう。

　readHeader メソッドを呼び出し、bmpFileHdr を読み込みます。そして、先ほどの stat 関数で得たファイルサイズから、bmpFileHdr の大きさを減算し、ビットマップ全体のサイズ（ビットマップヘッダ + 画像データ）を mDibSize へ求めます。この値を malloc 関数に指定し、メモリを確保するとともに、割り付けたメモリのアドレスを mPdib メンバへ格納します。そして readDib メソッドで、bmpInfoHdr 構造体以降を先ほど確保したメモリへ読み込みます。もし、読み込みに失敗したら、確保したメモリを解放し、ファイルを閉じた後、例外をスローします。正常に、読み込みが完了したら、ファイルを閉じます。

　ビットマップファイルを正常に読み込めたら、各メンバを初期化します。まず、メンバ mPbitmap には画像データが格納されている先頭アドレスを設定します。mPixelPitch メンバには 1 ピクセルが占めるバイト数を格納します。mRowPitch メンバには、1 ラインのバイト数を格納します。mRowPitch はビットマップファイルの特徴である 4 バイト境界にバウンダリ調整するためのダミーデータ長を含みます。mAbsHeight メンバには、画像の高さの絶対値（ピク

セル単位）を格納します。bmpInfoHdr 構造体の biHeight メンバにはマイナスの値で画像の高さが格納されている場合があります。このため mAbsHeight メンバには、絶対値を格納します。

　最後に、mImageSize メンバに画像データのサイズを格納します。先ほど説明した画像データがダミーデータを含んでいる場合、それも含めたサイズを格納します。

　getWidth メソッドは、画像の幅をピクセル値で返します。ビットマップファイルが読み込まれていない場合 0 を返します。

　getHeight メソッドは、画像の高さをピクセル値で返します。ビットマップファイルが読み込まれていない場合 0 を返します。高さはマイナスの値で格納されている場合はマイナスで、プラスの値で格納されている場合プラスで返します。

　getAbsHeight メソッドは、画像の高さをピクセル値で返します。ビットマップファイルが読み込まれていない場合 0 を返します。ビットマップヘッダの高さがプラスの値であろうがマイナスの値であろうが、絶対値を返します。

　getPdib メソッドは、bmpInfoHdr 構造体を含むビットマップ全体の先頭アドレスを返します。

　getPbitmapBody メソッドは、画像データが格納されている先頭アドレスを返します。ビットマップファイルが読み込まれていない場合、NULL を返します。getPdib メソッドと getPbitmapBody メソッドが返すアドレスを、下図に示します。

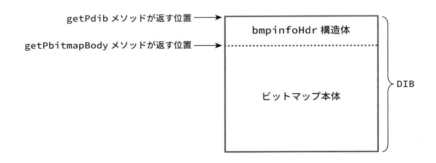

図B.2 ● getPdibメソッドとgetPbitmapBodyメソッドが返すアドレス

　getScanRow メソッドは、引数 rowNo に対応するラインの先頭アドレスを返します。ビットマップファイルが読み込まれていない場合、NULL を返します。引数で渡される rowNo は、画面に表示したときの最上位を 0 として処理します。表示上のスキャンラインとメモリ位置は、bmpInfoHdr 構造体の biHeight メンバの正負によって並びが異なります。biHeight メンバの値が正の場合、メモリと表示の関係は下図に示す通りです。図の上ほどメモリアドレスが若い（低い）と想定して記述しています。

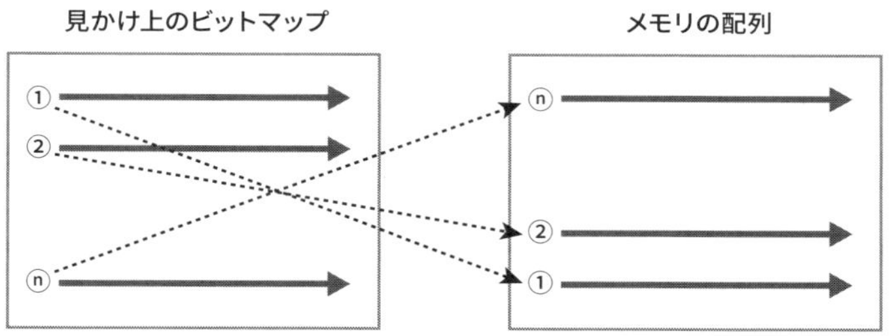

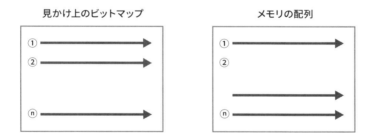

図B.3●biHeightメンバの値が正の場合のメモリと表示の関係

　bmpInfoHdr 構造体の biHeight メンバが負の場合、メモリと表示の関係は下図に示すように配置されます。表示とメモリの並びは先ほどと同じで、図の上ほどメモリアドレスが若い（低い）と想定して記述しています。

図B.4●biHeightメンバの値が負の場合のメモリと表示の関係

　このように、メモリ配置と表示上の配置が bmpInfoHdr 構造体の biHeight メンバの符号によって異なります。このため、このメソッドは、biHeight メンバの符号によって返すアドレスを変更します。

　また、ビットマップファイルのサイズは見かけ上の大きさと同じとは限りません。ビットマップの1ラインの総バイト数が4バイトの整数倍でない場合、強制的に4バイトの倍数になるようにダミーのデータが埋め込まれます。各ラインの先頭を探すには、ダミーの部分をスキップしなければなりません。図 B.5 にダミーデータが含まれる概念図を示します。メンバ mRowPitch には、ダミーデータを含んだ1ラインのバイト数が入っています。このメソッドは、この mRowPitch を使用して、rowNo が指す先頭アドレスを求めます。

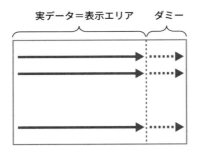

図B.5●ダミーデータが含まれる概念図

　saveToFile メソッドは、クラス（オブジェクト）が管理しているビットマップを、渡されたファイル名でディスクへ格納します。指定された名前でファイルをオープンし、writeHeade メソッド、writeDib メソッドでビットマップ全体を書き込みます。正常に書き込みが完了したらファイルを閉じるとともに、ビットマップを読み込んでいたメモリを解放します。このことから、ファイルを保存した後、ビットマップはメモリに存在しません。処理中にエラーが発生した場合、例外をスローします。

　getGSData メソッドは、画像データをグレイスケールに変換して返します。読み込んだビットマップファイルは 24/32bpp でなければなりません。なお、24bpp のビットマップファイルを読み込んでいた場合、返されるデータ量は約 1/3 へ、32bpp を読み込んでいた場合、返されるデータ量は 1/4 へ減ります。24bpp の場合、約という表現になるのは、横幅のピクセル数によってダミーデータが含まれるためです。なお、グレイスケールへ変換した画像データを格納するメモリは、呼び出し元で割り付けておく必要があります。

　getBgraData メソッドは、画像データを 32bpp の BGRA に変換して返します。24bpp のビットマップファイルを読み込んでいた場合、返されるデータ量は約 4/3 へ増加します。これはアルファチャンネルが付加されるためです。約 4/3 へ増加すると書いたのは、元データにダミーデータが存在する可能性があるためです。なお、BGRA へ変換した画像データを格納するメモリは、呼び出し元で割り付けておく必要があります。

　gs2bgra メソッドは、渡されたグレイスケール画像をフォーマットだけ 24bpp か 32bpp の BGRA へ変換します。つまり、ビットマップとしてはカラー形式ですが、RGB 各色成分に同じ値を設定するため、表示するとグレイスケールです。

　create24Dib メソッドは、24bpp のビットマップファイルを生成します。まず、setBmpFileHdr メソッドを呼び出し、mBmpFileHdr 構造体を初期化します。すでに mPdib にメモリを割り付けている場合が考えられるので、SAFE_FREE でメモリを解放します。次に、

`bmpInfoHdr` 構造体から画像データを格納するのに必要なサイズを求め、ビットマップに必要なメモリを割り付けます。割り付けたメモリのアドレスはメンバ `mPdib` へ格納します。そのほか必要なメンバを設定した後、画像データ全体を `0xFF` で初期化します。

　`easyFmtAna` メソッドは、読み込んだビットマップファイルのフォーマットを簡易に解析し、フォーマットの種別を返します。

　簡単ですが、これでクラスの説明は完了です。

付録

C　Visual Studioのインストールと環境設定

Visual Studio Community 2017のインストールとOpenMPを使用する際の設定を説明します。

C-1　Visual Studio と OpenMP

　Visual Studio で OpenMP を使用することは可能です。ただ、Visual Studio Community 2017 であっても OpenMP 2.0 までのサポートに留まっています。このため、本書で紹介する仕様やプログラムの一部は Visual Studio で試すことはできません。それでも OpenMP の理解に必要な最低限のプログラムを試すことは可能です。読者が本書を手に取る頃には Visual Studio が OpenMP の新しいバージョンへ対応しているよう願っています。

　Visual Studio の OpenMP 2.0 対応は、少し古い Visual Studio（たとえば、Visual C++ 2008 Express Edition）で実現しています。古い Visual Studio をインストールしている人は、そのバージョンで OpenMP 対応のプログラムをコンパイルできるか試してください。たとえば、Visual Studio 2015 をインストール済みであれば、それを使用してください。新たに Visual Studio をインストールする必要はありません。

C-2　Visual Studio Community 2017 のインストール

　新しく Visual Studio を導入する人のために、Visual Studio Community 2017 のインストールについて簡単に解説します。Visual Studio Community 2015 などを使用中の人は本節を読み飛ばし、そのバージョンを使用してください。Visual Studio のインストールは簡単であり、普遍的なものでないため書籍に掲載するような内容ではないでしょう。ダウンロードサイトの URL や、その内容も日々変化しますので、書籍に記載するのは不適当と思われるときもあります。ただ、

初心者は右も左も分かりませんので、一例として参考にする目的で簡単に説明します。

ここでは、執筆時点の最新バージョンである、Visual Studio Community 2017 のインストールについて簡単に解説します。まず、マイクロソフト社のウェブサイト（https://www.visualstudio.com/ja/vs/）を開きます。「Visual Studio のダウンロード」にマウスカーソルを合わせるとドロップダウンが現れますので、「Community 2017」を選択します。

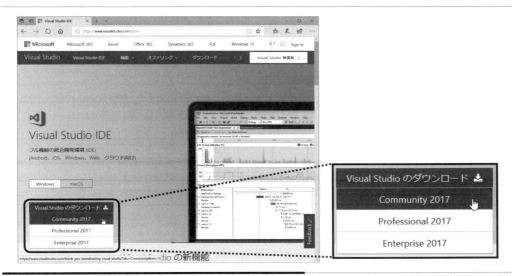

図C.1●Visual Studio Community 2017のインストール①

ブラウザによって表示は異なりますが、ブラウザ下部にインストールの表示が行われます。ここでは、「実行」をクリックし、インストーラを起動します。

図C.2●Visual Studio Community 2017のインストール②

しばらくすると、以降に示す画面が現れます。

図C.3●Visual Studio Community 2017のインストール③

しばらくすると、以降に示す画面が現れます。ここではC++しか使用しませんので、そのボックスを選択します。

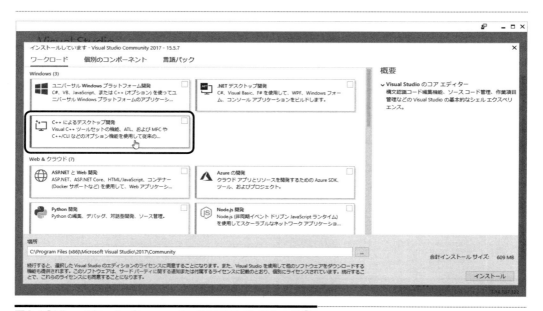

図C.4●Visual Studio Community 2017のインストール④

すると、右側にインストールする項目が現れます。本書で紹介するプログラムの開発はデフォルトの設定で構いません。ほかにインストールしたいものがあるときは、チェックボックスにマークを付けてください。デフォルトには不要なファイルも含まれていますが、そのままインストールします。

図C.5●Visual Studio Community 2017のインストール⑤

　このようにインストールするものを選べますので、不必要なディスク消費回避や、インストール時間の削減を行えます。しばらくインストール作業が続きますので、ほかの作業などをしながら終わるのを待ちましょう。

図C.6●Visual Studio Community 2017のインストール⑥

付録

　インストールが終わると、パソコンの再起動が求められる場合もありますので、そのようなときは再起動します。再起動は、環境やVisual Studioのバージョンによっては求められず、すぐにVisual Studioを起動できる場合もあります。案内メッセージに従って操作してください、ここではパソコンを再起動します。

図C.7●パソコンを再起動

　パソコンを再起動したら、スタートメニューから「Visual Studio 2017」を選択します。するとVisual Studioが起動し、サインインを求められますが、「後で行う」をクリックしましょう。サインインは後で行っても構いません。もちろん、アカウントを持っているならサインインしても構いません。「後で行う」をクリックすると、すぐに、「開発設定」や「配色テーマの選択」ダイアログが現れます。自分の好みの設定を行ってください。ここでは何も変更せず「Visual Studioの開始」をクリックします。

図C.8●Visual Studio Community 2017の起動

しばらくするとスタートページが現れます。これで Visual Studio Community 2017 が使用できるようになります。

図C.9●Visual Studio Community 2017のスタートページ

　以上で、Visual Studio Community 2017 のインストールは完了です。
　しばらく Visual Studio Community は無償で利用できますが、アカウントを作成しサインインしないと、一定期間後に利用が制限されます。メールアドレスとパスワードを用意してマイクロソフト社用のアカウントを作成するとよいでしょう。Visual Studio Community を無償で利用できる期間の終わりが迫ると案内が表示されますので、それに従ってアカウントを作成しましょう。もちろん、すでにアカウントを作成済みであれば、そのアカウントを利用できます。あるいは使用期限が迫る前に、早めにアカウントを作成するのもよいでしょう。

C-3 OpenMPを指定する

OpenMPの`#pragma`を有効にするためには、まず、プロジェクトのプロパティを開きます。

図C.10●プロジェクトのプロパティを開く

プロパティページが現れますので、「C/C++」→「言語」欄に「はい (/openmp)」を指定します。

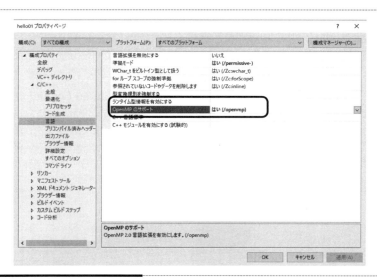

図C.11●プロジェクトのプロパティページ

Visual Studio の統合環境を使用せず、コンソールから使用する例は本文中で何回も説明済みです。Visual Studio をインストールすると、開発者コマンドプロンプトもインストールされます。それを開き、cl コマンドを入力することで OpenMP 対応のプログラムをビルドできます。

　例題として fir 用のプログラムをビルドしたときの例を示します。

```
cl /openmp /Fe:firOmp.exe fir.c
```

　cl コマンドでビルドします。/openmp は、OpenMP 用の #pragma を有効にします。/Fe: に続く名前が実行形式ファイルの名前です。最後にソースファイルを記述します。複数のソースファイルが必要な場合、連続して入力してください。cl コマンドのオプションを知りたい場合は、「cl /?」と入力して説明を参照してください。

付録

D g++/gccの環境

　Ubuntuなどの Linux 系の OS を使用する際は、本書のプログラムは g++/gcc でビルドします。一般的に、Linux はインストールするだけでコンパイラなどはインストールされています。もし、g++ などがインストールされていない場合、案内メッセージが現れますので、案内に従ってインストールしてください。一般的に Linux 系の OS を使う方が環境などは整備されているのが普通です。

　コンソールを開いて、gcc と入力してみます。

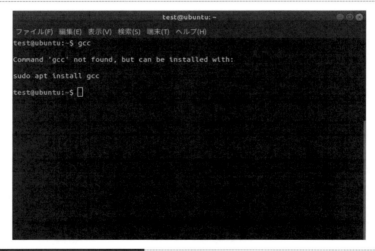

図D.1●コンソールを開いて「gcc」と入力

```
test@ubuntu:~$ gcc

Command 'gcc' not found, but can be installed with:

sudo apt install gcc
```

gccはインストールされていないようですので、案内メッセージに従ってインストールします。

```
test@ubuntu:~$ sudo apt install gcc
```

インストールが始まると、案内メッセージが表示され、応答が必要な場合もありますので適切に対応してください。インストール完了後にバージョンをチェックした様子を示します。

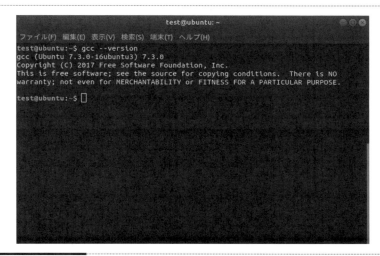

図D.2●バージョンをチェック

```
test@ubuntu:~$ gcc --version
gcc (Ubuntu 7.3.0-16ubuntu3) 7.3.0
Copyright (C) 2017 Free Software Foundation, Inc.
This is free software; see the source for copying conditions.  There is NO
warranty; not even for MERCHANTABILITY or FITNESS FOR A PARTICULAR PURPOSE.
```

これでgccのインストールは完了です。
次にコンソールで、g++と入力してみます。

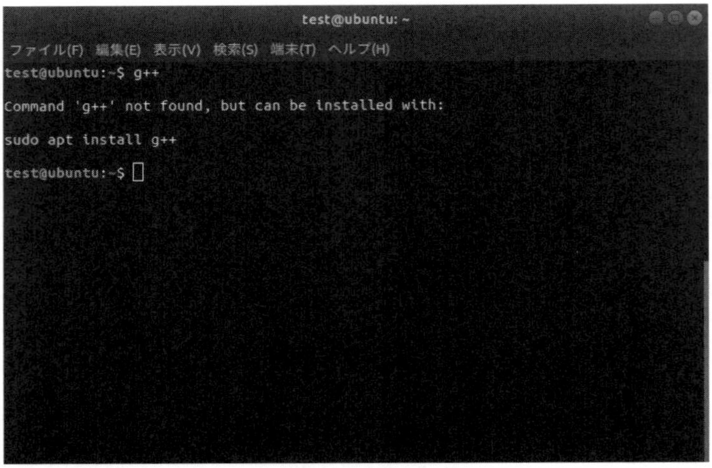

図D.3●コンソールで「g++」と入力

```
test@ubuntu:~$ g++

Command 'g++' not found, but can be installed with:

sudo apt install g++
```

g++はインストールされていないようですので、案内メッセージに従ってインストールします。

```
test@ubuntu:~$ sudo apt install g++
```

インストールが始まると、案内メッセージが表示され、応答が必要な場合もありますので適切に対応してください。インストール完了後にバージョンをチェックした様子を示します。

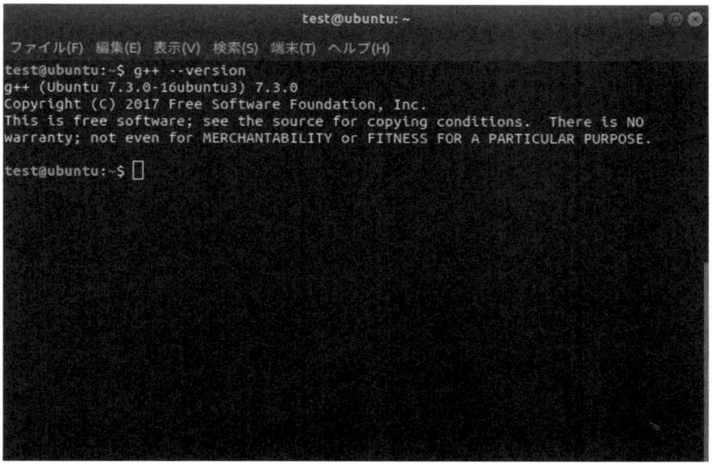

図D.4●バージョンをチェック

```
test@ubuntu:~$ g++ --version
g++ (Ubuntu 7.3.0-16ubuntu3) 7.3.0
Copyright (C) 2017 Free Software Foundation, Inc.
This is free software; see the source for copying conditions.  There is NO
warranty; not even for MERCHANTABILITY or FITNESS FOR A PARTICULAR PURPOSE.
```

これでg++のインストールは完了です。

OpenMPを使用するには、g++/gccのバージョンは4.2以降でなければなりません。それ以前のg++/gccでコンパイルするとエラーが出力されます。ただ、現在においてバージョンが4.2より古いということは、よほど古い環境をメンテナンスも行わず放置していない限り考えられません。ほとんどの場合、問題は起きないでしょうがバージョンの確認だけは行ってください。

D-1　OpenMPでビルド

　g++/gccを使用しOpenMP対応のプログラムをビルドするには、コンパイルオプションに-fopenmpを指定します。以降に入力例を示します。

```
gcc  -fopenmp  ソースファイル名
g++  -fopenmp  ソースファイル名
```

　本書で紹介するプログラムはgccでビルドできるものも多いですが、g++でないと対応できないものもあります。適宜、切り替えてコンパイルしてください。

PGIコンパイラのOpenMP環境

　OpenMPの最新バージョンを利用したい場合、PGI社のPGI Community Editionを利用するのは良い手段です。PGI社のウェブサイトを開くと無償で長期間使えるような印象は受けませんが、よく読むと実質的に無償で良好なコンパイラを使用できることを理解できます。さらに、この開発環境はプロファイラやOpenACCまで含んでいます。

　ただし、すべての環境をインストールするには、いくつもの適切なステップを踏まなければなりません。このため、g++/gccなどと比較し、環境のセットアップは少々面倒です。さらに、CUDAを目的とした部分もあるため少し戸惑うときもあるでしょう。OpenMPを使用するのが目的であれば、NVIDIA社のGPUを搭載していない環境でも動作に問題はなさそうです。実際に筆者はpgccを利用しましたが、グラフィックボードは搭載していない環境も試しました。

　このコンパイラを使用する目的が、OpenMP 2.0以上のOpenMPの機能を利用したいだけであれば、いくつかのステップを飛ばすことができます。ここでは、Windows上でプロファイラやOpenACCまで利用できるようなインストール方法を紹介します。Linux上に環境を作成するとC++まで使用できるようですが、説明をざっと読んだ感じでは、WindowsへインストールするかんじWindowsを選択しました。Linux環境に関してはgcc/g++が使用できますので、それもWindowsを選択した要因です。

E-1　インストールの前準備

PGI Community Edition for Windowsをインストールするには、次に示す準備が必要です。

1. Windows 10 SDK のインストール
2. Visual Studio 2015（Visual C++）のインストール。現在のところ、Visual Studio 2017はサポートされていません。
3. CUDA開発環境のインストール

付 録

上記のいずれかがインストールされていない場合、PGI Community Edition のインストールは完了せず、失敗します。なお、Windows Update は最新状態にしておくことを進めます。PGI Community Edition のインストール前に、Windows Update の状態をチェックし、なるべく最新の状態にしてください。Windows 10 の場合、Windows キーを押して、「Windows Update」に続き Enter キーを押せば、「更新とセキュリティ」画面が現れますので「更新プログラムのチェック」を押して Windows を最新の状態にしてください。

OpenACC などや OpenCL などを使用する予定がない場合、ステップ3 はスキップできます。

E-2 Microsoft Windows 10 SDK をインストール

Microsoft Windows 10 SDK をダウンロードしてインストールします。Windows Update を行い、Windows を最新状態にしておくのは先に書いた通りです。PGI 社のウェブサイト（https://www.pgroup.com/support/win-ce.htm）を開くと「PGI Community Edition for Windows Configuration Information」が現れ、環境構築の手順が書かれています。

図E.1● 「PGI Community Edition for Windows Configuration Information」

付録 E　PGI コンパイラの OpenMP 環境

「Microsoft Windows 10 SDK」をクリックすると、https://www.pgroup.com/support/microsoft-sdk.htm が開きます。いくつかの SDK が表示されますので、自身の環境に適切な SDK をインストールします。

Download Microsoft SDK

Windows users of PGI compilers and tools need to co-install a version of the Microsoft Software Development Kit (SDK). Pick the SDK you need based on the product you are installing and the your version of Windows. You may need more than one SDK.

PGI Product Configuration	Windows Version	Windows SDK Version
All PGI 2018 Products	Windows 7 SP1 or newer	Windows SDK for Windows 10 (845298)
All PGI 2016 and 2017 Products	Windows 7 SP1 or newer	Windows SDK for Windows 10 (845298)
PGI Visual Fortran 2016 and 2017 for Microsoft Visual Studio 2013	Windows 7 SP1 or newer	Windows SDK for Windows 8.1
All PGI 2015 or PGI 2014 products	Windows 7 or newer	Windows SDK for Windows 8.1
All PGI 2013 products	Windows 7 or newer	Windows SDK for Windows 8

図E.2● 「Download Microsoft SDK」

使用する予定の PGI 社の Product に従って適切な SDK をダウンロードします。ここでは、Windows SDK for Windows 10 の例を紹介します。

ダウンロードしたインストーラを起動します。

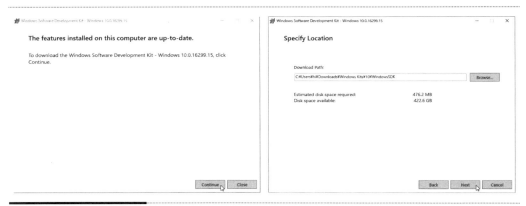

図E.3●インストーラの起動

「Continue」をクリックするとインストール先が現れますので、そのまま「Next」をクリック

457

します。すると、ダウンロードする項目が現れます。変更を行わず、そのまま「Download」をクリックすると、ダウンロードが始まります。ダウンロードはしばらく時間を要しますので、少し待ちましょう。

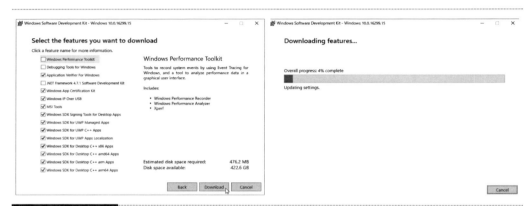

図E.4●ダウンロード

　ダウンロードが完了すると「Download is complete」の画面が現れます。「Close」をクリックするとSDKのインストールは完了です。

図E.5●ダウンロード完了

E-3　Visual Studio Community 2015 のインストール

SDK をインストールしましたので、次に Visual Studio 2015 をインストールします。すでに Visual Studio 2015 がインストール済みなら、本節はスキップしてください。PGI Community Edition for Windows を使用するには、Visual Studio 2015 がインストールされている必要があります。

■ E-3-1　方法 1

Visual Studio 2015 を入手困難なら、先の手順にあった 3 番のリンクを使って英語バージョンの Visual Studio 2015 をインストールします。このサイトにあるのは英語バージョンですが、ウェブインストーラや ISO イメージファイルをダウンロードできますので、それを使うと良いでしょう。

> 3. Install a version of Visual Studio 2015; Community, Professional or Enterprise. For Community, try these links: web installer or ISO image. Alternatively, see the Visual Studio web site for options. PGI Community Edition relies on the Visual C++ tool chain included with Visual Studio. Visual C++ must first be present on your system, or the PGI Community Edition installation will exit before completing.

図E.6●英語バージョンのVisual Studio 2015のダウンロード

ここでは ISO イメージファイルをダウンロードし、「開く」をクリックしてマウントします。

図E.7●ISOイメージのマウント

ISO イメージファイルがマウントされると内容が表示されますので、vscommunity.exe を起動します。ダウンロードした ISO イメージファイルをマウントできない場合、そのファイルをいったん DVD へ焼いて使用するのも良いでしょう。

vscommunity.exe を起動すると、インストーラが開始します。「Default」でインストールすると Visual C++ がインストールされませんので、必ず「Custom」を選択してください。以降に、

通常通りインストーラを起動し、最初の案内で「Custom」を選んだ様子を示します。

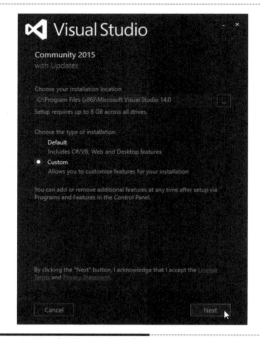

図E.8●カスタムインストールを選択（英語バージョン）

以降は、メッセージが日本語になるだけで次の「方法2」と同様ですので、そちらを参照してください。

■ E-3-2　方法2

マイクロソフト社のウェブサイトを開いてダウンロードします。しかし、マイクロソフト社のダウンロードサイトでは最新のVisual Studioしかサポートしていません。そして、本書の執筆時点において、PGIコンパイラはVisual Studio 2015しかサポートしていません。このため、最新のVisual Studioでは対応できません。読者が使用するときは、インストールの方法が異なっている可能性がありますので、ウェブサイトの案内に従ってください。Visual Studio 2017などはWindows SDKも同梱していますので、インストールが簡単になることが予想されます。

Visual Studio 2015の入手は、

1. 「方法1」に示した英語バージョンをダウンロードする。

2. 無料の Dev Essentials プログラムに参加して、以前のバージョンにアクセスする。
3. MSDN サブスクリプションを購入している人は、それを利用する。
4. 最新のバージョンがダウンロードできるサイト（https://www.visualstudio.com/ja/vs/older-downloads/）の下のほうに「以前のバージョンをお使いになりたいですか？」が表示されますので、そのページを開き、ISO イメージファイルをダウンロードする。ただし、古いバージョンをダウンロードするにはサインインを求められる。
5. 古い Visual Studio（ここでは Visual Studio 2015）の ISO イメージファイルがインターネット上に公開されている場合があるのでそれを利用する。

などの方法で入手してください。

■ E-3-3　Visual C++ をインストール

デフォルトの「規定」でインストールすると Visual C++ がインストールされませんので、必ず「カスタム」を選択してください。以降に、通常通りインストーラを起動し、最初の案内で「カスタム」を選んだ様子を示します。

図E.9●カスタムインストールを選択

インストールする項目が表示されますので、「Visual C++」にチェックを入れます。

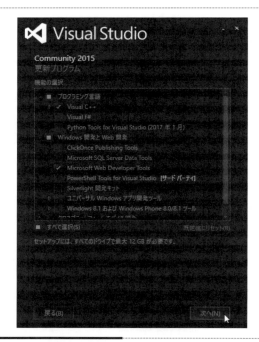

図E.10●Visual C++をインストール項目に含める

引き続き案内が現れますので、メッセージに従って操作してください。するとインストールが始まります。しばらく待たされますので、完了するまで待ってください。

インストールが完了すると、完了メッセージが現れます。［起動］を押してVisual Studio Community 2015 を起動します。

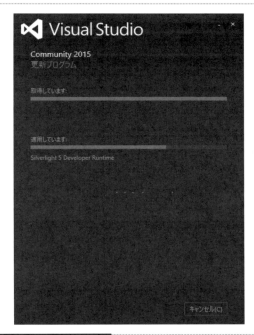

図E.11●インストール

しばらくするとVisual Studioが起動します。サインインを求められますが「後で行う」をクリックすると、サインインは後で行っても構いません。すぐに、「開発設定」や「配色テーマの選択」ダイアログが現れます。自分の好みの設定を行ってください。ここでは何も変更せず「Visual Studioの開始」を押します。

図E.12●初期設定の画面

　しばらくするとスタートページが現れます。これでVisual Studio Community 2015が使用できるようになります。アップデートが多数通知されるときがありますので、適宜アップデートしてください。Visual Studio 2015のインストール後、Visual Studio 2015 update 3へアップデートされていない場合は、Visual Studio 2015 update 3以上へアップデートしてください。

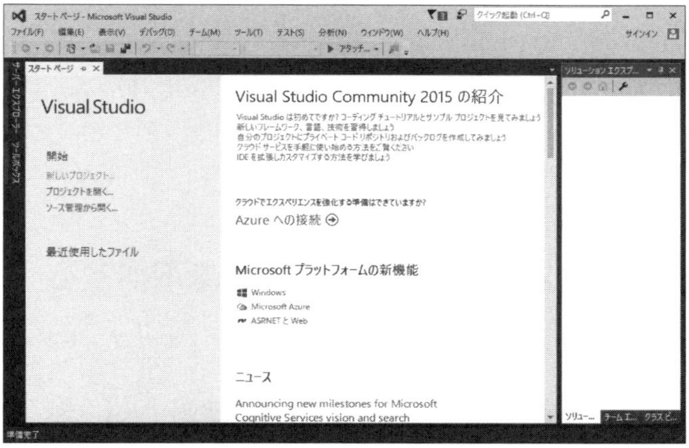

図E.13● スタートページ

　以上で、Visual Studio Community 2015 のインストールは完了です。しばらく Visual Studio Community は無償で利用できますが、アカウントを作成してサインインしないと、一定期間後に利用が制限されます。メールアドレスとパスワードを用意してマイクロソフト社用のアカウントを作成するとよいでしょう。Visual Studio Community を無償で利用できる期間の終わりが迫ると案内が表示されますので、それに従ってアカウントを作成しましょう。もちろん、すでにアカウントを作成済みであれば、そのアカウントを利用できます。あるいは使用期限が迫る前に、早めにアカウントを作成するのもよいでしょう。

E-4　PGI 個人アカウントの取得方法

　PGI アカウントを作成しなくても PGI コンパイラは使用できます。長期に使うことを考えていない人や、各種情報にアクセスする気のない人はアカウントを作成しなくても良いでしょう。ただし、いろいろ制限が付きますので、なるべくならアカウントを取得することをお勧めします。必要ないと考える人は、本節は飛ばしてください。

■ E-4-1　PGI 個人アカウント

　PGI の個人アカウントは、PGI User Forum への投稿や PGI の技術ドキュメントの閲覧、購入したライセンス PIN を自身のアカウントにタイアップするために使用します。User Forum などへ投稿したり閲覧する予定のない人や技術ドキュメントを閲覧する予定のない人は、個人アカウントを作成する必要はありません。

■ E-4-2　PGI で個人用ウェブアカウントを取得する

　PGI コンパイラ製品の購入ユーザだけではなく、PGI ウェブアカウントを取得することが可能です。このアカウント ID は、米国 PGI サイト上のソフトウェアをダウンロードしたり、技術ドキュメントを入手するために使用でき、さらに PGI User Forum への参加できるようになります。

　アカウントを作成するには、Sign Up ページ（https://www.pgroup.com/account/register.php）を開いてください。以降に示すページの必須の欄を記入してユーザ登録を行います。

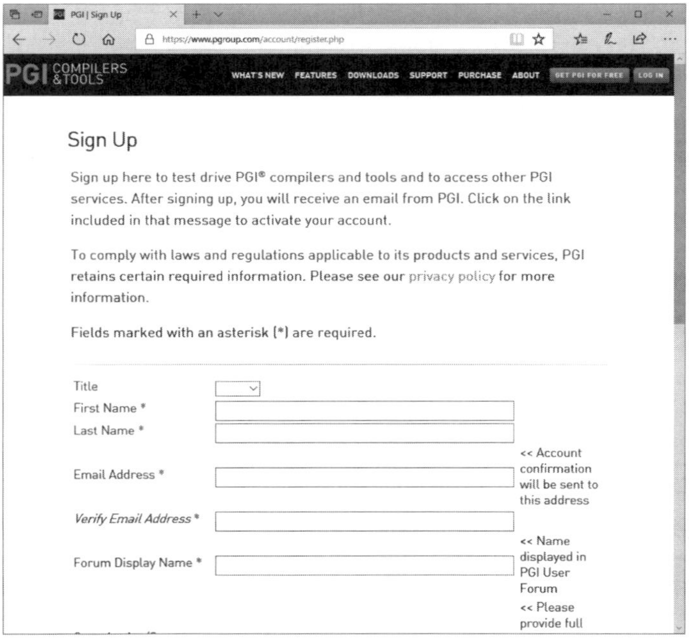

図E.14●Sign Upページ

入力を完了し、「SUBMIT」すると「Registration Complete」へページが切り替わります。同時に登録したe-mailアドレスへ「アカウント情報」の電子メールが届きます。そのメールには、ウェブアカウントを有効化（アクティベート）するためにアクセスする、ユニークなURLが記載されています。そのURLをクリックするとPGIのサイトにアクセスできます。ここで、パスワードを登録します。これでアカウントの有効化（アクティベーション）が終了します。ログインを行う場合は、このパスワードを使用してください。

■ E-4-3　ログイン

PGIのサイトへログインするには、ログインサイト（https://www.pgroup.com/account/login.php）を開きます。e-mailアドレスとパスワード入力し、「LOGIN」をクリックします。

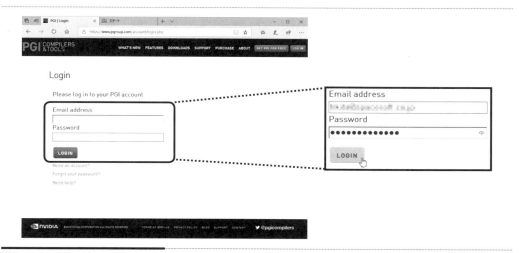

図E.15●PGIサイトへのログイン

ログインした状態を示します。製品をダウンロードしたりドキュメントにアクセスできます。製品を購入したときは、このウェブアカウントを使用して正式ライセンス・キーを取得できます。

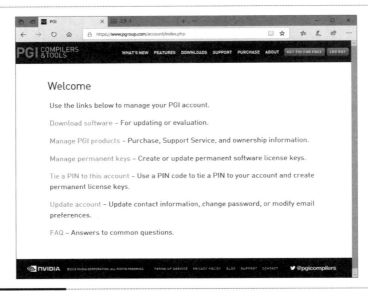

図E.16●ログインした状態

ログアウトしたい場合は、右上の「LOGOUT」をクリックしてください。

E-5 CUDA 開発環境のインストール（Windows 版）

　Windows 10 へ PGI アクセラレータコンパイラをインストールするには、CUDA ソフトウェアがインストールされていなければなりません。本節では、CUDA ソフトウェアをインストールする方法を解説します。単に OpenMP だけを利用したい場合や OpenACC を使用しない場合は、CUDA 開発環境をインストールする必要はありません。しかし、ここでは PGI 社の案内の手順に従います。

　単に pgcc コンパイラを使用したい人は、本節は飛ばして構いません。そもそも、NVIDIA 社の GPU を搭載していないパソコンに CUDA ソフトウェアをインストールする意味はありません。ただし、CUDA ソフトウェアをインストールしていない場合、「PGI Community Edition（無償版）のインストール」の手順で、いくつか本書で解説した方法と異なる指定を行う必要があります。

■ E-5-1　必要とするハードウェア、ソフトウェア環境

　PGI 社のコンパイラをインストールするには、NVIDIA 社の CUDA-enable な GeForce、Quadro、Tesla と CUDA ソフトウェアがインストールされたシステムが必要です。CUDA 対応の製品であるかどうかは、NVIDIA 社のウェブサイト（`http://www.nvidia.com/object/cuda_gpus.html`）を参照してください。このサイトには、Tesla、Quadro、GeForce などに分類されて記載されています。ここにはコンピューティング能力も記載されていますので、自身が所有している GPU の性能の指標も知ることができます。

　Windows 10 に CUDA 9.x をインストールする方法を示します。なお、Windows 7 や 8.1 でも同様の方法でインストールできます。使用中のコンピュータに搭載している GPU ボードの型番を調べたい場合は、「スタート」メニューをマウスの右ボタンでクリックし、「デバイスマネージャ」を選択します。

付録

図E.17●デバイスマネージャを開く

すると「デバイスマネージャ」が開きます。以下の例では、GTX 650 と CPU 内蔵の GPU が搭載されているのが分かります。

図E.18●デバイスマネージャ

あるいは、デスクトップ上でマウスの右ボタンをクリックして「NVIDIA コントロールパネル」を表示できるなら、それを選択します。すると、「NVIDIA コントロールパネル」がポップアップ表示されますので、左下にある「システム情報」をクリックしてください。GPU はもちろんのこと、各種情報を参照できます。

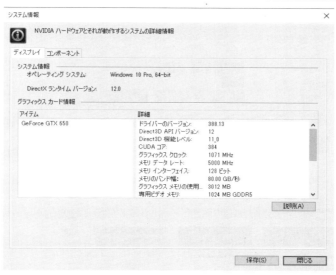

図E.19●NVIDIAコントロールパネルのシステム情報

E-5-2　インストール

　CUDA 開発環境のサポート対象であることがわかったら、NVIDIA 社の CUDA Toolkit のダウンロードサイト（http://developer.nvidia.com/cuda-downloads）から、CUDA ソフトウェアをダウンロードします。これらには、CUDA ドライバ、Toolkit、SDK samples の 3 つのコンポーネントが含まれています。以下の例は、Windows → x86_x64 → Windows 10 を選択した様子です。バージョンは日々更新され続けますので、読者が試す頃には本書の表記とは異なっているでしょう。

図E.20●CUDA Toolkitのダウンロードサイト

「Installer Type」が表示されますので、「exe(local)」をクリックします。

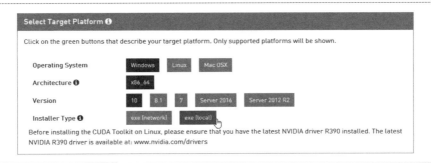

図E.21●Installer Typeの選択

すると、「Download Installers for Windows 10 x86_64」が現れますので、最新と思われるものをダウンロードします。

図E.22●最新版をダウンロード

すると、ブラウザの下部に、そのまま実行するか、いったん保存するかの問い合わせが現れます。ここでは「実行」を選択し、直接インストールすることとしましょう。

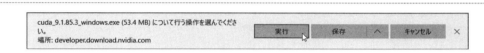

図E.23●インストーラの実行

インストール先を尋ねるダイアログが現れます。特に変更の必要はないため「OK」を押してインストールを開始します。

図E.24●インストール先を尋ねるダイアログ

ソフトウェア使用許諾契約書が現れますので、ひと通り目を通したのち、問題がなければ「同意して続行する」を選択します。「インストールオプション」画面が現れますが、何も変更せず「次へ」を選択します。

図E.25●使用許諾契約書に同意し、高速インストール

しばらくインストールが続きます。完了すると、以降に示すダイアログが現れますので、「閉じる」ボタンをクリックします。

図E.26●インストール完了

これでCUDAのソフトウェアのインストールは完了です。

E-6　PGI Community Edition（無償版）のインストール

比較的長い準備が続きました。ようやく主題である PGI Community Edition のインストールを行います。

■ E-6-1　PGI Community Edition ソフトウェアのダウンロード

PGI Community Edition ソフトウェアのダウンロードは、米国 PGI の「PGI Community Edition」サイトから行います。PGI Community Edition ソフトウェアはライセンスキーが必要ですが、Windows の場合、適切な位置（たいていの場合 C:¥program files¥PGICE）の配下にライセンスキーファイル license.dat が格納されますので特別な操作を要せず、そのまま PGI Community Edition ソフトウェアを使用できます。license.dat はテキストファイルですので、内容を覗くとバージョンや有効期間を知ることができます。なお、このファイルを編集すると、PGI Community Edition ソフトウェアを使用できなくなる恐れがありますので書き込まないようにしましょう。

E-2 節「Microsoft Windows 10 SDK をインストール」で紹介した PGI 社のウェブサイト（https://www.pgroup.com/support/win-ce.htm）を開くと、「PGI Community Edition for Windows Configuration Information」が現れ、環境構築の手順が書かれています。

無償版 PGI Community Edition を利用する場合の注意

「技術サポート」のないエディションのため、インストールなどを含めた「技術的な質問」には一切対応しないようです。無償ですので、分からない点があったらフォーラムなどやドキュメントを参照して解決しましょう。

PGI Community Edition ソフトウェアのダウンロードは、米国 PGI の「PGI Community Edition」サイト（http://www.pgroup.com/products/community.htm）から行います。まず、自身の環境用の Platform を選択します。ここでは「Windows x64」をクリックします。

図E.27● 「PGI Community Edition」サイト

すると、インストーラのダウンロードが始まります。

図E.28●インストーラのダウンロード

ダウンロードが完了したら「実行」をクリックします。

図E.29●インストーラの実行

■ E-6-2　PGI Community Edition のインストール

　インストーラが起動すると、PGI Community Edition が必要としているものが表示されますので、「Install」をクリックします。すると、これらがインストールされます。この画面が表示されない場合は、次に進んでください。

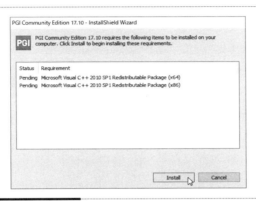

図E.30●必要なパッケージのインストール

　やっと PGI Community Edition のインストールが始まりますので、「Next」をクリックします。ライセンス条項が現れるので、良く読んで「I accept …」を選び、「Next」をクリックします。

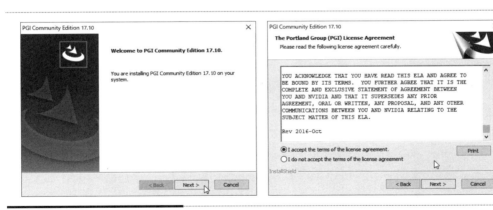

図E.31●インストール前の確認画面

　次に NVIDIA CUDA Toolkit のインストールに関する問い合わせが表示されます。

　NVIDIA's CUDA Toolkits are used by PGI's accelerator compilers and required by the PGI profiler.if you prefer not to the install the toolkit,select the 'No' option bellow.

と案内メッセージが現れますので、必要なら「Yes, install the …」オプションを、ツールキットをインストールしたくない場合は、「No, do not install …」オプションを選択してください。「Yes …」を選ぶと、PGI Community Edition のインストールと同時に NVIDIA CUDA Toolkit もインストールします。つまり、前節で紹介した「CUDA 開発環境のインストール」は、ここで行うこともできるようです。いずれにしても、このような手順は随時変更されますので、ウェブサイトを参照し、最新の方法でインストールしてください。「No …」を選ぶと、NVIDIA CUDA Toolkit のインストールはスキップされます。

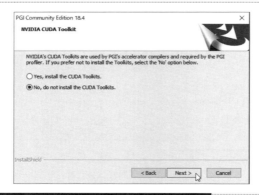

図E.32●NVIDIA CUDA Toolkitのインストールに関する問い合わせ

「Yes …」を選ぶとライセンス条項が現れますので、良く読んで「I accept …」を選び、「Next」をクリックします。これで NVIDIA CUDA Toolkit もインストールされます。

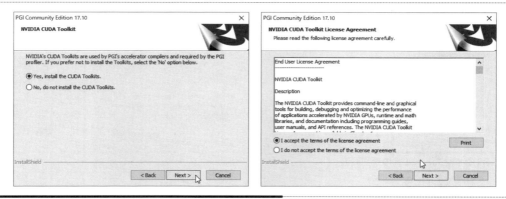

図E.33●NVIDIA CUDA Toolkitをインストールする場合

次に、Microsoft MPI のインストールに関する問い合わせが表示されます。「No …」を選ぶと、このインストールはスキップされます。

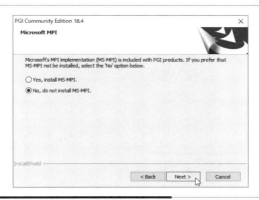

図E.34●Microsoft MPIのインストールに関する問い合わせ

本書はMPIを使用しませんが、「Yes …」を選ぶとライセンス条項が現れますので、良く読んで「I accept …」を選び、「Next」をクリックします。これで Microsoft MPI もインストールされます。

図E.35●Microsoft MPIをインストールする場合

次に、Debugger や Performance Profiler が Java の Runtime を使用するため、Java Runtime Environment（JRE）をインストールするか問い合わせが表示されます。Debugger などを使用しない、あるいは表示のバージョンより新しい JRE をインストール済みであれば、「No, do not …」オプションを選択します。

図E.36●JREのインストールに関する問い合わせ

　DebuggerやPerformance Profilerを使用するなら「Yes, install the …」オプションを選択します。すると、Oracle Binary Code License Agreementのライセンス条項が現れますので、良く読んで「I accept …」を選び、「Next」をクリックします。

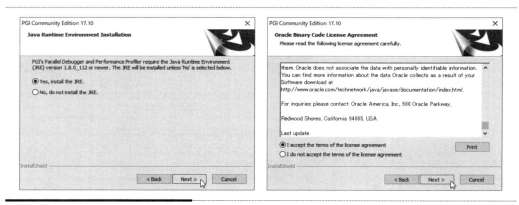

図E.37●JREをインストールする場合

Cygwinをインストールするか問い合わせが表示されます。デフォルトのまま、「Next」をクリックします。ユーザー名と会社名の入力を求められますので、それぞれの欄に入力します。

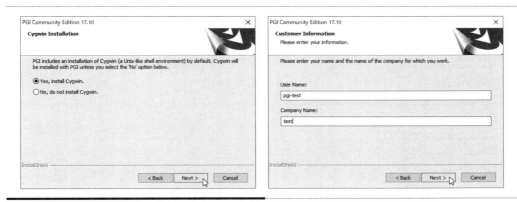

図E.38●Cygwinのインストールに関する問い合わせ

テンポラリのディレクトリ位置の問い合わせが表示されます。表示されたディレクトリで問題なければ、そのまま「Next」をクリックし、そうでなければ、適切なディレクトリを指定してから「Next」をクリックします。

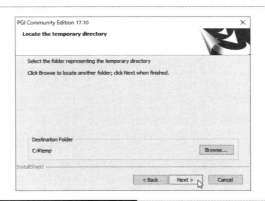

図E.39●テンポラリのディレクトリ位置の問い合わせ

インストール先のフォルダやショートカット作成の問い合わせが表示されます。ここではデフォルトのまま「Next」をクリックします。

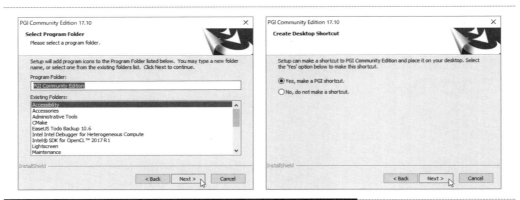

図E.40●インストール先のフォルダーやショートカット作成の問い合わせ

　ユーザー情報、ディレクトリ、そしてGPUやCUDAドライバに関する確認が表示されます。問題ないので、そのまま「Next」や「OK」をクリックします。

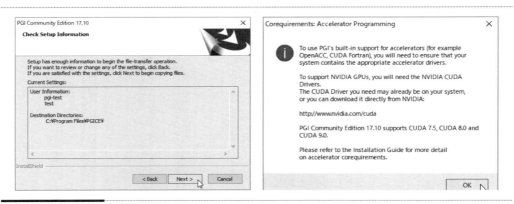

図E.41●確認の画面

やっとインストールが完了します。「Finish」を押せばインストール完了です。

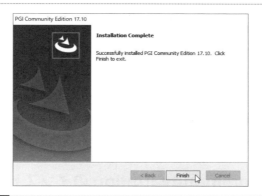

図E.42●インストール完了

デスクトップ上に PGI Community Edition のアイコンが作られますので、ダブルクリックして起動します。

図E.43●PGI Community Editionのアイコン

正常にインストールされているかバージョンを表示させてみましょう。

図E.44●バージョンの確認

正常にインストールできているようです。バージョンはインストールした PGI Community Edition のバージョンですので、読者が試す頃は、ここで示すバージョンより大幅に進んだもの

が表示されるでしょう。

```
PGI Community Edition 18.4
PGI$ pgcc -V

pgcc 18.4-0 64-bit target on x86-64 Windows -tp sandybridge
PGI Compilers and Tools
Copyright (c) 2018, NVIDIA CORPORATION.  All rights reserved.
PGI$
```

■ E-6-3　PGI Community Edition のインストール失敗

　Windows 10 SDK、またはVisual Studio 2015（Visual C++）をインストールしていない状態で、PGI Community Editionをインストールしようとしても、インストールは中断されます。以降に、Windows 10 SDK か Visual Studio 2015（Visual C++）、あるいは両方をインストールしていない場合に表示されるメッセージを示します。

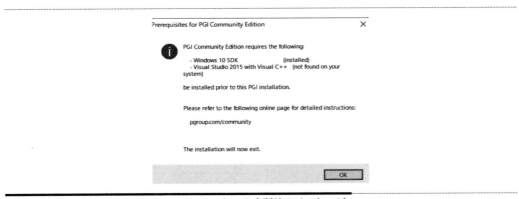

図E.45●PGI Community Editionのインストール中断時のメッセージ

　このような場合は、「OK」をクリックしてインストーラをいったん終了させます。そして、表示されている URL を参照してください。あるいは本書の E-2 節「Microsoft Windows 10 SDK をインストール」や E-3 節「Visual Studio Community 2015 のインストール」を参照し、PGI Community Edition のインストールの前準備を行ってください。その後、再度 PGI Community Edition をインストールしてください。

■ E-6-4　PGI Community Edition（無償版）を Ubuntu へインストール

PGI Community Edition（無償版）を Ubuntu へインストールしたい場合もあるでしょうから、簡単に説明します。PGI Community Edition（無償版）を Ubuntu へインストールするには、その前に gcc などいくつかのインストールが前提とされます。それなりに面倒ですので、詳細は PGI 社のウェブサイトを参照してください。

root

PGI Community Edition ソフトウェアのインストールは root で行いますので、su コマンドで root へ移行しましょう。

LANG

PGI Community Edition は英語環境での使用を前提としているため、環境変数 LANG を英語にする必要があります。このため環境変数 LANG を変更してください。この変更はインストール時にのみ必要で、利用する際には日本語でも構いません。以降、bash の場合で説明します。

```
$ env | grep LANG
LANG=ja_JP.UTF-8

$ export LANG=C

$ export LC_ALL=C
```

LANG 環境変数は "ja_JP.UTF-8" ですので、"C" へ変更します。Ubuntu の場合、LC_ALL 変数も設定する必要があります。

解凍先の作成

ソフトウェアをダウンロードし（すでにサイトなどは説明済）、解凍しますが、解凍先の作業用ディレクトリを作成しておきます。

```
$ mkdir temp
$ cd temp
```

ダウンロードファイルを解凍

ダウンロードしておいたファイルを解凍先の作業用ディレクトリへコピーします。その配下にPGI ディレクトリを作成し、そこにインストーラを解凍します。

```
$ mkdir PGI
$ cd PGI/
$ tar zxvf ../pgilinux-2018-184-x86-64.tar.gz
```

インストール開始

```
$ ./install
```

あるいは root から抜けて

```
$ sudo ./install
```

と入力します。インストーラが起動すると、ライセンス許諾に関する質問に対してプロンプトが現れますので「accept」と入力します。

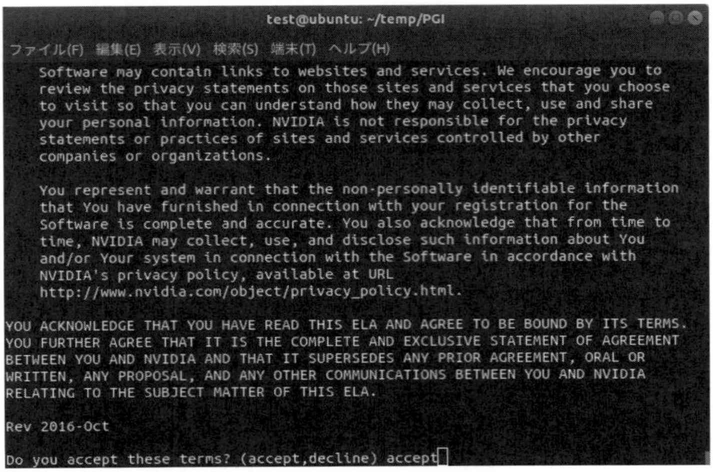

図E.46●ライセンスを許諾する

ライセンスを許諾すると、以下のような「インストール手法」に関する問いが現れますので、これは、1の「Single system install」を選択してください。

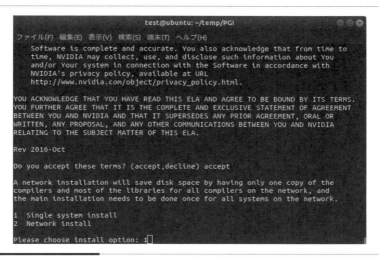

図E.47●インストール方法を選択

　次に、インストールディレクトリについての質問が出されます。インストールしたいディレクトリを指定してください。ここでは、デフォルトのインストールディレクトリ「/opt/pgi」へインストールします。

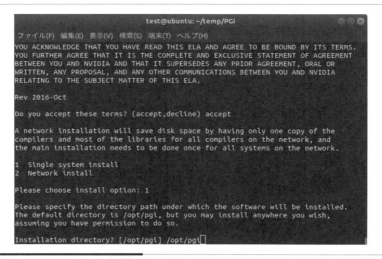

図E.48●インストールディレクトリを選択

その後、いろいろ案内が表示される場合もありますが、ライセンスなどには承諾を選んでください。ほかはメッセージ内容をよく読んで回答してください。しばらくすると、ライセンスキーの取得に関する問い合わせが現れます。これは必要ありませんので「n」と入力してください。

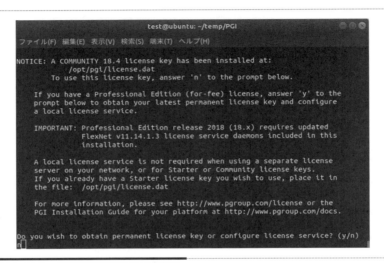

図E.49●ライセンスキーの取得に関する問い合わせ

　最後に、インストールしたディレクトリを読み取り専用にするかを質問されますので、「y」または「n」を入力してください。

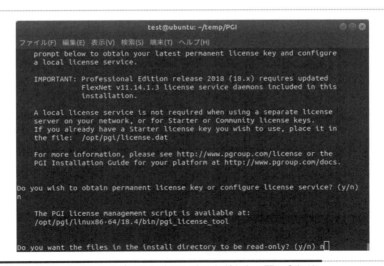

図E.50●インストールディレクトリを読み取り専用にするかどうかの問い合わせ

これでインストール作業は完了です。

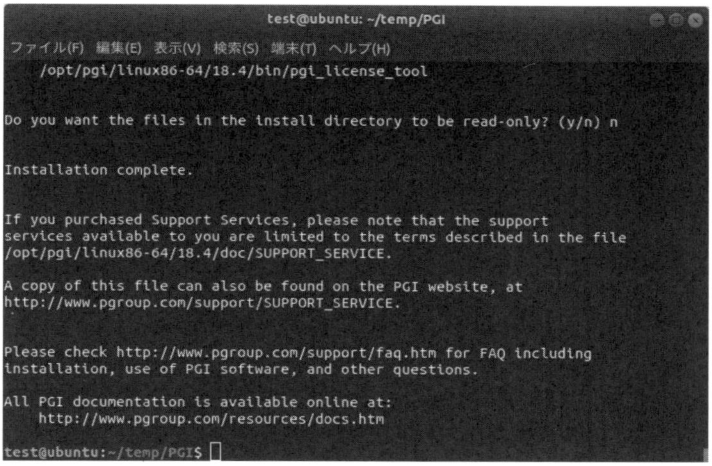

図E.51●インストール完了

環境変数および各種パス

コンパイラを使用する各ユーザは、シェルの設定ファイル（$HOME/.bashrc など）の末尾に以下のような記述を加え、環境変数および各種パスの設定を行ってください。

```
export PGI=/opt/pgi
export PATH=$PGI/linux86-64/2018/bin:$PATH
export PATH=$PGI/linux86-64/2018/mpi/openmpi/bin:$PATH
export MANPATH=$MANPATH:$PGI/linux86-64/2018/man:/opt/pgi/linux86-64/2018/mpi/openmpi/share/man
export LM_LICENSE_FILE=$PGI/license.dat
```

細かな部分、たとえば 2018 などはバージョンによって変更されますので、インストールの説明を読んで適宜変更してください。設定に自信がない場合、上記をコンソールから入力し、pgcc や pgc++ が利用できるか確認するのが良いでしょう。

確認

正常にインストールされているか簡単に確認するには、「pgcc -V」や「pgc++ -V」と入力してバージョンを表示させると良いでしょう。ここでは FORTRAN まで確認します。

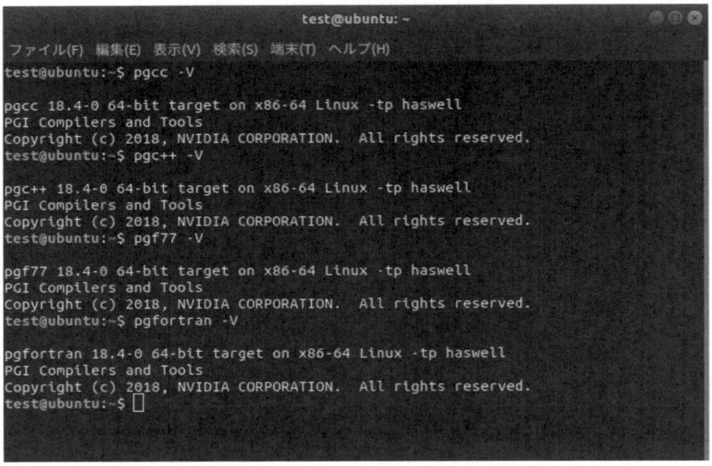

図E.52●バージョン確認

なお、-dryrun -V オプションを使うと、バージョン番号、およびコンパイルシーケンスの確認ができます。

```
pgc++ -dryrun -V x.c           (C++ Compiler の場合)
pgcc -dryrun -V x.c            (C Compiler の場合)
pgf77 -dryrun -V x.f           (Fortran 77 Compiler の場合)
pgfortran -dryrun -V x.f       (Fortran 77/90/95/2003 Compiler の場合)
```

これらのコマンドを実行するのに、x.f ファイルや x.c ファイルは存在する必要はありません。以上で、インストールの確認は完了です。

参考資料 / 参考文献

1. OpenMP Architecture Review Board:「OpenMP ウェブサイト」, http://www.openmp.org.
2. OpenMP Architecture Review Board: "OpenMP Application Program Interface Version 4.0", https://www.openmp.org/wp-content/uploads/OpenMP4.0.0.pdf, 2013.
3. OpenMP Architecture Review Board: "OpenMP Application Program Interface Examples Version 4.0.0", https://www.openmp.org/wp-content/uploads/OpenMP4.0.0.Examples.pdf, 2013.
4. インテル株式会社:「インテル® コンパイラー OpenMP* 入門 デュアルコア / マルチコア対応アプリケーション開発」, https://jp.xlsoft.com/documents/intel/compiler/525J-001.pdf, 2006.
5. Karpov, Andrey: "32 OpenMP traps for C++ developers", https://software.intel.com/en-us/articles/32-openmp-traps-for-c-developers, published on October 28, 2008, updated January 1, 2015.
6. エクセルソフト株式会社:「インテル® C++ コンパイラー 16.0 ユーザー・リファレンス・ガイド」, https://www.xlsoft.com/jp/products/intel/compilers/manual/cpp_all_os/index.htm.
7. 北山洋幸, 中田潤也:「アセンブラ画像処理プログラミング―SIMD による処理の高速化」, カットシステム.
8. 南里 豪志, 天野 浩文:「OpenMP 入門 (1)」、九州大学情報基盤センター広報：全国共同利用版. 1 (3), pp. 186–215, https://catalog.lib.kyushu-u.ac.jp/opac_download_md/1470404/p186.pdf, 2001.
9. 南里 豪志, 渡部 善隆:「OpenMP 入門 (2)」, 九州大学情報基盤センター広報：全国共同利用版. 2 (1), pp. 1–40, https://catalog.lib.kyushu-u.ac.jp/opac_download_md/1470407/p001.pdf, 2002.
10. 南里 豪志:「OpenMP 入門 (3)」, 九州大学情報基盤センター広報：全国共同利用版. 2 (3), pp. 239–276, https://catalog.lib.kyushu-u.ac.jp/opac_download_md/1470468/p239.pdf, 2002.
11. 北山洋幸:「WAV プログラミング―C 言語で学ぶ音響処理」, カットシステム, 2008.
12. 北山洋幸, 中田潤也:「IA-32 SIMD リファレンスブック 上」, カットシステム, 2007.
13. 中田潤也, 北山洋幸:「IA-32 SIMD リファレンスブック 下」, カットシステム, 2007.
14. 山田洋士:「石川高専 山田洋士研究室 ホームページ」, http://dsp.jpn.org/.

索引

■ 数字・記号
1スレッドで実行 104
#pragma omp 32
_aligned_malloc 関数 221
_mm_malloc 関数 222

■ A
atomic 構文 112, 311
AVX 78

■ B
barrier 構文 110, 302
BMP ファイルフォーマット 421
break 文 326

■ C
Canonical Loop Form 116, 350
continue 文 330
copyin 指示句 144
copyprivate 指示句 145
CreateThread API 205
critical 構文 108, 307

■ D
declare simd 構文 118
declare target 構文 130
default 指示句 133
Distribute Parallel Loop SIMD 構文 132
Distribute Parallel Loop 構文 132
distribute simd 構文 132
distribute 構文 131
dumpBmp コマンド 412
dumpBmpGray コマンド 416
dumpWav コマンド 382
dumpWav2M コマンド 385

■ E
exit 文 331

■ F
FIR フィルタ 232
firstprivate 指示句 138
flush 構文 113, 365, 376
for 構文 103

■ G
GNU コンパイラ 450
goto 文 328

■ I
if 指示句 147

■ L
lastprivate 指示句 139, 374
Loop SIMD 構文 120

■ M
map 指示句 154
master 構文 107

■ N
nowait 指示句 104, 148, 302
num_threads 指示句 149

■ O
OMP_CANCELLATION 環境変数 178
OMP_DEFAULT_DEVICE 環境変数 179
omp_destroy_lock 関数 173
omp_destroy_nest_lock 関数 173
OMP_DISPLAY_ENV 環境変数 179
OMP_DYNAMIC 環境変数 176

omp_get_active_level 関数	169
omp_get_ancestor_thread_num 関数	169
omp_get_default_device 関数	171
omp_get_dynamic 関数	157
omp_get_level 関数	168
omp_get_max_active_levels 関数	168
omp_get_max_threads 関数	160
omp_get_nested 関数	164
omp_get_num_devices 関数	171
omp_get_num_procs 関数	155
omp_get_num_teams 関数	172
omp_get_num_threads 関数	159
omp_get_proc_bind 関数	170
omp_get_schedule 関数	166
omp_get_team_num 関数	172
omp_get_team_size 関数	169
omp_get_thread_limit 関数	167
omp_get_thread_num 関数	162
omp_get_wtick 関数	175
omp_get_wtime 関数	174
omp_in_final 関数	170
omp_in_parallel 関数	163
omp_init_lock 関数	172
omp_init_nest_lock 関数	172
omp_is_initial_device 関数	172
OMP_MAX_ACTIVE_LEVELS 環境変数	178
OMP_NESTED 環境変数	177
OMP_NUM_THREADS 環境変数	176
OMP_SCHEDULE 環境変数	175
omp_set_default_device 関数	171
omp_set_dynamic 関数	156
omp_set_lock 関数	173
omp_set_max_active_levels 関数	168
omp_set_nest_lock 関数	173
omp_set_nested 関数	164
omp_set_num_threads 関数	158
omp_set_schedule 関数	165
OMP_STACKSIZE 環境変数	177
omp_test_lock 関数	174
omp_test_nest_lock 関数	174
OMP_THREAD_LIMIT 環境変数	178
omp_unset_lock 関数	174
omp_unset_nest_lock 関数	174
OMP_WAIT_POLICY 環境変数	177
OpenACC	67, 255
OpenCL	69
OpenMP	2, 36
取り消し	178
OpenMP 指示文	21
ordered 構文	114

■ P

parallel for 構文	106
parallel sections 構文	107
parallel 構文	102
PGI コンパイラ	455
private 指示句	136

■ R

| reduction 指示句 | 141 |

■ S

schedule 指示句	149
section 構文	104
sections 構文	104
shared 指示句	135
SIMD	12, 78
ヘッダファイル	211
メモリ割り付け	220
simd 構文	116
関数に適用	118
single 構文	104

■ T

target data 構文	125
target update 構文	126
target 構文	126
teams 構文	131

text2Bmp コマンド	419
text2Wav コマンド	390
threadprivate 構文	115, 372

■ V

Visual Studio	442
VLIW	13

■ W

WaitForSingleObject API	206
WAV ファイルフォーマット	392

■ あ

アクセラレータ	viii, 125
アムダールの法則	15
暗黙のバリアの無効化	148
一度に 1 スレッド	108
入れ子のループ	344
オフロード	62, 125

■ か

カラオケ化	192
幾何変換	276
共有変数	38, 135
クリティカルセクション	109, 376, 377
経過時間	174
交項級数	84
構文	vii, 21, 32

■ さ

再帰呼び出し	146
指示句	viii, 32
指示文	vii, 21, 32
実行するスレッド数	178
条件コンパイル	33
使用可能な最大スレッド数	167
使用可能なスレッド数	176
使用可能なプロセッサ数	155
スケジュールタイプ	175
スタックサイズ	177
スレーブスレッド	vii
スレッド	11, 20
スレッド数	363
スレッド数の上限値	160
スレッド数の設定	149
スレッド数の動的調整	156
スレッドチームのサイズ	169
スレッドの作成	205
スレッドの同期	110
スレッドの同時アクセス	112
スレッドの動的調整	176
スレッドの振舞い	177
スレッド番号	28, 162
セクション	30
節	viii
漸化計算	142
線形補間	282
総スレッド数	28
祖先のスレッド番号	169

■ た

ターゲットデバイスの数	171
単純移動平均	223
逐次リージョン	5, 295
チャンクサイズ	175
データ依存のあるループ	339
デバイス	viii
デバイス側で処理	126
デバイス番号	179
デバイスへオフロード	63, 125
デフォルトのターゲットデバイス	171
同期処理	306
同時実行可能なループ	120

■ な

ネガティブ処理	260
ネスト並列	164, 177

■は

排他的処理	108
バリア	363
バンドストップフィルタ	240
非同期処理	300
標準的なループ形式	116, 350
プライベート変数	41, 44, 115, 136
制約	375
プロセス	11
並列化困難	326
並列化数の指定	23
並列実行するブロック	104
並列実行の開始	102
並列リージョン	5, 20, 295
最大数	178
スレッド数	159
並列リージョン内か判別	163
並列レベル	168
変数のデータ共有属性	133
変数の値をフラッシュ	113
変数のマッピング	125
ホストからデバイスへのマップ	154

■ま

マーダヴァ - ライプニッツ級数	86
マスタースレッド	vii, 20
実行	107
メインスレッド	vii
メニーコア型	9
メモリ共有型	8
メモリ分散型	7
メモリ割り付け	251
SIMD	220
目的別マルチCPU型	10
モノラル化	188

■ら

ライプニッツの公式	84
ラプラシアンフィルタ	269
リージョン	viii
領域	viii
ループ	
入れ子	344
インデックス変数の操作	332
終了条件の操作	334
順次実行	114
初期値の操作	337
増分式の操作	336
データ依存	339
分散	149
並列化	25
並列処理	103, 116
ロック変数	172, 173, 174, 359, 361

■わ

ワーカスレッド	vii

■ 著者プロフィール

北山 洋幸（きたやま・ひろゆき）

鹿児島県南九州市知覧町出身。富士通株式会社、日本ヒューレット・パッカード株式会社（旧横河ヒューレット・パッカード株式会社）、米国 Hewlett-Packard 社（出向）、株式会社 YHP システム技術研究所を経て有限会社スペースソフトを設立、現在に至る。情報処理学会員。

　メインフレームのシステムソフトウェア開発やコンパイラの開発、そしてメインフレーム用プロセッサシミュレータ開発に携わる。開発したシミュレータは、実際のメインフレーム用プロセッサ開発に供せられた。その後、周辺機や、初期のパーソナルコンピュータ、イメージングシステム、メディア統合の研究・開発に従事する。海外の R&D で長期の開発も経験する。その後、コンサルティング分野に移り、通信、リアルタイムシステム、信号処理・宇宙航空機、電力などのインフラ、LSI の論理設計などなど、さまざまな研究に参加する。並行して多数の印刷物に寄稿する。現在は、本業を休止し、日々地域猫との交流を楽しんでいる。

　書籍、月刊誌、辞典、コラム・連載など執筆多数。

OpenMP 基本と実践
メニーコア CPU 時代の並列プログラミング手法

2018 年 11 月 1 日　初版第 1 刷発行

著　者	北山 洋幸	
発行人	石塚 勝敏	
発　行	株式会社 カットシステム	
	〒 169-0073 東京都新宿区百人町 4-9-7　新宿ユーエストビル 8F	
	TEL （03）5348-3850　　FAX （03）5348-3851	
	URL　http://www.cutt.co.jp/	
	振替　00130-6-17174	
印　刷	シナノ書籍印刷 株式会社	

本書に関するご意見、ご質問は小社出版部宛まで文書か、sales@cutt.co.jp 宛に e-mail でお送りください。電話によるお問い合わせはご遠慮ください。また、本書の内容を超えるご質問にはお答えできませんので、あらかじめご了承ください。

■ 本書の内容の一部あるいは全部を無断で複写複製（コピー・電子入力）することは、法律で認められた場合を除き、著作者および出版者の権利の侵害になりますので、その場合はあらかじめ小社あてに許諾をお求めください。

Cover design　Y.Yamaguchi　　　© 2018 北山洋幸
Printed in Japan　ISBN978-4-87783-449-2